दीवारों के बाहर

दीवारों के बाहर

निदा फ़ाज़ली

उर्दू से अनुवाद

जानकी प्रसाद शर्मा

वाणी प्रकाशन

वाणी प्रकाशन
4695, 21-ए, दरियागंज, नयी दिल्ली 110 002
फ़ोन : +91 11 23273167 फ़ैक्स : +91 11 23275710
शाखाएँ
अशोक राजपथ, पटना 800 004, बिहार
कॉफ़ी हाउस कैम्पस, महात्मा गांधी मार्ग, इलाहाबाद 211 001, उत्तर प्रदेश
महात्मा गांधी अन्तरराष्ट्रीय हिन्दी विश्वविद्यालय, वर्धा 442 001, महाराष्ट्र
www.vaniprakashan.in
marketing@vaniprakashan.in
sales@vaniprakashan.in

DEEWARON KE BAAHAR
by Nida Fazli
Translated by Janki Prasad Sharma

ISBN : 978-93-88434-74-4
Novel

प्रथम संस्करण 2019

मूल्य : ₹ 325

सिटी प्रेस, दिल्ली-110 095 में मुद्रित

वाणी प्रकाशन का लोगो मक़बूल फ़िदा हुसेन की कूची से

अपनी बेटी
तहरीर
के लिए

जितनी बुरी कही जाती है उतनी बुरी नहीं है दुनिया
बच्चों के स्कूल में शायद तुमसे मिली नहीं है दुनिया

मैं रोया परदेस में भीगा माँ का प्यार
दुख ने दुख से बात की बिन चिट्ठी बिन तार

भूमिका

'दीवारों के बाहर' मेरे आत्मकथात्मक उपन्यास का दूसरा हिस्सा है, इस नई पुस्तक में मैं दीवारों के बीच से दीवारों के बाहर आया हूँ। मैंने पहले हिस्से में अपने जिस खोए हुए घर की बातें सुनाई थीं...वह 'दीवारों के बाहर' तक आते-आते पहले से कहीं ज्यादा बड़ा हो गया है...इसमें मेरे और मेरे परिवार के अलावा भी, और बहुत से सदस्य आ गए हैं...जब मैंने घर छोड़ा था या इसे मुझसे छीना गया था, उस वक्त इसका रूप यूँ था, "सुबह के धुँधलकों से ग्वालियर का एक मुहल्ला धीमे-धीमे उभर रहा है। नई सड़क! बड़े दालान और आँगन और कई विशाल कमरों का एक ऊँची दीवारों का पुराना घर! इस घर के सामने इमली का घना पेड़ है जिसमें बारह महीने-भर खट्टे कटारे झूलते हैं...इस इमली के पेड़ का एक बड़ा भाई भी है। घर के बाएँ दरवाजे के सामने लम्बे-चौड़े तने और कई मोटे भारी हाथों वाला नीम का पेड़। ये दोनों उम्र के लिहाज़ से बुजुर्ग हैं। इनकी उम्रों का अब कोई इस मुहल्ले में नहीं है। दोपहर भर यह दोनों, बच्चों के साथ खलते हैं और शाम होते ही संजीदा होकर हर आने-जाने वाले पर नज़र रखते हैं।"

इस दूसरे खंड में, मैंने इसी घर के फैलते हुए आकार की कहानी दोहराई है...यह अब किसी एक मुहल्ले तक महदूद नहीं है। इसका रकबा मेरे भटकाव के साथ मुसलसल बढ़ता रहा है...मैंने अतीत को वर्तमान में लिखा है...वक्त के साथ इन्सान के देखने की नज़र बदलती है...'बीता हुआ', इस बदलती नज़र के साथ, अपना रंगरूप भी बदलता है।

मेरा एक शेर है—

> यह मुसिव्वर अजीब होते हैं, आप अपने हबीब होते हैं
> दूसरों की शबाहतें लेकर, अपनी तस्वीर ही बनाते हैं।

मैंने भी इसमें शामिल विभिन्न पात्रों के चित्रण के माध्यम से स्वयं को ही चित्रित किया है, क्योंकि मैंने उन्हें अपनी आँख से देखा है। अपने शब्दों में महसूस किया है। परिस्थितियों के जाँचने-परखने के ज़ाविए भी मेरे हैं। तस्वीरे भले ही दूसरी हों लेकिन इनके फ्रेम्स मेरे अपने हैं। इनमें मेरी ज़हनी उलझनों, मेरे वैचारिक

बन्धनों और उन फैलते सिमटते आँगनों की झलकियाँ देखी जा सकती हैं जो मेरी शख्सियत का दायरा है।

गुजरे हुए समय के मंच पर ये सारे किरदार, अपनी-अपनी भूमिकाएँ निभाते हैं...और अलग-अलग अन्दाज़ से, एक ही कहानी सुनाते हैं। मेरी कहानी, इनमें सड़क के भिखारी भी हैं, धर्म के व्यापारी भी हैं। इसमें परिन्दों और दरख्तों की अदाकारियाँ भी हैं, बच्चों की किलकारियाँ भी हैं और इन सबके साथ और सबसे जुड़ा हुआ एक पात्र निदा फाज़ली भी है...जो सारे तमाशे में शरीक भी है और इस तमाशे का तमाशाई भी है।

कई चेहरों और कई अँधेरों-सवेरों की यह दुनिया, जो कभी अच्छी और बहुत अच्छी और कभी बुरी और बहुत बुरी है...हँसाती भी है, रुलाती भी है, लुभाती भी है और डराती भी है। इसे मैंने बिना अफसोस और पछतावे के बयान करने की कोशिश की है।

सफर को जब भी किसी दास्तान में रखना
क़दम यकीन में, मंजिल गुमान में रखना

जो साथ है वही घर का नसीब है लेकिन
जो खो गया है उसे भी मकान में रखना

जो देखती हैं निगाहें वही नहीं सब-कुछ
ये एहतियात भी अपने बयान में रखना

वो एक ख्वाब जो चेहरा कभी नहीं बनता
बना के चाँद उसे आसमान में रखना...

निदा फाज़ली

जिस घर में अब मैं रहता हूं
वह मेरा है
इसके कमरों की आराइश
इसके आंगन की ज़ेबाइश[1]
अब मेरी है
मुझसे पहले
मुझसे पहले से भी पहले
यह घर किस-किसका अपना था
किन-किन आंखों का सपना था
कब-कब इसका क्या नक्शा था
यह सब तो कल का क़िस्सा है
इसका आज मिरा हिस्सा है
आज के कल बन जाने तक ही
मेरा भी इससे रिश्ता है
इस घर में अब मैं रहता हूं!

रोटी, घर, कपड़े और किताबों को एक जगह करने में उसे बीस साल से ज़्यादा लग गए। अलग-अलग दिशाओं के इन वासियों के एकत्र होने की मुद्दत हर एक के साथ अलग होती है। उन चंद खुश क़िस्मत लोगों के अलावा जिनको पैदाइश से ही विरासत में सब कुछ मिल जाता है, सभी को इन्हें इकट्ठा करने की प्रक्रिया से गुज़रना पड़ता है। कुछ बने-बनाए रास्तों के मुसाफ़िर होते हैं; पैदा होना, तालीम हासिल करना, नौकरी करना, घर बनाना—निदा को इस प्रचलित तरतीब से जीने की सुहूलत हासिल नहीं हुई। उसने अपने लिए जो रास्ता चुना था या हालात ने उसे जिस रास्ते पर डाल दिया था, उसमें अपेक्षाकृत ज़मीन सख़्त और आसमान दूर था। उसके सारे भाई माँ-बाप के तजुर्बों के साये में मुनासिब

1. सजावट

वक़्त पर दरवाज़ों पर अपने-अपने नाम की तख़्तियां लगाकर बाइज़्ज़त बन गए। निदा की हठ ने उनके तज्रुबों से फ़ायदा नहीं उठाया और बहुत सारा वक़्त यों ही गंवा दिया।

अपने ही शहर में अचानक वह घर से बेघर होकर ग्वालियर से सन पैंसठ की एक दोपहर को मुम्बई के वी.टी. स्टेशन पर उतरा था। बसंत स्टूडियो के पास वह वहां से पांज़रापोल नामी छोटी-सी आबादी में आया था। मुम्बई की बड़ी-बड़ी इमारतों और लम्बे-चौड़े फ़ासिलों से टकराने के लिए उसके हाथ में चंद कपड़ों की अटैची और जेब में गिनती के इक्कीस रुपए थे। आज मुम्बई में उसका अपना घर है। रोटी, कपड़े और किताबों के इस अकेले घर को मुकम्मल होने में अभी एक औरत की ज़रूरत है। उस औरत का नाम अभी तक इशरत है जो ग्वालियर के एक मुहल्ले के बड़े-से घर में माँ-बाप के रिटायरमेंट के बाद सबसे बड़ी लड़की होने की सज़ा पूरी कर रही थी। वह एक स्थानीय कालेज में फ़ाइन आर्ट्स की लेक्चरर है। उसके घर में उससे छोटी पाँच बहनें और एक भाई है। इन सबमें बंटी हुई वह जब किसी शाम या दोपहर की फ़ुर्सत में ख़ुद में जुड़ने का हौसला पाती है तो निदा को ख़त लिख देती है।

"मुझे मेरी ज़िम्मेदारियों ने थका दिया है। मैं इन सबसे दूर होकर तुम्हारे पास आ जाना चाहती हूं। लेकिन बाबू साहब का बुढ़ापा रास्ता रोक लेता है। अगर मैंने भी इस वक़्त उनका साथ छोड़ दिया तो वो टूट के रह जाएंगे और यह सदमा मैं बरदाश्त नहीं कर पाऊँगी। मुझे थोड़ा वक़्त और दे दो। फिर इसके बाद तुम्हें मुझसे कभी कोई शिकायत नहीं होगी।"

ऐसे ही एक ख़त को देखकर, निदा की बड़ी बहन, मुर्तज़ा हसन को लेकर कराची से ग्वालियर आती है। वह अपने संदूक़ में मरहूमा जमील फ़ातिमा के दिए हुए ज़ेवरात और शादी के दिन दुल्हन के पहनने का मौरूसी लिबास भी लाती है और दो-तीन हफ़्ते यों ही गंवाकर वापस लौट जाती है।

उसके लगातार हटकर जुड़ने और जुड़कर हटने से नाराज़ होकर बड़ी बहन नए रिश्तों की तलाश करती है। इसकी ख़बर जब इशरत को होती है तो अनदेखे आंसुओं से उसकी आंखें भीगने लगती हैं। वह अपनी एक सहेली के यहां निदा से मिलती है और वे सारी बातें जो वह कहना चाहती है, ख़ुद ख़ामोश रहकर उस सहेली से कहलवाती है। इन बातों में मुहब्बत, इंतज़ार और मजबूरी के शब्द बार-बार सुनाई देते हैं। उसके मुंह से रुख़्सत होते वक़्त सिर्फ़ एक जुम्ला निकलता है, "मैं तुमको चाहती हूं, तुम्हारी ख़ातिर शहर में बदनाम हुई हूं। इसका ख़याल रखना।"

इस नए घर में वह कई सालों के बाद जब से मुम्बई आया है, पहली बार दोपहर में एक घंटा सोकर उठा है। मकान की चाबी उसे सुबह मिली है और अब

दोपहर है। वह काफ़ी ताज़ादम महसूस करता है। वह बेडरूम की गैलरी में खड़ा देखता है कि सामने मैदान में मछेरों के देवता विट्ठल का मंदिर है। सुर्ख़ खपरैलों से ढके हुए इस मंदिर के क़रीब मौलश्री का पेड़ है। दाईं तरफ़ जामुन का पुराना दरख़्त है। जामुन की शाख़ पर बैठा हुआ तोता जामुन कुतरते हुए उसे देखता है और फिर पर फैलाकर उड़ जाता है। उसे वह तोता अचानक याद आता है जो इशरत की फूफी से क़ुर्आन पढ़ता था और जो आज भी वहीं मैदान में किसी छोटी-सी क़ब्र में चिरनिद्रा में डूबा हुआ है। उसका जिस्म क़ब्र में है और रूह जन्नत में है। मौलश्री के पेड़ में छिपी चिड़ियां दोपहर की गप-शप में मशगूल हैं। मंदिर में घंटियों की आवाज़ की गूंज से चौंककर एक साथ कई चिड़ियां बाहर निकलती हैं और उनके परों की सरसराहट से बहुत सारे फूल शाख़ों से टूटकर हवा में झूलते हुए फ़र्श पर बिखर जाते हैं। डूबते सूरज की धूप अपने उजले हाथों में उन फूलों को लिये मंदिर की दीवार पर खड़ी आरती का इंतज़ार कर रही है। कहीं क़रीब से अज़ान की धीमी-धीमी आवाज़ हवा में तैरती हुई उस तक आती है।

''ख़ुदा ने मेरी सारी आरज़ुएं पूरी की हैं। लेकिन न जाने कौन-सा ऐसा गुनाह है जिसकी सज़ा मुझे अब तक तेरी जुदाई की सूरत में मिल रही है। जब तू घर-बार का होगा, तब तुझे एहसास होगा कि औलाद का दुख क्या होता है।''

जमील फ़ातिमा के एक ख़त में ये जुम्ले अज़ान के आख़िरी लफ़्ज़ों से झांकते हैं। अल्लाह अकबर, अल्लाह अकबर की सदा में एक चेहरा उभरता है और फिर ख़ामोशी बन जाता है। तह दर तह ख़ामोशी...

''फ़सादात होते नहीं कराए जाते हैं। कुर्सियों की लालच अहले-सियासत को जानवर बना देती है। ख़ूंखार जानवर! आदमी तो संयोगों का खिलौना है। पैदाइश से पहले किससे पूछा जाता है कि कौन कहां पैदा होना चाहता है। जो जहां आता है, वहीं का हो जाता है! मोती लाल नेहरू, पंडित नेहरू, इंदिरा गांधी, राजीव गांधी एक ढंग के घर में पैदा होने से कई नस्लों तक आदमी बेफ़िक्र हो जाता है। भाषा, धर्म, देश, चेहरा सब ऐसे ही संयोगों के दायरे हैं...''

ग्वालियर में नई सड़क की एक दुकान 'साहित्य संगम' में निदा अपने हम उम्र दोस्तों के बीच किसी बहस में उलझा हुआ है। वह अपने बारे में खुद फ़ैसला करता है। इस फ़ैसले के बाद वह खुद अपनी नज़र में अहम हो जाता है। उसे लगता है कि वह अचानक बड़ा हो गया है।

सूरज, हवा और आसमान को अपने बनाए हुए घर की गैलरी से देखने का यह उसका पहला अनुभव है। उसे लगता है होस्टल के कमरे की खिड़की या किसी किराए के रूम से देखी हुई दुनिया और अपनी गैलरी से नज़र आने वाली दुनिया; एक ही दुनिया में कई भिन्न दुनियाएं हैं। दुनिया वही रहती है लेकिन देखने वाले के हालात के लिहाज़ से यह सबको अलग-अलग रूप में नज़र आती है। निदा

ने होस्टल में कई साल गुज़ारे हैं। एक कमरे में अपने अलावा एक और के साथ! यह 'एक और' थोड़े-थोड़े अंतराल के साथ बदलता रहता है। उसकी आदतें और सोने-जागने के समय भी हर नाम के साथ अलग होते हैं। किसी को रात में देर तक बांसुरी बजाने का शौक़ होता है। कई ज़रूरत से ज़्यादा सोशल हैं, लिहाज़ा उसके पास हमेशा दोस्तों की भीड़ होती है। किसी की हर रोज़ कोई न कोई चीज़ गुम हो जाती है जिसके दोबारा मिलने तक वह मुसलसिल कमरे को ऊपर-नीचे करता है और जब वह खोई चीज मिल जाती है तो तलाश के पूरे प्रसंग को वह अपने-आपको सुनाता रहता है। उन्हीं 'एक और में एक' चेहरे-मुहरे से माक़ूल, लम्बा-तड़ंगा पंजाबी नौजवान है जो लंदन से मुम्बई फ़िल्म इंडस्ट्री में अपने मर्दाना दिखाव की धाक बिठाने आया है। जब धर्मेंद्र होस्टल में रहकर हीरो बन सकता है तो उसमें क्या कमी है? उसका रहन-सहन और कपड़े जूते, होस्टल में दूसरे रहने वालों से अलग हैं। वह नाश्ता या खाना बाहर जाकर होटल में नहीं खाता, होटल का लड़का लेके आता है और हर फेरे में माक़ूल टिप पाता है। वह जब भी बन-संवरकर बाहर निकलता है तो पूरी फ़ज़ा में ख़ुशबू जाग जाती है। सब उसे मुड़-मुड़ के देखते हैं। थोड़े ही दिनों होस्टल के सारे अजनबी उसके दोस्त बन जाते हैं। पहले वह शाम होते ही बोतल खोलकर अकेला ही फ़िल्म इंडस्ट्री में अपनी कामयाबी के ख़्वाब देखता था। नए-नए वादों के तीर आसमान में फेंकता था। जब निदा कमरे में होता तो उसे भी शरीक कर लेता था। लेकिन बाद में अब बिन बुलाए बहुत-से मेहमान उसके एकांत में शामिल होने लगते हैं। रात की उसकी मेज़बानियां काफ़ी मशहूर हो चुकी हैं। इस ख्याति ने उसके प्रति दूसरों की अपेक्षाएं और ज़्यादा बढ़ा दी हैं। अब जरूरतें इधर-उधर भटकने के बजाय सीधे उसके पर्स तक आ जाती हैं। एक पर्स और बहुत सारी और मुसलसिल ज़रूरतें! वह परेशान होने लगता है। एक शाम कुछ देर वह ख़ामोश रहकर तैयार होता है और निकलने से पहले सबके सामने निदा से कहता है, "यार आज बहुत कड़की है। बीस-पच्चीस रुपए हों तो उधार दे दो। जैसे ही कहीं से पैसे आएंगे लौटा दूंगा..." उसके इन शब्दों से दूसरे तो आश्चर्यचकित होते ही हैं ख़ुद निदा को भी अचरज होता है। इस उधार के बाद वह दूसरों की अपेक्षाओं के ऊंचे सिंहासन से उतर के वैसा ही बन जाता है, जैसे दूसरे हैं, वर्गीय-अंतर के मिटते ही लोगों की न सिर्फ़ उसमें दिलचस्पी ख़त्म हो जाती है, सलाम-दुआ की वह इज़्ज़त भी उसे मिलना बंद हो जाती है जो अब से पहले आते-जाते उसे मिलती थी। निदा से लिये हुए पैसे निदा को उसी शाम वापस मिल जाते हैं। उसका पर्स जैसा पहले था, वैसा अब भी है। लेकिन होस्टल वालों में उसकी दरिद्रता की ख्याति बदस्तूर क़ायम रहती है। यह ख्याति उसकी अपनी गढ़ी हुई ग़रीबी के बहुत काम आती है। वह जब तक यहां रहता है, उसे यह बेफ़िक्र नींद भी सुलाती है और उसकी

अमीरी को दूसरों की तरफ़ मुफ़लिस होने से भी बचाती है। कई महीनों की दौड़-धूप के बाद भी उसे अपेक्षित सफलता नहीं मिलती तो उसकी अमीरी भी उससे मुंह मोड़ना शुरू कर देती है। एक दिन निदा को अपनी मेज़ पर उसके हाथ का लिखा हुआ एक काग़ज़ मिलता है–

"आज मैं वाक़ई ज़रूरतमंद हूं। हो सके तो पांच सौ रुपए मेरी डायरी में रख देना। यह रक़म पहले के बीस की तरह तुम्हें फ़ौरन नहीं मिलेगी। कुछ दिन बाद ही दे पाऊंगा।"

इन पैसों से वह रेस्तराँ का बिल अदा करता है। होस्टल का किराया देता है और बाक़ी जो बचता है उससे वह दो बोतल शराब लाता है और उन सबको पिलाता है जो उसकी मुफ़लिसी पर तरस खाकर उससे उधार मांगना छोड़ चुके थे। पीने वालों की राय अचानक उसके बारे में बदल जाती है। अपनी ग़रीबी को इस तरह अमीर बनाकर वह जिस बिस्तर पर सोता है, वहां से दोबारा खुद नहीं उठता, उठाया जाता है। पोस्टमार्टम की रिपोर्ट के मुताबिक़ उसकी मौत आत्महत्या है। उसकी लाश दो-तीन दिन मुर्दाघर में लावारिस पड़ी रहती है। फिर उन सभी के चंदे से जिनको शुरू में उसने उधार दिया था, उसका दाह-संस्कार कर दिया जाता है। निदा कई दिन तक उसकी मौत को भी उसका कोई नाटक समझता है। उसे लगता है, वह किसी शाम को फिर हंसता हुआ उससे मिलेगा और कहेगा, "क्यों, कैसा नाटक किया है मैंने? होस्टल में सुकून से रहने के लिए इस क़िस्म के नाटक ज़रूरी होते हैं।"

पालीनाका के इस होस्टल में सभी फ़िल्म स्ट्रगलर हैं। पंजाब, बिहार, मध्य प्रदेश, राजस्थान, बंगाल वग़ैरह से आए हुए अपने घर-बार से दूर, ये सब दिन में अपने-अपने ख़्वाबों के पीछे भागते-दौड़ते हैं और रात को अलग-अलग कमरों में देर तक नशे में एक-दूसरे से लड़ते-झगड़ते हैं। यह लड़ाई कभी-कभी पास के पुलिस स्टेशन तक पहुंच जाती है और बाक़ी रात वहीं आराम करके सवेरे होस्टल में वापस आती है। इस होस्टल में सबकी अपनी स्वप्न-छबियां हैं। कोई नग़मा निगार बनना चाहता है, कोई संगीत की दुनिया में तहलका मचाना चाहता है, कोई हीरो कोई विलेन है। लेकिन सब महीनों से बेकार हैं। गुज़ारा करने के लिए उनमें से बेशतर ने अपने स्वभाव से भिन्न पेशे अपना लिए हैं। जिसको हीरो बनना है वह लिंकिंग रोड के एक बड़े होटल में वेटर का काम करता है। विलेन बांद्रा से गोश्त लाकर घरों में सप्लाई करता है। साबिर दत्त नग़मा निगारी के शौक़ को टालकर फ़िल्म राइटर्स एसोसिएशन के सेक्रेटरी और कृश्न चंदर के छोटे भाई महेंद्र नाथ की मदद से उन्हीं पर 'फ़न और शख़्सियत' का पहला नम्बर प्लान कर रहा है। कृश्न चंदर अपने होते हुए अपने भाई पर किसी नम्बर के निकाले जाने के ख़िलाफ हैं। लेकिन विज्ञापनों की मदद से नम्बर निकलता है। लेकिन महेंद्र नाथ

को अपना यह नम्बर देखना नसीब नहीं होता। महेंद्र नाथ के बाद दूसरा नम्बर जाँ निसार अख़्तर पर होता है। वह भी उसे देखते ही अल्लाह को प्यारे हो जाते हैं। इन दो घटनाओं के बाद साबिर दत्त जिस किसी के फ़न और शख़्सियत पर नया अंक प्लान करता है, वह डर के अपना नाम वापस ले लेता है। सबको अपनी ज़िंदगी से ज़्यादा प्यार हो गया है और साबिर फिर से बेकार हो गया है। इन बेकारी के दिनों में वह एक ऐसे उर्दू अदीब या शाइर की तलाश में हर घड़ी व्यस्त रहता है जो उसके कहने पर मरने पर रज़ामंद हो। कुछ दिनों से होस्टल में निदा के कमरे में 'एक और' साबिर है।

इस होस्टल में एक म्यूज़िक डायरेक्टर निदा पर काफ़ी मेहरबान हैं। वह हर समय अपने कमरे में एक पुराने-से हारमोनियम पर उन फ़िल्मों के लिए धुनें बनाते रहते हैं जो कई साल से उन्हें मिलने वाली हैं लेकिन अभी तक मिली नहीं। निदा से उनकी मुलाक़ात होस्टल में कम, होस्टल के बाहर होटल में ज़्यादा होती है। वह नाश्ते के समय जब भी आते हैं, निदा के लिए एक नई फ़िल्म का ऑफ़र लाते हैं और चाय पी के चले जाते हैं। उनको इस होस्टल में आए चंद महीने ही गुज़रे हैं लेकिन उन फ़िल्मों की तादाद जिनमें निदा उनके साथ गीत लिखने वाला है, अब उनके क़याम के महीनों से तिगुनी-चौगुनी हो चुकी है। इतनी सारी फ़िल्मों के बाद भी निदा पर उनकी मेहरबानियां कम नहीं होतीं। उनकी गिनती बढ़ती ही रहती है। लेकिन निदा के पास ही अब ऑफ़र लेने का समय नहीं बचता है। अब वह उनकी नई फ़िल्मों के लिए समय नहीं निकाल पाता और उन्हें देखते ही होटल से उठ जाता है। उन्हें निदा के रवैये से तकलीफ़ होती है और कई दिन के लिए ख़ामोश हो जाते हैं। वह अब निदा को अपनी नई धुनें भी नहीं सुनाते। कुछ दिन बाद वह होस्टल छोड़कर कलकत्ता वापस चले जाते हैं। कई साल नज़र नहीं आते। अचानक एक दिन कांग्रेस हाउस के दफ़्तर में अख़्तर के मुजरे में हारमोनियम बजाते पाए जाते हैं। वह निदा को पहचान लेते हैं। पहले वह प्रदीप राय थे और अब शमशाद ख़ान हैं। अख़्तर के पहले के दोनों लड़के अब उन्हीं वल्दियत से स्कूल में दाख़िल हैं। वह अख़्तर के साथ मिलकर एक फ़िल्म की तैयारी में हैं। इस फ़िल्म में हीरोइन अख़्तर तवाइफ़ है और म्यूज़िक डायरेक्टर ख़ुद हैं। लेकिन इस फ़िल्म के शुरू होने से पहले, अख़्तर अपने साथ फ़िल्म को लेकर हमेशा के लिए दुबई चली जाती है। वह एक अरब के बुढ़ापे को जवान सपने दिखाती है और रियाल कमाती है। अख़्तर के दोनों लड़के अब शमशाद ख़ान के साथ हैं। वे पंजवक़्ता नमाज़ी बन जाते हैं। इन नमाज़ों से जब उन्हें फ़ुर्सत मिलती है तो उन लड़कों को अपने पास बिठाकर अपनी आखिरी दुबई गई हुई फ़िल्म की धुनों को इबादत की तरह गाते हैं और चुपचाप आंसू बहाते हैं। उनके लिए लिखे हुए गीत निदा प्राइवेट कैसेट और फ़िल्मों में दे चुका है।

आज गैलरी से उसे जिस तरह दुनिया नज़र आती है, उसने उसमें एक साथ कई आकांक्षाएं जगा दी हैं। वह चाहता है, बचपन की तरह बहुत-से पैसे चिड़ीमार को देकर बहुत-सी चिड़ियां उसके पिंजरे से आज़ाद करा दे। वह चाहता है, शाम होते ही किसी क़ब्रिस्तान में जाए और किसी एक क़ब्र पर ढेर सारी अगरबत्तियां जलाए और एक-साथ कई क़ब्रों पर फ़ातिहा पढ़कर चला आए। वह चाहता है, समन्दर के किनारे किसी सुनसान कोने में बैठकर आती-जाती हुई लहरों पर कई भूले-बिसरे चेहरे बनाए। वह चाहता है, अतीत की किसी ख़ुशी को याद करके इतना हंसे कि आंखों में आंसू चमक उठें।

उसे याद आता है, एक लम्बे अरसे से उसे अच्छी तरह रोने की फ़ुर्सत ही नसीब नहीं हुई। जमील फ़ातिमा के गुज़र जाने का जब उसे तार मिलता है, वह दोस्तों में घिरा होता है। मुर्तज़ा हसन का ग़म रोज़ी-रोटी, दाना-पानी की भाग-दौड़ में कहीं छूट जाता है। और भी कई छोटे-बड़े दुख इसी तरह आते हैं और चले जाते हैं। समय के इस पूरे अंतराल में उसका सारा रोना आंखों से दूर, उसके अंदर कहीं जमा होता रहता है और वह लगातार हंसता रहता है।

शहर में सबको कहां मिलती है रोने की जगह
अपनी इज़्ज़त भी यहां हंसने-हंसाने से रही

कुछ देर वह गैलरी में खड़ा रहकर अंदर आता है। बल्ब रौशन होने में अभी थोड़ी देर है। अकेले घर में शाम ड्राइंग रूप में बैठी धूप के ख़त में आख़िरी सतरें लिख रही है। मेज़ पर रखी घड़ी की सूई एक दायरे में घूम रही है। बारह तक चक्कर पूरा करके वह फिर बारह के निशान को छूने के लिए घूमती है। साल, महीने, हफ़्ते, दिन, दोपहर, शाम बनते जाते हैं, मिटते जाते हैं। यह घड़ी मुर्तज़ा हसन ने, जब वह ग्वालियर से कराची वापस जा रहे थे, स्टेशन पर अपने हाथ से उतार कर निदा को दी थी। यह घड़ी उन्हें उनके पिता अली हुसैन से विरसे में मिली थी। आज से आठ साल पहले ग्वालियर स्टेशन पर भी इसमें शाम का यही समय था। तब से अब तक न जाने यह कितने छः बीस बजा चुकी है। यह घड़ी कितनी पुरानी है यह तो नहीं मालूम, लेकिन जब मुर्तज़ा हसन ने उसे यह दी थी, उस समय शायद उन्हें समय के मापने की ज़रूरत नहीं रही थी। वह उम्र के अस्सी साल पूरे करके खुद समय बन चुके थे। उनके साथ समय, सेहत और ज़िंदगी का फ़र्क़ ख़त्म हो चुका था। इस घड़ी के आठ साल पहले के छः बीस पर उनसे निदा की आख़िरी मुलाक़ात हुई थी। मुर्तज़ा हसन की मां अलीगढ़ के पास डिबाई में दफ़्न की गई हैं। उनके पिता की क़ब्र ग्वालियर में ख़्वाजा ख़ानूँ के अहाते के बाहर है। वहीं कराची जाने तक की उनकी मेहबूबा ज़बीन दफ़्न थीं। वह ख़ुद कराची में चिरनिद्रा में डूबे हुए हैं।

"गुज़रे हुए कल में कोई संशोधन संभव नहीं। आने वाला कल अनिश्चित है। सिर्फ़ आज ही निश्चित है। इसको, यह जब तक तुम्हारे साथ है जैसा चाहो जी लो...ज़रतुश्त!"

निदा नहाता है और फिर नए कपड़े पहनकर ख़ामोश एक कुर्सी में बैठ जाता है। वह देर तक यों ही बैठा रहता है। वह रोना चाहता है। लेकिन बहुत दिनों से रुके हुए आंसू अंदर ही अंदर लहराते हैं। आंखों तक आने का रास्ता वे भूल चुके हैं। वह आंसुओं की इस भूल पर मुस्कराता है।

उसे इस तरह अकेले में रोना अच्छा लगता है। रोने के बाद उसे लगता है, धूप और पानी की तरह कभी-कभी का रोना भी आदमी के लिए बहुत ज़रूरी है। वह रोये हुए दुखों को बिना रोये हुए दुखों से अलग करके उठता है और बाहर निकल जाता है। उसे महसूस होता है, मकान से बाहर आकर भी वह मकान के किसी कोने में बैठा उन दीवारों को देख रहा है जिनसे उसका अभी अच्छी तरह परिचय नहीं हुआ है। पत्थर आदमी की तरह जल्द बेतकल्लुफ़ नहीं होते। उन्हें बातचीत में शामिल करने के लिए उनके साथ कुछ ज़्यादा समय बिताना पड़ता है। फिर वे दूर हों या पास आदमी के एकांत में शरीक रहते हैं। खोए हुए रास्ते, भूले हुए रौशनदान, बिछड़ी हुई दुकानें, जानी-पहचानी गलियां जिनके साथ कुछ समय बीत चुका होता है, अपने बन जाते हैं। फिर वे बोलने लगते हैं। कभी-कभी बहुत बोलते हैं। उनके पास भूली हुई सारी यादें सुरक्षित रहती हैं। फिर वे ईंट-पत्थर न रहकर जीते-जागते चरित्र बन जाते हैं और यादों को बूढ़ा नहीं होने देते।

जारजट के कुर्ते, नमाज़ी दोपट्टे, उनमें हंसते हुए चांद, पायल पहने चंचल गलियां, खिड़कियों के पर्दों से झांकती रौशनियां, नीबू के पेड़ के नीचे बिखरे हुए धूप के छल्ले और उनमें बोलती हुई धीमी सरगोशियां, बाबू रंगरेज़ का लुटा हुआ घर, छोटे-छोटे ख़तों में लम्बी-लम्बी कहानियां, अंधेरे कोनों में चलते-फिरते उजले-उजले वादे, स्टेशन से खिसकती हुई ट्रेन, दूर उनकी खिड़कियों से हिलते हुए चूड़ियों वाले हाथ, ख़ामोश रास्तों पर पहरा देते हुए कुत्ते, सियासतों से बंटते हुए रिश्ते और न जाने क्या-क्या! इन गली-कूचों में आज भी उसी तरह सुरक्षित हैं जैसे वे बरसों पहले थे।

निदा पिछले कई महीनों से ग्वालियर नहीं गया है। वह बहुत कुछ भूलता जा रहा है। अब तो अख़बार में किसी जानी-पहचानी ख़ुशी या जाने-बूझे ग़म की ख़बर नज़र से गुज़रती है तो भूला हुआ बहुत कुछ याद आने लगता है।

मोती लाल शर्मा भोपाल में एक कार से टकराकर सड़क पर वहीं ढेर हो गए। वह कम्युनिस्ट पार्टी के सेक्रेटरी और निदा के कालेज के दिनों में स्टूडेंट फ़ेडरेशन के लीडर थे। छरहरे बदन के, ख़ुश लिबास, काफ़ी पढ़े-लिखे व्यक्ति थे। अपने माँ-बाप की इकलौती संतान थे। लेकिन उच्च शिक्षा प्राप्त करने के बाद

भी सरकारी नौकरी के ख़िलाफ़ थे। आई.ए.एस. की तैयारी करते-करते मार्क्सवाद से दिलचस्पी हो गई। माँ-बाप के बरसों के सपने को अधूरा छोड़कर दुनिया के मेहनतकशों को एक परचम तले इकट्ठा करने के अधूरे सपने को पूरा करने में लग गए। राजनीति के साथ साहित्य के भी अच्छे पाठक थे। उनके व्यक्तित्व, विद्वत्ता और क्रांतिकारिता ने शहर के बहुत सारे नौजवानों को उनका अनुयायी बना दिया। वह जब भी कोई नई किताब पढ़ते थे, शाम को अपने नौजवान साथियों में बैठकर उस किताब पर इस ख़ूबसूरती से टिप्पणी करते कि दूसरे दिन से किताबों की दूकानों पर उसकी तलाश शुरू हो जाती थी। वह सुबह दस बजे से शाम होने तक पार्टी ऑफ़िस में रहते थे। उनके आने से पहले हर सुबह उनकी माँ उस ऑफ़िस की सफ़ाई करने आती थी। झाड़ू, कटका और नल से मटके में पानी भरना उनका रोज़ का मामूल था। वह पढ़ी-लिखी नहीं थीं। लेकिन मार्क्स और लेनिन को इसलिए देवता समझती थीं कि उनका बेटा उन्हें अपना गुरु मानता था। सुबह जब वह सफ़ाई के लिए आती थीं तो अपने घर के सामने की चंबेली से दो हार पिरोकर पाबंदी से लाती थीं और उन तस्वीरों के साथ हाथ जोड़कर उन पर डाल देती थीं। वह पार्टी में आने-जाने वालों की साझा माँ थीं। उन्हें सिर्फ़ एक ही चिंता सताती थी जिसका ज़िक्र अक्सर वह पार्टी के लोगों से करती थीं। मोतीलाल पैंतीस को पार करके भी कुंवारे थे और मांजी अपने जीते जी उन्हें अपनी ही तरह की किसी दूसरी औरत के हवाले कर देना चाहती थीं जो उनके बाद मोतीलाल का ध्यान रखे। मोतीलाल के पास ऐसी ग़ैर ज़रूरी बातों का वक़्त था न फ़ुर्सत। उन्होंने पार्टी को काफ़ी फैला दिया था। इस फैलाव के साथ उनके पास समय कम हो गया था और काम ज़्यादा हो गए थे। कहीं किसी सरकारी अन्याय के ख़िलाफ़ भूख हड़ताल पर बैठे हैं, कहीं दंगे में पुलिस को लिए अल्पसंख्यक इलाकों का चक्कर लगा रहे हैं, कहीं मज्मा लगाए भाषण दे रहे हैं। इस भाग-दौड़ में उन्हें खाने-पीने का समय भी याद नहीं रहता था। उनकी माँ उनके खाने का टिफ़िन लिये इधर-उधर भटकती रहती थीं लेकिन टिफ़िन को मोतीलाल मुश्किल से ही मिलते थे। अक्सर यह पार्टी के वर्कर के काम आता था। मां के निधन के बाद वह मां की इच्छा पूरी करते हैं और ढलती उम्र में इंदौर की एक ढलती उम्र की लेक्चरर से शादी कर लेते हैं। उनकी पत्नी भी उनकी मां की तरह, उनके ही प्रेम में पार्टी की वफ़ादार बन जाती है। शादी के बाद मध्य प्रदेश का हैड ऑफ़िस उनको भोपाल बुला लेता है जहां किसी की कार उनकी मुट्ठी भर हड्डियों वाले शरीर से टकराने का इंतज़ार कर रही थी। यह हादसा इत्तिफ़ाक़ी था या साज़िशी? यह राज़ अभी तक राज़ है।

ग्वालियर में घर से बेघर हो जाने के बाद निदा को उन्होंने पार्टी ऑफ़िस के नीचे रहने की जगह दी थी। वह जब पार्टी ऑफ़िस में होते तो अपने टिफ़िन में निदा को ज़रूर शरीक करते। कभी-कभी का यह टिफ़िन उन दिनों निदा के

लिए बहुत अहम था। मोतीलाल अब दुनिया में नहीं रहे लेकिन अब भी जब ग्वालियर जाता है तो कई रास्तों पर उनसे मिलता है। कहीं भाषण देते हुए, कहीं कालेज के लड़कों से किसी नई पढ़ी हुई किताब पर बात करते हुए। कहीं किसी जुलूस की रहनुमाई करते हुए!

जाने वालों से राब्ता रखना
दोस्तो! रस्मे-फ़ातिहा रखना

'ग़रीबी हटाओ' का नारा अमीर बनकर आराम की नींद सो रहा है। जर्मनी की एक जांच संस्था टी.आई.ओ. ने अपनी एक हालिया रिपोर्ट में दुनिया के दस कंगाल और चरित्रभ्रष्ट देशों की सूची में सबसे ऊपर भारत का नाम रखा है। इस तुलना में उसने पाकिस्तान और फ़िलीपाइन को भी कोसों पीछे छोड़ दिया है।

चर्चिल ने आज से पचास साल पहले भविष्यवाणी के तौर पर कहा था, ''हम भारत की बागडोर उन मुट्ठी भर जंगली हाथों में सौंप रहे हैं जो बहुत जल्द उसे जंगल बना देंगे।''

निदा सोचता है, मोतीलाल अगर अपनी मां की ज़िंदगी में घर-बार के हो जाते तो कम से कम मांजी को तो ख़ुश कर सकते थे। निदा सोचता है, अगर वह आई.ए.एस. होते तो कुछ आराम करके मरते।

भागती हुई लोकल की खिड़की से टिका निदा एक मैगज़ीन के पन्ने पलट रहा है। उसमें कई जगह इबारतों पर काली स्याही पुती हुई है। हर लेख बेरब्त और बेमानी लगता हैं। इंदिरा गांधी ने अदालत के फ़ैसले को ठुकराकर इमरजेंसी लगा दी है। लोगों के बोलने और लिखने पर पहरे बिठा दिए गए हैं। पुलिस जिसे चाहती है, बिना किसी वजह के हिरासत में ले लेती है। शमशाद ख़ान को मुसलमान समझकर बंद कर दिया गया है। उनकी वर्तमान पत्नी—अख़्तर के दोनों बेटे जो हिन्दू नामों से जूनियर आर्टिस्ट के रजिस्टर में शामिल हैं, इसकी ख़बर निदा को देते हैं। शमशाद के प्रदीप होने का सबूत कई दिन बाद बताया जाता है और उन्हें मुश्किल से जेल से आज़ाद कराया जाता है।

लोकल दो स्टेशनों के बीच रुकी हुई है। रेलवे लाइन के क़रीब बनी खोलियों से बच्चे निकलकर यात्रियों के सामने हाथ फैला रहे हैं। गाड़ी चलती है। उनमें से एक बच्चा उस आदमी को अपनी उम्र से एक बड़ी गाली देता है, जिसके हाथ उसकी लम्बी गिड़गिड़ाहट के बावजूद जेब में दाख़िल नहीं होते।...निदा को यह गंदी गाली बहुत पाक-साफ़ लगती है। उसे लगता है, खोलियों में जनम लेने वाली गालियां बहुत दिनों तक खोलियों तक सीमित नहीं रहतीं, उनकी दुनिया बड़ी हो जाती है। कम्पार्टमेंट में मुसाफिर भेड़-बकरियों की तरह भरे हैं। ट्रेन के रफ़्तार पकड़ते ही निदा के ज़ेहन में जार्ज एलियट के किसी उपन्यास का एक चरित्र

उभर आता है...इंजन की भट्ठी में कोयला झोंकते-झोंकते इंजन ड्राइवर अचानक पागल हो जाता है। ट्रेन बिना कंट्रोल के भागती है...भागती रहती है। पागल जो बटन चाहता है, दबाता है। जो हैंडिल चाहता है, घुमाता है। एक दीवाने की दीवानगी के हाथ में पूरी ट्रेन है। सैकड़ों मुसाफ़िर हैं। औरतें, बच्चे, जवान, बूढ़े—इनमें निदा भी है। गाड़ी पटरी से उतरकर नीचे समन्दर में गिर जाती है। कई लोग इस हादसे का शिकार होते हैं। बहुत से अपने हाथ-पाँव खोते हैं। बाद में इन्क्वायरी होती है। हादसे के कारण तलाश किए जाते हैं। कुछ उसका रिश्ता पड़ोसी मुल्क की साज़िश से जोड़ते हैं। कुछ उसमें दुबई के किसी अनदेखे चेहरे का अक्स देखते हैं। रेलवे का विज्ञापन छपता है। जो मर चुके हैं, उनके वारिसों को पांच-पांच हज़ार दिए जाएंगे। ज़ख़्मों में हरेक को पांच सौ मिलेंगे। हस्पताल में लोग पड़े हैं। नर्सें मरीज़ों के इर्द-गिर्द घूम रही हैं।...

निदा अचानक चौंक कर इंजन ड्राइवर की सेहत और ज़ेहन की सलामती की दुआ मांगता है। एक के पागलपन से कितनी सारी ज़िंदगियां जुड़ी हुई हैं।

निदा के देखते-देखते मुम्बई बहुत-कुछ बदल जाती है। रास्तों पर लगी तख़्तियों पर पुराने नाम मिटाकर नए नाम लिख दिए जाते हैं। माहम से रीक्लेमेशन की तरफ़ मुड़ती हुई सड़क का नाम अब कृश्नचंदर मार्ग है। बाइकला पर नया पुल बन चुका है। रेल और बस के किराए तिगुने-चौगुने हो गये हैं। शहर में गाड़ियां इतनी हो गई हैं कि कुछ इलाकों में गाड़ी खड़ी करने में काफ़ी समय नष्ट करना पड़ता है। गाड़ियों के साथ गाड़ियों के पीछे भागने वाले भिखारियों की तादाद भी बढ़ी है। इस तेज़ रफ़्तार बस्ती में निदा की आहिस्ता ख़रामी (धीमी चाल) भी ख़ूब है। बस्ती कहां से कहां पहुंच गई और वह अभी तक सिर्फ चेम्बूर के पांजरापोल की टीन की खोली से बांद्रा पालीनाका के होस्टल, बांद्रा के होस्टल से बांद्रा ईस्ट में सरकारी क्वार्टर में ग़ैर-क़ानूनी किराए के कमरे और वहां से खार में अपने मकान तक ही आ पाया है। हिसाब लगाया जाए तो वह बीस साल लगातार चलने के बाद, बस या लोकल का बामुश्किल एक घंटे से भी कम का ही फ़ासला तय कर पाया है।

वह सोचता ज़िंदगी की बुनियादी ज़रूरतें आसमान की नैमतें क्यों बन जाती हैं? आसमान से ज़मीन पर उतरने में इन्हें इतनी देर क्यों लगती है। भूख ख़त्म हो जाने के बाद रोटी, प्यास मिट जाने के बाद पानी मिले भी तो किस करम का? निदा की आंखों पर अब चश्मा लग चुका है। बालों से सफ़ेदी झांकने लगी है। दिन छोटे होने लगे हैं, रातें लंबी लगने लगी हैं।

कहीं छत थी, दीवार-ओ-दर थे कहीं, मिला मुझको घर का पता देर से
दिया तो बहुत ज़िंदगी ने मुझे, मगर जो दिया वो दिया देर से

हुआ न कोई काम मामूल से, गुज़ारे शब-ओ-रोज़ कुछ इस तरह
कभी चांद चमका ग़लत वक़्त पर, कभी घर में सूरज उगा देर से

कहीं रुक गया राह में बेसबब, कहीं वक़्त से पहले घिर आई शब
हुए बंद दरवाज़े खुल-खुल के सब, जहां भी गया मैं गया देर से

सजा दिन भी रौशन हुई रात भी, भरे जाम लहराई बरसात भी
रहे साथ कुछ ऐसे हालात भी, जो होना था जल्दी हुआ देर से

इस ग़ज़ल का आख़िरी शेर यों है। (इस शे'र को निदा ने पहले भी कई बार अलग-अलग अंदाज़ में कहा है। आदमी के ज़रिए खुदा की तलाश इसका केंद्रीय भाव है।)

भटकती रही यूं ही हर बंदगी, मिली न कहीं से कोई रौशनी
छिपा था कहीं भीड़ में आदमी, हुआ मुझमें रौशन ख़ुदा देर से

मक्तबा जामिया में हस्बे मामूल चहल-पहल है। शहिद अली ख़ान के यहां से दिल्ली चले जाने के बाद भी, शाम होते ही यहां नए अदीबों और शाइरों की भीड़ जुट जाती है। बाक़र मेहदी, ज़ाफरी, अनवर ख़ान, सलाम बिन रज़ाक़ [illegible], क़मर, इनायत अख़्तर, अज़ीज़ जावेद, साजिद रशीद, गिरीश और ऐसे ही बहुत-से दूसरों में बाक़र मेहदी सबसे सीनियर थे। उनकी समालोचना सम्बन्धी बातों में वर्ग-संघर्ष का अम्ल और दख़्ल ज़्यादा होता है। उनके बागियाना मिज़ाज ने कभी कोई आजीविका का ज़रिया पैदा करने की कोशिश नहीं की। उनके मिलने-जुलने वालों में जब भी कोई उनकी इस रिवायत से इनकार की जुरअत करता है तो उनकी मौखिक समालोचना के आघात का शिकार होता है। अख़्तरुल ईमान फ़िल्मों के कामयाब संवाद लेखक बनते ही घटिया शाइर हो जाते हैं। साहिर बहुत पहले से कमज़ोर शाइर बन चुके हैं। मजरूह हकीम असरार ज़्यादा हैं, मजरूह सुल्तानपुरी कम हैं। निदा फ़ाज़ली रेलवे के सरकारी क्वार्टर के कमरे से अपने ख़रीदे हुए मकान में चला जाता है। इसलिए वह मक्तदा हसन बनकर नाकारा हो गया है। सरदार जाफ़री से उनके मतभेद भी इसी प्रसंग में आते हैं।

आजकल उनकी समालोचकीय दृष्टि मुम्बई के एक शाइर अज़ीज़ जावेद की ग़ज़लों पर मेहरबान है। इस मेहरबानी का कारण उनकी अभाव-ग्रस्तता है। उनकी चार ग़ज़लें उन्होंने अपने रिसाले 'इज़हार' की पांचवीं किताब में भी शामिल की हैं। अज़ीज़ जावेद अहमदाबाद से मुम्बई आकर बसे हैं। उनकी शाइरी और बेरोज़गारी

का रिश्ता भी बाक़र मेहदी ही की तरह बरसों से टिकाऊ है। फ़र्क़ सिर्फ़ इतना है, वाक़र साहब शादीशुदा हैं। उनकी बेगम एक स्थानीय कालेज में फ़ारसी पढ़ाती हैं और अज़ीज़ जावेद को उनके शे'री मिज़ाज ने इन सुविधाओं से भी वंचित कर दिया है। उनका दिन मुम्बई की लम्बी-चौड़ी सड़कों पर, शाम मक्तबा जामिया की फ़ुटपाथ पर और रात किसी मयख़ाने में रौशन होती है। मुम्बई में बेरोज़गारी भी एक रोज़गार होता है। अज़ीज़ जावेद के हर जानकार की जेब में रोज़ उनके दो-चार रुपए होते हैं जो उनका इंतज़ार करते रहते हैं और बिना माँगे उन्हें मिलते रहते हैं। बिना मेहनत की इस आसान आमदनी ने उनसे शाइरी कम करवाई है, शराब ज़्यादा पिलवाई है। वह बड़ी आन-बान के आदमी हैं। नाम के आगे मिर्ज़ा लगाते हैं और दूसरों से भी इसी सम्बोधन की अपेक्षा करते हैं। जब कोई दोस्त उनकी शहाबनोशी पर उन्हें टोकता है तो वह न सिर्फ़ उस टोकने वाले से ख़फ़ा हो जाते हैं बल्कि उसकी जेब में पड़े अपने पैसे लेना भी भूल जाते हैं। वह किसी ज़माने में तरक़्क़ी पसंदों के हलक़े में रहे हैं। अब उनकी तरक़्क़ी पसंदी नसीहत करने वालों को बुर्जुआ और अपने असंतुलन को सर्वहारा समझने तक सीमित है। किताब कम खोलते हैं, ज़िंदगी को ज़्यादा टटोलते हैं। उनके इस असंतुलित व्यवहार के साथ कुछ दिनों से एक दुबले-पतले लड़के का नाम और जुड़ गया है। यह लड़का दिन में एक प्राइमरी स्कूल में मुदर्रिसी करता है और शाम होते ही अज़ीज़ जावेद का हमसफ़र बन जाता है। इस हमसफ़री की हालत में वह अक्सर मीर तक़ी 'मीर' का एक मिसरा दोहराने के बाद हिचकियों वाला क़हकहा लगाते हैं—

उसी अत्तार के लौंडे से दवा लेते हैं

बीच मज्मे में अज़ीज़ जावेद के मुंह से यह मिसरा सुनकर वह लड़का पहले घबराकर इधर-उधर देखता है फिर आंखें फैलाकर मुस्कुराने लगता है। अज़ीज़ जावेद ग़ज़ल के ढंग के शाइर हैं। उनके शब्दों का मूल स्वभाव सांगीतिक है जिनमें परम्पराबोध के साथ सामाजिकता का मेल भी है। आख़िरी दौर की ग़ज़लों में, जो उनके संग्रह 'शहरे मद्फ़ून' में शामिल हैं, उनके यहां ग़ज़ल के सिक्काबंद विषयों और भाषा रूपों से बचाव की सचेत कोशिश उनकी सर्जनात्मक जागरूकता की गवाह है। लेकिन इस तब्दीली को और ज़्यादा रचाने और गहराने की वक़्त ने उन्हें मोहलत नहीं दी। जो थोड़ा-बहुत वक़्त उन्हें मिला, उसका हिस्सा उनके बोहेमियन रवैये ने हथिया लिया।

सुर्ख़ियां देख के यूं लगता है अख़बारों की
रात आसान हुई जाती है बीमारों की

इसी ग़ज़ल में अज़ीज़ जावेद ने अपने बारे में यूं भी भविष्यवाणी की है—

सिर्फ़ दस-पाँच ही अफ़्राद हैं कांधे के लिए
मय्यतें यूं ही उठा करती हैं नादारों की

पता नहीं उनकी यह भविष्यवाणी कितनी सच साबित हुई। लेकिन यह हक़ीक़त है कि इस शे'र की रचना के कुछ दिन बाद जब इस घटना की ख़बर मिली तो किसी को ज़्यादा हैरत नहीं हुई। वह तो बहुत पहले से मौत को हर वक़्त अपने साथ लगाए फिरते थे। कभी जेब में, कभी गले तक पेट में। उनके यार-दोस्त भी उन्हें इसके साथ देखने के आदी हो चुके थे। उनके जनाज़े में निदा शामिल नहीं हो पाया। रोज़ के मिलने-जुलने वाले की अचानक मौत ने उसे दहला-सा दिया है। उसे अपने आपसे डर लगने लगता है। लेकिन उन दस-पाँच में बाक़र मेहदी भी होते हैं। अज़ीज़ जावेद के लिए भी उनके पास कुछ आंसू बचे हुए थे। बाक़र मेहदी दूसरों की खुशी में भले ही न हंसें लेकिन उनके आंसू अपने पराये के दुखों की ख़ैर-ख़बर ज़रूर रखते हैं। मीराबाई ने कहा है—

बिपद पड़े कोई निकट न आवे
सुख में सबको सीर!

बाक़र मेहदी अपने मिज़ाज से शुरू से ही इसके बिल्कुल बरअक्स हैं। वह सुख में दूर और दुख में क़रीब रहते हैं।

अपनी मर्ज़ी से कहां अपने सफ़र के हम हैं
रुख़ हवाओं का जिधर का है उधर के हम हैं

अज़ीज़ जावेद मुम्बई में आने से पहले अहमदाबाद के किसी इलाक़े में थे। वह अपने नाम के साथ 'मिर्ज़ा' लगाते थे। इस उपाधि से मालूम होता है वह अहमदाबाद के होते हुए भी गुजराती नहीं थे! 'मिर्ज़ा' की सापेक्षता में उनका वंशवृक्ष भारत में मुग़लों के आगमन से शुरू हो सकता है। उमर शेख़ मिर्ज़ा (बाबर के पिता) के फ़रग़ाना से उखड़कर मुग़ल, भारत में काबुल के रास्ते से आए थे। जहां से वे इधर आए थे, वहां वे कितनी नस्लों से आबाद थे? वहां बसने से पहले उनके बुज़ुर्गों के बुज़ुर्ग किन-किन भूभागों से गुज़रे? कहां-कहां अपने दूर और पास के रिश्तेदारों की क़ब्रें बनाईं? उनमें कौन सूफी था, कौन सिपाही, कौन शाइर—समय के प्रवाह में बदलते इस मानवीय जीवन का सिलसिला कहां से कहां तक पहुंचता है।

एक पेड़, पेड़ में हर मौसम में हज़ारों फल, हर फल में कई-कई हज़ार बीज, हर बीज में हज़ारों दरख़्त।

"तो शैतान ने उनके मन में एक संदेह जगा दिया और कहा आदम! मैं तुमको ऐसा पेड़ बताता हूं जो जीवन की शाश्वतता का प्रतिरूप है और जब उन लोगों ने उस लक्षित पेड़ का फल तोड़ के खा लिया तो यूं हुआ कि उन्हें उनकी जननेंद्रियां दिखाई देने लगीं। और वे घबराकर अपने उघड़े हुए अंगों पर स्वर्ग के पत्ते चिपकाने लगे। फिर उनके परवरदिगार ने उन्हें नवाज़ा, उन पर मेहरबानी से तवज्जो दी और कहा, तुम दोनों यहां से उतर जाओ और धरती को बसाओ।"

ज़मीन पर आसमान से उतरने वाले ये पहले मर्द और औरत थे।

फिर अंधेरों में अचानक सूरज चमका। सूरज की रौशनी में मर्द ने औरत को देखा और फिर चारों तरफ़ अंधेरा छा गया। अंधेरों में से जब वे बाहर आए तो दोनों भूखे थे। उनकी भूख ने पहाड़ से पत्थर काटा और उसे उड़ते परिंदे के पीछे लगा दिया। पत्थर ने थोड़ा पीछा करने के बाद परिंदे को मारकर उनके सामने रख दिया। परिंदे ने उनकी भूख मिटाई और फिर उन्हें गहरी नींद आई। नींद में

उन्हें जन्नत की नहर जैसी एक पुरसुकून नदी नज़र आई और वे अपने जिस्मों से पत्ते हटाकर उसमें उतर गए। नदी में ठंडे होकर उभरकर जब वे बाहर आए तो उनके साथ उन जैसा एक प्राणी था। उन्हें इस तरह नदी में उतरना और फिर उभरना बहुत अच्छा लगा और इस तरह हर बार इनकी गिनती बढ़ती गई। दिन महीने में, महीना साल में और साल सदी में ढलता रहा। आता-जाता मौसम ज़र, ज़न, ज़मीन में बदलता रहा। कभी तलवार का लोहा टूटा। कभी तस्बीह से अंगारा फूटा। अनगिनत नामों की एक लम्बी-चौड़ी भीड़। उनमें एक नाम अज़ीज़ जावेद, मौजूदा मज़हब इस्लाम, ज़बान उर्दू, वतन मुम्बई की पैदल चलती कई जानी-पहचानी गलियां।

वक़्त के साथ है मिट्टी का सफ़र सदियों से
किसको मालूम कहां के हैं किधर के हम हैं

अज़ीज़ जावेद ने शादी नहीं की। शायद यह उनके लिए मुमकिन भी न हो। मुम्बई में जितनी असानी से औरत मिल जाती है, उतनी आसानी से घर नहीं मिलता।

जुहू बीच पर घूमते हुए एक बेघर आदमी का दायां पांव रेत पर लुढ़कते हुए एक ख़ौल पर लग गया। अमावस की रात थी। समन्दर हाथ में लहरों की माला लिये शांत बैठा था। हवा, तारे और आकाश इस ठोकर से पहले गर्दिश के केंद्र बिंदु पर ठहरे हुए थे। नारियल के ख़ौल में अचानक जागकर, जादुई देव धुएं के लम्बे-चौड़े तूफ़ान की तरह प्रकट हुआ। उसका सिर आसमान को छू रहा था और पैर समन्दर के दोनों किनारों पर टिके थे। उसके मुंह से एक आवाज़ गूंजी। "समन्दर, हवा और सितारे के मिलन के समय तुमने मुझे जगाया है। बोलो मेरे आक़ा, आसमान और ज़मीन के बीच वह कौन-सी इच्छा है जो तुम मुझसे पूरी करवाना चाहते हो? वह कौन-सा नामुमकिन काम है, जो मेरी पहुंच से बाहर है? बोलो, बोलो क्या चाहिए तुम्हें?"

बेघर आदमी हैरत से उसे देखता है और अपनी इच्छा बताता है, "मुझे घर चाहिए। छोटा-सा एक घर जहां मैं अपनी नींद सो सकूं, जहां अपने बिस्तर से जाग सकूं।" यह सुनते ही देव का ऊंचा सिर झुक गया। बेघर आदमी गुस्से से चिल्लाता है, "सुना नहीं तुमने, हुक्म की तामील में इतनी देर क्यों?" देव की आवाज़ डर के मारे आदमी की आवाज़ जैसी कमज़ोर और बारीक हो गई थी। उसने उसी आवाज़ में कहा, "यह काम मेरी ताक़त से बाहर है, मेरे आका!"

"क्यों, ऐसा क्यों है?"

"ख़ुदा ने शैतान, जिन और इनसान सबके काम के दायरे तय किए हैं। मुम्बई में मकान देने दिलाने का काम मेरा नहीं है इस काम के लिए शैतान का

चुनाव किया गया है।''

''तुम झूठ बोलते हो।''

''मालिक मैं झूठ नहीं बोलता। मैं भी आप ही की तरह बेघर हूं। इसीलिए इस ख़ाली नारियल में सिमट के रहता हूं। कोई और काम आक़ा?''

''नहीं, तुम जाओ और फिर से अपने घर में सो जाओ!'

अज़ीज़ जावेद जिस झोंपड़ी से सुबह सोकर निकलते थे वह एक कच्ची शराब का धंधा करने वाले की जवान विधवा की थी। शुरू में वह वहां नमक के साथ कच्ची शराब से ग़म बहलाने जाते थे। बाद में लम्बे उधार के बदले में विधवा को मां बनने की इज़्ज़त देकर उसके साथ उसके मर्द की हैसियत से रहने लगते हैं। औरत के पास घर था, उसे किसी मर्द की जरूरत थी। मर्द बेघर था, उसे किसी छत के तले लेटकर ख़्वाब सोचने की आदत थी। इन दो मजबूरियों के समझौते ने एक लड़की का रूप धार लिया। उसकी पहचान के लिए एक नाम रखा गया। उसके नाम के साथ जावेद लगा दिया गया। रईसा जावेद वह लड़की अब अपने गुजराती पति के साथ गुजराती बोलती है और दस दिन नवरात्रि में डांड्या खेलती है। 'अनीस' का एक सलाम जो मुहर्रम के दिनों में बहुत पहले उसे याद कराया था। वह अब उसके ज़ेहन से मिट चुका है। इस लड़की के चेहरे में अज़ीज़ जावेद की थोड़ी-बहुत छवि है। लड़की के बेटे में इस छवि के साथ-साथ अब गुजराती पति की सूरत भी शामिल हो गई है। वह मराठी स्कूल में मराठी पढ़ता है।

मक्तबा जामिया ने बंद हो जाने के बाद भी अदब देर तक नीचे फ़ुटपाथ पर मज्माबाज़ी करता रहता है और जब इस तरह खड़े-खड़े थक जाता है तो वहां से रेंगता हुआ उसी फ़ुटपाथ की नुक्कड़ की होटल के एक कोने की कुर्सियों में बैठ जाता है। होटल के शोरगुल में भी वह ख़ामोश नहीं होता। लगातार बोलता रहता है। बोल-बोलकर जब थक जाता है तो वह रोज़ की तरह आज की सारी अधूरी बातें कल तक के लिए स्थगित करके, टुकड़ा-टुकड़ा बंटकर अलग-अलग दिशाओं में मुड़ जाता है। चम्बूर, कुर्ला, मलाड, दादर। बात-बात पर झुंझलाते, क़हक़हे लगाते, सिगरेटों का धुआं उड़ाते, इस अदब को हर शाम होटल में बिठाने और इसके लिए चाय और सिगरेट मंगवाने की ज़िम्मेदारी कई लोग निभाते हैं। इनमें कुछ तिजारत पेशा लोग हैं जो दिन भर अपना कारोबार चलाते हैं और शाम को किसी सस्ते मनोरंजन की तलाश में कभी इधर भी निकल आते हैं। अदब के साथ इनकी उठ-बैठ के दिन और समय निश्चित हैं। लेकिन एक साहब रोज़ आकर अपने सफेद मलमल के कुर्ते की जेब से उसकी सरपरस्ती फ़रमाते हैं। इन खुश लिबास बुज़ुर्ग का नाम तस्दीक़ अहमद है। इनका ताल्लुक़ यू.पी. के एक क़स्बे सहावर से है। आज से कई साल पहले जब वह मुम्बई में आए थे तब उनके हाथ में क़लम और दिमाग़ में कच्चे-पक्के रोमांस की कई अधूरी कहानियां थीं।

उन कहानियों ने इनके नाम से अहमद निकालकर सहावरी जोड़ दिया था। अदब और पत्रकारिता में उनका शौक़ जवानी की हदों तक ही सीमित रहता है। मुम्बई में वह कुछ दिन क़लम से दोस्ती निभाते हैं, कहानियां लिखते हैं, उन्हें प्रकाशित कराते हैं। जब इन दोस्तों से परेशान हो जाते हैं तो ज़िंदा रहने के लिए दूसरा तरीका अपनाते हैं और अपने चेहरे के खिलते हुए रंग और अपनी मधुभाषिता का जादू आज़माते हैं और जिस प्रेस में काम करते हैं उसी के मालिक की लड़की को एक दिन आसमान पर खींची हुई सतरंगी धनक दिखाते हैं और एक दिन दो बन जाते हैं। जहां पहले मुलाज़िम थे, वहीं अब मालिक बनकर अपने जैसे दूसरे हमपेशा पर हुक्म चलाते हैं। शादी के बाद दो साल में एक लड़की और एक लड़के के बुजूद में आने के बाद आसमान पर तनी हुई धनक अपने सातों रंग लेकर ग़ायब हो जाती है। शादी से पहले और उसके बाद कुछ दिन तक, इस धनक में कोई न कोई रंग दोनों के बीच में रहता है...और फिर जब आसमान ख़ाली हो जाता है तो ये भी नीचे ज़मीन पर आ जाते हैं जहां सदियों से कमाने वाला पति होता है और कमाई को आराम से उड़ाने वाली पत्नी कहलाती है। पत्नी की जायदाद तस्दीक़ को पति से पत्नी और उनकी घरवाली रज़िया को पत्नी से पति बना देती है। बिना आपरेशन के यह देह-परिवर्तन एक सामाजिक और आर्थिक सच्चाई है। दिन भर ख़ामोशी से वह अपना यह नया किरदार निभाते हैं लेकिन सूरज ढलते ही जब वह अपनी ज़िम्मेदारियों से मोहलत पाते हैं तो बीते हुए दिन-रात उन्हें याद आते हैं, वे अधूरी कहानियां जिन्हें वह अपने सिर के किसी कोने में छिपाकर भूले हुए थे, उनके पात्र अचानक जाते हैं। जब ये पात्र अतीत की आवाज़ों में ज़्यादा शोर मचाते हैं तो वह हाल की किसी दुकान से गिलोरी लेकर मुंह में रखते हैं और सीधे मक्तबा जामिया चले जाते हैं।

कभी-कभी ज़िंदगी थोड़ा देकर इतना वसूल करती है कि आदमी हमेशा एक घाटे के एहसास में खोया रहता है। इस कमी के एहसास की अलग-अलग लोगों पर अलग-अलग प्रतिक्रिया होती है। कोई इसे क़िस्मत मानकर सिर झुकाता है, कोई चलते-चलते अचानक रास्ता बदल लेता है। दूसरे ढंग की प्रतिक्रिया हमारे समाज में कम ही किसी को रास आती है। मध्यवर्ग के लोगों में इसकी संभावना और भी कम है। निदा की एक अजीब आदत है। वह अपने मिलने-जुलने वालों में किसी को भी किसी पढ़ी हुई कहानी से जोड़ देता है। फिर वह आदमी एक चरित्र बनकर नए हालात से गुज़रता है या गुज़ारा जाता है। और निदा इसके नए हालात के उतार-चढ़ाव से अपनी फ़ुर्सतों को बहलाता है। फ़ुर्सतों का यह खेल एक दिन अपने घर में अकेले बैठे वह तस्दीक़ के साथ भी खेलता है...

तस्दीक़ साहब यूरोप में हैं। उन्हें गवर्नमेंट से 'लॉर्ड' का ख़िताब मिला हुआ है। इस ख़िताब की अपनी शर्तें हैं। इन शर्तों को तोड़कर वह एक सुंदरी के क़रीब

हो जाते हैं। यह निकटता उनके नाम के साथ 'लॉर्ड' का ख़िताब लगाने की अनुमति नहीं देती। जार्ज चतुर्थ के ताज की तरह वह भी अपना ख़िताब इश्क़ पर क़ुर्बान कर देते हैं। इस क़ुर्बानी से प्रभावित होकर वह सुंदरी उनकी गर्दन में अपनी बांहें डाल देती है। बिना गिरजाघर में हाज़िर हुए वे एक-दूसरे के हो जाते हैं। एक तरफ़ दुनिया, दूसरी तरफ़ मुहब्बत। छः महीने इस तरह गुज़रते हैं। एक दिन सुबह अकेली सड़क पर साइकिल पर कसरत करते वे एक मोड़ से घूमते हुए एक थोड़े से तंग रास्ते में जैसे ही दाख़िल होते हैं, उनके ज़ेहन में एक सवाल जागता है। 'क्या वह हसीना जिसके लिए मुझे अपने ख़िताब को अपने नाम से अलग करना पड़ा है, छः महीनों के बाद भी मेरी मुहब्बत है?' साइकिल आगे बढ़ रही है और साइकिल सवार अपने ही सवाल का जवाब सोच रहा है। साइकिल तंग रास्ते से चौड़ी सड़क पर आती है और घर की तरफ़ मुड़ती है। उसने सवाल का जवाब सोच लिया है। जवाब है—नहीं अब मुझे उससे मुहब्बत नहीं है। मुहब्बत नहीं है तो रिश्ता कैसा है? यह अपने साथ ही नहीं उसके साथ भी नइंसाफ़ी है जो...वह घर में घुसते ही अपने जवाब से घर की औरत को आगाह करते हैं। घर की औरत इस अचानक जवाब से घबराती है और तीन महीने अलग-अलग रहकर इस जवाब पर दोबारा ग़ौर करने की गुज़ारिश करती है। तस्दीक़ साहब बर्ट्रेंड रसेल के रूप में इस गुज़ारिश को मंज़ूर कर लेते हैं। तयशुदा वक्त पूरा होता है। दोनों एक शाम एक होटल में मिलते हैं। दोनों दोपहर की नींद से तरोताज़ा अच्छे लिबासों में एक मेज़ के गिर्द आमने-सामने बैठे हैं। बैरा आता है। दोनों के सम्मान में सिर झुकाता है। तस्दीक़ साहब व्हिस्की और इसके साथ और दूसरी ख़ाने की चीज़ों का आर्डर देते हैं। फ़्लोर पर एक तरफ़ डांस हो रहा है, शराब आती है। दोनों अपना-अपना गिलास उठाकर एक दूसरे को नर्म-गर्म नज़रों से देखते हैं और पीना शुरू करते हैं। पैग के ख़त्म होने के बाद रसेल लड़की का हाथ हाथ में लेकर कहता है, "मेरा जवाब जो पहले था, वही अब भी है।" वे दोनों उठते हैं, हाथ मिलाते हैं और एक-दूसरे को देखते हुए अपने-अपने रास्तों पर मुड़ जाते हैं...

तस्दीक़ साहब हर शाम मक्तबा आते हैं। ख़ामोश तमाशाई की तरह नए अदीबों और शाइरों के साथ कुछ वक्त बिताते हैं और फिर घर लौट जाते हैं। उनके और उनकी घरवाली के निदा पर कई एहसान हैं। इन एहसानों की वजह से वह उनके रोज़ के इसरार को टाल नहीं पाता। वे दोनों मियाँ-बीवी एक खिलौने की तरह निदा से अपनी बोरियत बहलाते हैं। इसके बदले में उसे खिलाया जाता है, पिलाया जाता है और कभी-कभी कपड़ों के तोहफ़ों से भी नवाज़ा जाता है। इन रोज़-रोज़ की संगतों में निदा को तस्दीक़ साहब और उनकी पत्नी रज़िया की उम्रों में क़ाफ़ी अंतर नज़र आता है। रज़िया उम्र से छोटी होती जाती हैं और तस्दीक़ साहब अपनी उम्र से ज़्यादा बड़े होते जाते हैं। घटती-बढ़ती उम्रों का यह अंतर

घर में नित नए मतभेदों के रूप में ज़ाहिर होता है। इन मतभेदों को दूर करने के लिए पहले निदा को ले जाया जाता था, अब कुछ दिन से वह अकेला भी पहुंच जाता है। धीरे-धीरे वह इस घर में इस तरह घुल-मिल जाता है कि घर में होते हुए भी घर में मुश्किल-से नज़र आता है। जब कोई चीज़ आदत में शामिल हो जाती है तो उसके होने और न होने में कोई अंतर नहीं रहता। अपनी बढ़ती हुई व्यस्तता की वजह से जब निदा किसी दिन उधर नहीं जाता तो उसके जाने-पहचाने ठिकानों पर फ़ोन आ जाता है और कहीं न कहीं उसे ढूंढ़ लिया जाता है। तस्दीक़ साहब से अब उनकी पत्नी को कई शिकायतें हैं।

वह अख़्तरुल ईमान की तरह नज़्में नहीं लिखते। उनकी तरह ख्यातिप्राप्त क्यों नहीं हैं? वह कृश्नचंदर की तरह कहानियां नहीं लिखते जो उन्हें लिखना चाहिए। निदा फ़ाज़ली की तरह उनकी उम्र कम क्यों नहीं है, जो होनी चाहिए। ज़ोय अंसारी की तरह वह अच्छे वक्ता क्यों नहीं हैं? आदमी कोशिश करे तो क्या मुमकिन नहीं है? तस्दीक़ साहब जो नहीं हैं वह बनने के लिए कभी 'अलिफ़' नाम से दो-तीन अंक निकालकर पैसे गंवाते हैं। कभी घर में महफ़िलें जमाते हैं और कभी नए अदीबों और शाइरों के साथ मिलकर उन सब तरक़्क़ी पसंदों को गालियों से विभूषित करते हैं जिनसे उन्हें कमतर समझा जाता है।

निधन से कुछ साल पहले वह अपना ज़्यादा समय अपनी पुरानी छपी कहानियों में तराश-ख़राश और अधूरी कहानियों को पूरा करने में ख़र्च करने लगे थे। वह अपनी किताब छपवाना चाहते थे। किताब का मसविदा तैयार होने से पहले किताब का नाम, डस्ट कवर और उसका साइज़ सब तय हो चुके थे। पृष्ठ संख्या भी तय हो चुकी थी। 124 पृष्ठ की इस डिमाई साइज़ की किताब का मसविदा उनके जीते-जी पूरा नहीं हो सका। कुछ कहानियां तो उनके पास थीं लेकिन वे अधूरी कहानियां जिन्हें वह पूरा करना चाहते थे और उनके पात्र उनसे नाराज़ होकर अतीत का किस्सा बन चुके थे। वह रोज़ उन पर मेहनत करते थे। हर रोज़ जितने वरक़ काले करते थे, उन्हें सुनाते भी थे। लेकिन दूसरे दिन खुद ही उन्हें फाड़ भी देते थे। वह अतीत में सोची हुई कहानियों को नए युग में लिखने की कोशिश में थे और दो युग मिलने को तैयार नहीं थे। तस्दीक़ साहब के निधन के बाद प्रेस बेच दिया गया। प्रेस का पुरानी लिथो मशीन, फ़र्नीचर और मेज़-कुर्सियों के साथ सौदा किया गया था। इस प्रेस के साथ वह मसविदा भी नए मालिक की मिल्कियत में शामिल था जो किसी मेज़ की दराज़ में छिपा हुआ था और जिसे बाद में प्रेस के दूसरे बेकार काग़ज़ों के साथ प्रेस से बाहर निकाल दिया गया था।

तस्दीक़ साहब के बाद रज़िया अपने दोनों बच्चों के साथ पाकिस्तान चली जाती हैं। सेंडहर्स्ट रोड के रेलवे प्लेटफ़ॉर्म से नज़र आने वाले पुराने ढंग के एक मकान की खिड़की ने अब दूर से हाथ हिलाना छोड़ दिया है। लोकल ट्रेन का

इंतज़ार करते हुए आदतन अब भी कभी-कभार उधर नज़र मुड़ जाती है, लेकिन अब वह खिड़की दूर से हाथ नहीं हिलाती। एक पिंजरे में बैठे दो love बर्ड्स के जोड़ों को दाना चुगाती है। हरे तोतों और दूसरी रंग-बिरंगी चिड़ियों के ये पिंजरे अक्सर दुकानों में मिलते हैं। इन आज़ाद परिंदों को क़ैद करके कुछ लोग अपनी आज़ादी की सुरक्षा करते हैं। ये love बर्ड्स पिंजरे के छोटे-से दायरे में लड़-झगड़कर एक-दूसरे के इतने क़रीब हो जाते हैं कि साथ-साथ पिंजरे के तारों से टकराते हैं। आसमान को देखकर विशेष स्वरों में अपना दर्द गाते हैं और जब एक-दूसरे से जुदा होते हैं तो जीते-जी बेआवाज़ हो जाते हैं। निदा एक मुशायरे के सिलसिले में कराची जाता है। वहां नाज़िमाबाद की एक महफ़िल में कई साल बाद रज़िया फिर नज़र आती हैं। उनका बेटा जर्मनी की नागरिकता ले चुका है। बेटी शादी करके अपने घर की हो गई है। वह अब अपनी माँ के साथ घर में अकेली रहती हैं। निदा एक दोपहर उनके घर में गुज़ारता है। उनके पास अब कहने के लिए पहले की तरह कुछ ज़्यादा नहीं है। ख़ैर-ख़बर के चंद औपचारिक वाक्यों के बाद मुलाक़ात का बाक़ी वक़्त उनके फ़ैमिली अलबम के साथ गुज़रता है। इनमें उनके बच्चों के उत्सवों की तस्वीरें हैं। दुल्हन के लिबास में लड़की, सेहरा बांधे हुए लड़का, बहू और दामाद के साथ वह ख़ुद और बीच में उनका नया धेवता। विदा होते वक़्त वह एक लिफ़ाफ़े में कुछ रुपए रखकर देती हैं। उनकी इच्छा है कि इन पैसों से दो-चार जुमेरात तस्दीक़ साहब की क़ब्र पर अगरबत्तियाँ सुलगाई जायें और फूल चढ़ाये जायें। तस्दीक़ साहब मुम्बई में डोंगरी के एक क़ब्रिस्तान में दफ़न हैं।

यह फ़ासला!
जो तुम्हारे और मेरे दरमियां है
हर इक ज़माने की दास्तां है
न इब्तिदा है
न इंतिहा है
मुसाफ़तों[1] का अज़ाब सांसों का दायरा है
न तुम कहीं हो
न मैं कहीं हूं
तलाश रंगीन वाहिया[2] है
ये फ़ासला! जो तुम्हारे और मेरे दरमियां है
यही तलब है
यही जज़ा है
यही ख़ुदा है।

---

1. दूरियों, अंतरालों 2. कल्पनाशक्ति

यह दौर जदीदियत (आधुनिकता) के उभार और तरक़्क़ी पसंदी के उतार का है। शाइरों में जाँ निसार अख़्तर के अलावा कोई रचनात्मक रूप से सक्रिय है। मख़्दूम अल्लाह को प्यारे हो गए। सरदार ज़ाफरी अपनी लम्बी तैराकी के बाद किनारे हो गए। साहिर फ़िल्मी आसमान के सितारे हो गए। मजरूह थोड़ा लिखकर बहुत सारे हो गए हैं। ज़ोय अंसारी कई शादियां करके फिर से कुंवारे हो गए। कैफ़ी स्टेज के दुलारे हो गए हैं। मजरूह को जब फ़िल्मी गीत लिखने से फ़ुर्सत मिलती है तो वह रिसालों में अपने ख़तों के ज़रिए उन सम्पादकों को डाँट पिलाते हैं जो फ़ैज़ की ग़ज़ल को ऊंचा उठाते हैं। इनमें से जो उनकी दलीलों को मान लेते हैं, उन्हें अपना दोस्त समझते हैं और बाक़ी को बेअदब और बदतहजीब ठहराते हैं। अगर उन्हें तरक़्क़ी पसंद ग़ज़ल का प्रवर्तक मान लिया जाए तो वह फ़ैज़ को नज़्म का बड़ा शाइर बनाने में सहयोग देने को तैयार हो सकते हैं। उनकी राय में ग़ज़ल में सामाजिक व राजनीतिक चेतना की शुरुआत उन्हीं से होती है। फ़ैज़ में मुम्बई की एक अदबी महफ़िल में जिसमें संयोग से सरदार, जज़्बी, जाँ निसार अख़्तर और मजरूह वग़ैरह शरीक थे। मजरूह के सम्पादकों के नाम उन ख़तों का जवाब यों दिया था–

''भाई दुकानें तो सबने एक साथ लगाई थीं। अब इसमें किसी का क्या क़ुसूर कि किसी की दुकान चल निकली, किसी की नहीं चली।'' 'गुबार-ए-अटयाम' में फ़ैज़ की एक नज़्म 'नज़्रे-हसरत मोहानी' में एक शे'र है–

हम शेख़ न लीडर न मुसाहिब न सहाफ़ी
जो खुद नहीं करते वो हिदायत न करेंगे।

फ़ैज़ की तरह सरदार भी अपने समकालीनों का काम्प्लेक्स हैं। मजाज़ की डायरी में, जिसमें उनके जुनून की बेतरतीब रचनाएं शामिल हैं और जिसे डॉ. मुहम्मद हसन ने सम्पादित किया था, एक जुम्ला यों भी है–'शाइर तो सिर्फ़ दो हैं, एक फ़ैज़ और दूसरा मजाज़।' मजाज़ की ही तरह जज़्बी भी अपने एक इण्टरव्यू में सरदार को शाइर मानने से भी इनकार फ़रमाते हैं। बात दरअस्ल यह है कि सारे बुज़ुर्गान-ए-अदब उम्र की उन मंज़िलों में दाख़िल हो चुके हैं जहां उनमें से हर एक को अपने सिवा दूर तक कोई दूसरा दिखाई नहीं देता। अख़्तरुल ईमान दूसरों से अलग हैं। लेकिन वह भी जब अपनी नज़्मों की प्रशंसा से मोहलत पाकर कभी अपने युग के शाइरों की सूची बनाते हैं तो निहायत ईमानदारी के बावजूद अपने अलावा तमाम समकालीनों के नाम भूल जाते हैं।

सरदार लिखते हुए तो समाजी ज़िम्मेदारी निभाते हैं लेकिन ज़बानी जो फ़रमाते हैं उसके अनुसार वह भी शहर-ए-अदब में अकेले ही नज़र आते हैं। फ़ैज़ की लोकप्रियता के पीछे उन्हें साहित्य से ज़्यादा रावलपिंडी साज़िश केस, क्षेत्रीयता और

संगीतकारों की गायकी के असर दिखाई देते हैं।

साहिर अदबी महफ़िलों में कम नज़र आते हैं। खुद अपने घर में महफ़िलें जमाते हैं और खिला-पिलाकर उपस्थितजनों को आईना दिखाते हैं। मुशाइरों में पाबंदी से शिरकत करते हैं। मजरूह से उनकी अन-बन पुरानी है। वह मुशाइरों में वक़्त पर आते हैं लेकिन बाहर अपनी कार में बैठे अपने प्रशंसकों के साथ जाम पर जाम चिढ़ाते हैं। यहां तक कि मजरूह काव्य-पाठ के लिए बुलाए जाते हैं। मजरूह के मधुर कंठ की लय को सुनते ही वह मुशाइरागाह में दाख़िल होते हैं। साहिर हर बार उसी तरह श्रोताओं पर अपनी फ़िल्मी शुहरत आजमाते हैं और मजरूह के तरन्नुम और ग़ज़ल के अपमान का लुत्फ़ उठाते हैं। मजरूह अपनी महफ़िलों में साहिर को महमिल[1] और जाँ निसार अख़्तर को (जो उन दिनों साहिर के सुबह शाम के साथी थे) ताबे' महमिल[2] की उपाधियां देकर अपनी बातचीत को रंगीन बनाते हैं। जाँ निसार अख़्तर जब कभी अपने घर में रात सजाते हैं तो उन्हें भी सारे समकालीन अपने से छोटे नज़र आते हैं। एक दोपहर को वह किताब के पन्ने उलटते हुए अपने आप से ही कुछ बोलते नज़र आते हैं।

''भई कमाल है, जवाब नहीं इस हिम्मत का। बड़े दिल-गुर्दे का आदमी है। क्या क़ुदरत-ए-कलाम है।'' किसकी तारीफ़ कर रहे हैं अख़्तर भाई? निदा पूछता है।

''मेरे यार ताबाँ की। वह कहते हैं कि कई मज्मुए हैं लेकिन ग़ज़ल एक ही है जो बार-बार दोहराता रहता है।''

जदीदियत[3] अभी पुख़्ता उम्र की, इस नर्गिसियत[4] से दूर है। आलोचना में अभी अलीगढ़, इलाहाबाद, अहमदाबाद, दिल्ली और मुम्बई के अलग-अलग गुटों के वर्चस्व स्थापित होने में कई बरसों की देर है। इलाहाबाद के नए नाम, बिहार के ग्लोब और औरंगाबाद के नए क्लासिकों में अच्छे-बुरे सब नाम शामिल हैं। जदीदियत और तरक़्क़ीपसंदी के टकराव ने अलग-अलग रवैयों और मिज़ाजों को एक कर दिया है। हर महफ़िल में जदीदियत बहस का विषय होती है।

जे.जे. हास्पिटल की फ़ुटपाथ पर एक शाम ताबाँ झांसवी नज़र आते हैं। वह निदा के विद्यार्थी जीवन के ज़माने के मशहूर शाइर हैं। सिगरेट से शराब, शराब से गांजा और गांजे से अफ़ीम तक का सफ़र जवानी में ही तय कर चुके हैं। उनके सस्वर रचना-पाठ को एक ज़माने में मुशाइरों की कामयाबी की गारंटी समझा जाता था। लम्बा छरहरा क़द, ख़ूबसूरत चेहरा, नशे में झूमते-झामते जब स्टेज पर आते थे तो पहले मिसरे ही छा जाते थे। उन दिनों का सुना हुआ एक शे'र निदा की स्मृति में आज भी सुरक्षित है—

---

1. बेहूदा, निरर्थक 2. वह निरर्थक शब्द जो सार्थक शब्द के साथ बोला जाए 3. आधुनिकता 4. आत्मकेंद्रण

अगर मुझे इख़्तियार दे दो तो इन्क़िलाब-ए-जदीद कर दूं
लुटा के क़ारून का ख़ज़ाना, ग़रीब लोगों की ईद कर दूं

उतरा हुआ चेहरा, धूल से अटे कपड़े, पूछने पर पता लगा भूखे-प्यासे भी हैं और मुम्बई में कहीं सोने का ठिकाना भी नहीं है। झांसी से मुम्बई इंदीवर के साथ चले आए। इंदीवर अक्सर छोटे शहरों के शाइरों के साथ ऐसा सुलूक करने के आदी हैं। जिससे ज़्यादा खुश होते हैं, उसे मुम्बई में फ़िल्मी गीतकार बनने का ख़्वाब थमा देते हैं, मदद का वादा भी करते हैं। उनके इस झांसें में जो आता है वह पछताता है। अमरावती के एक मुशाइरे में उनकी दया दृष्टि निदा पर भी होती है। एक ही इंदीवर अपने घर और स्टेज पर अलग-अलग होते हैं। निदा जब मुम्बई में उनके दिए हुए पते पर पहुंचता है तो खुद इंदीवर की ज़बानी उसे मालूम होता है कि वह घर में नहीं हैं। हालात जब अच्छे नहीं होते तो एक जगह से दूसरी जगह आने-जाने की थोड़ी-सी रक़म भी बहुत भारी पड़ती है। निदा की आमदनी का ज़रिया एक मुशाइरे से दूसरे मुशाइरे तक नपे-तुले अंदाज़ में चलता है। इस अंदाज़ में ज़रा-सी तब्दीली भी उसे कई दिनों तक परेशान रखती है। मुम्बई में वह कई सालों से है। लेकिन उधार माँगने में जो हौसला और हिम्मत चाहिए, उनसे वह अभी तक मेहरूम है।

ताबाँ टीन का छोटा-सा संदूक़ लेकर मुम्बई आते हैं। दो-तीन दिन इंदीवर की मेज़बानी का लुत्फ़ उठाते हैं। नशे में डायरी में जितनी नज़्में और ग़ज़लें होती हैं, उन्हें अपने तरन्नुम में रिकार्ड कराते हैं और इसके बाद खुद इंदीवर उन्हें बताते हैं कि वह घर से बाहर हैं। उनसे मिलना हो तो फिर आइए...लेकिन जब वह कई दिनों की कोशिश के बाद भी उनसे नहीं मिल पाते तो पता पूछते हुए भिंडी बाज़ार की तरफ़ निकल जाते हैं।

कई दिनों से कोई शै इकहरी नज़र नहीं आती। हर चीज़ में उस एक चीज़ के अलावा भी बहुत कुछ होता है। निदा और ताबाँ जहां खड़े हैं, उनके बीच जो एक बड़ा-सा पत्थर है, उसमें कोई अनदेखी मूरत भी है। वह मूरत, कोई शिल्पी इसमें से निकाल ले तो, वह किसी भी मंदिर की मूरत बन सकती है। इस पत्थर के चारों तरफ़ कोई बेनाम पहाड़ भी है। यह पत्थर उसमें से कब तराशा गया? वह पहाड़ से यहां तक कैसे आया? पहाड़ से बस्ती तक के सफ़र में और कहां-कहां वह तराश-ख़राश से गुज़रा? इस सफ़र में कितने रास्ते थे और उन रास्तों में कितने मकान थे। इन मकानों में रहने वाले, उनकी मुहब्बतें, नफ़रतें, उनके गिर्द मंडराते जानवर, उड़ते हुए परिंदे, परिंदों के ऊपर फैला हुआ आसमान, आसमान के नीचे बहती हुई नदियां और इन सब में दिन को रात से और रात को दिन से बदलते हुए समय के अदृश्य हाथ। रात और दिन में आंसू, मुस्कराहटें, यह पहाड़ जहां

है वहां की आबो-हवा से, उसकी दोस्ती का मिज़ाज कैसा है? कहते हैं, पहाड़ सदियों बूढ़े होते हैं। पहाड़ से कटकर पत्थर इधर-उधर आते-जाते रहते हैं और ख़ामोश ज़बान से अपने सफ़र की कहानी और आप-बीती दोहराते रहते हैं। किसी पत्थर की पूजा होती है। कोई मेहराब में चिना जाता है। कोई इमारत की बुनियाद बनता है। कहीं यह प्रतिरोध की अलामत बनता है। कोई इस पर सिर रखकर सोता है और कोई इस पर बैठ के रोता है। कभी यह हथियार बनके ख़ून बहाता है। कभी एक-दूसरे से टकराकर चिनगारी उड़ाता है। आदमी और पत्थर का रिश्ता ज़मीन पर आदमी के अस्तित्व की तरह पुराना है।

ताबाँ झांसवी के इर्द-गिर्द भी निदा को बहुत कुछ नज़र आता है। बनते हुए न जाने कितने दिन-रात चारों तरफ़ फैल जाते है। उन दिन-रातों ऊपरी मंज़िल से उतरती हुई, सफ़ेद पत्थर के ज़ीने पर छाई हुई एक अंगूर की बेल भी है। जिसमें गिलहरियां लगातार ऊपर से नीचे और नीचे से ऊपर भागती-दौड़ती रहती हैं। उस बेल के नीचे एक बड़ा-सा कुत्ता है जो अपनी उम्र पूरी करके सिर्फ़ ऊंघने के लिए ज़िंदा है। कोई तोता जब पेड़ की शाख़ से उतरकर उसके सिर पर बैठ जाता है तो वह फुरेरी लेकर खड़ा हो जाता है। उस मकान के तोतों, चिड़ियों, गिलहरियों और बिल्लियों ने उससे डरना छोड़ दिया है। कभी तो बिल्ली फलांग कर उस पर से गुज़र जाती है। फलांगने के बाद मुड़कर एक नज़र उसे देखती है, फिर म्याऊं करके आगे बढ़ जाती है। उस कुत्ते के दो नाम हैं। पहला नाम रोबर्ट जो उसके अंग्रेज़ मालिक का दिया हुआ है। वह अंग्रेज़ छुट्टी पर लंदन जाते हुए कुछ दिन के लिए उसे यहां छोड़ गया था। जब वह वापस नहीं आया तो नए मालिक ने उसकी ज़बान और नाम अपने अनुसार बदल दिए। अब उसका नाम राजा है और वह उर्दू में बात सुनता है और समझता भी है।

एक रात आसमान पर चमकता हुआ दिसम्बर का पूरा सर्द चांद, उस बेल में छिपी दो हिलती-जुलती परछाइयों को देखता है। और सवेरा होते ही जाते-जाते इस राज़ को सूरज से कह जाता है। सूरज अंगूर की बेल की तलाशी लेता है। उसे वहां दो जिस्मों की थोड़ी-सी खुशबू, चंद गर्म सांसें और कुछ ख़ामोशी और कानाफूसियां मिलती हैं। इस तलाश के बाद ज़ीने का छत पर खुलने वाला दरवाज़ा बंद कर दिया जाता है। छत से चांद को देखने पर पाबंदी लग जाती है। अंगूर की बेल और राजा का वह घर अब सिर्फ गली की तरफ़ खुलने वाली खिड़की से ही कभी-कभार चांद को देख पाता है—

आमने-सामने दो नई खिड़कियां
जलती सिगरेट की लहराती आवाज़ में
सुई डोरे के रंगीन अल्फ़ाज़ में

मशविरा कर रही हैं कई रोज़ से
शायद अब बूढ़े दरवाजे सर जोड़कर
वक़्त की बात को वक़्त पर मान लें
बीच की टूटी-फूटी गली छोड़कर
खिड़कियों के इशारों को पहचान लें।

दिसम्बर की उस सर्द रात से अब तक यों तो बेशुमार चांद आसमान पर आए गए लेकिन उस रात जैसा चांद फिर दोबारा रौशन नहीं हुआ। वह चांद अब सिर्फ़ अतीत की स्मृति में सुरक्षित है, जो एकांत में जब भी जिस क्षण जगमगाता है तो सारा शहर आलोकित हो जाता है। चीन के क्लासिकी कवि बाशो का एक हाइकू है—

आते-जाते बादल
चांद के मुसलसल देखने वालों को
थोड़ी मोहलत देते हैं

उसका नाम मेहमूदा है। वह निदा के कालेज के दिनों में शहर की सबसे ख़ूबसूरत लड़की थी। इस फ़ैसले से उसके क़ई दोस्त सहमत नहीं थे। उनमें सबकी अपनी पसंद और मे'यार था। हर एक को अपनी पसंद के मे'यार पर पूरा भरोसा था। उन दोस्तों की नई-नई उम्रों ने एक साथ बहुत सों को शहर की सबसे हसीन लड़की बना दिया था। मेहमूदा मिस हिल्ज़ स्कूल की नई टीचर थी। उसका स्कूल निदा के कालेज के रास्ते में पड़ता है। उसके स्कूल और निदा के कालेज के समय में आधे घंटे का अंतर है। इस अंतर को निदा ने कालेज के प्रिंसिपल की इजाज़त के बग़ैर लेडीज़ साइकिल के उन पहियों की रफ़्तार के साथ एडजस्ट कर लिया है जो ठीक साढ़े नौ बजे एक गली से बाहर निकलकर, सारे शहर को एक सड़क में समेटते गुज़रते हैं। निदा के लगातार पीछा करने ने उसे अपने उस चमत्कार से परिचित करा दिया है। उसकी मुस्कुराहट धीरे-धीरे होठों से निकलकर उसकी आंखों, हाथों, कानों के बुंदों, दुपट्टे की सिलवटों, साइकिल के पैडल पर घूमते हुए पैरों के सामने रखी किताबों, सब में फैल गई है। वह मुस्कुराती है तो उसके साथ ये सब चीज़ें भी मुस्कुराती हैं और फिर उस मुस्कुराहट में रास्ते के पेड़, उनमें चहचहाती चिड़ियां, बिजली के तार, उनमें उलझी हुई पतंगें, मकानों की गैलरियों में सूखते रंग-बिरंगे कपड़े, हवा, बादल सब शरीक हो जाते हैं। वह बहुत ज़हीन है। वह ख़ामोशी की ज़बान को जानती है। वह हर दिन अपनी शलवार, क़मीज़ और दुपट्टे में उसी रंग का चयन करती है जो रोज़ निदा की पसंद होता है। उसका एक छोटा भाई है। निदा की उससे दोस्ती हो जाती है। उन दोनों को मिलाने में

वीर कुमार अहम रोल अदा करता है। वह अपनी दुकान से कपड़े लेकर मेहमूदा के पिता की शहर की दुकान स्टाइल टेलर्स में सिलवाने के लिए लाता है। वीर कुमार और निदा के सूट बनने में जितना समय लगता है, उसमें मेहमूदा के भाई से अच्छी दोस्ती हो जाती है। यह दोस्ती कुछ दिन में ही उसे मेहमूदा के उस घर में ले जाने लगी है जहां अंगूर की बेल से ढके जीने के ऊपर वह कमरा है जिसकी खिड़की से चाँद नज़र आता है। दिसम्बर के पूरे चाँद वाली रात उसका अकेले स्कूल जाना बंद हो जाता है। कोई न कोई उसके साथ होता है। जमील फ़ातिमा तक जब यह बात पहुंचती है तो वह मेहमूदा की तीन पीढ़ियों का वंशवृक्ष ज़बानी सुनाती है। उसकी माँ ही ज़ेबन की तरह सिंधिया दरबार से जुड़ी नहीं थी, बल्कि उसकी नानी भी अपने ज़माने की मशहूर तवायफ़ थी। ऐसे घर की लड़की से किसी सैयदज़ादे का रिश्ता दोषपूर्ण ही नहीं, असंभव भी है। जब से जमील फ़ातिमा के बच्चे बड़े होने लगे हैं, वह मुर्तज़ा हसन की रंगरेलियों पर कुढ़ने के बजाय अपने बच्चों से ज़्यादा जुड़ने लगी हैं। उनमें से जब कोई उनके तयशुदा रास्तों से अलग हटकर चलने की भूल करता है तो वह घर के किसी कोने में मुंह ढांप कर एक-दो घंटे चुपचाप रोती रहती हैं। उनके इस आचरण से माहौल फिर वैसा ही हो जाता है जैसा वह सोचे हुए थीं। मेहमूदा एक शाम अकेले में जमील फ़ातिमा से मिलती है और फिर हमेशा के लिए कहीं ग़ायब हो जाती है। निदा से फिर उसकी मुलाक़ात नहीं हो पाती। इस शोक में कुछ दिन शहर की सारी रौशनियां बुझी रहती हैं। रास्ते, चौराहे सूने हो जाते हैं। फिर हर चीज़ पहले जैसी हो जाती है। वक़्त गुज़रता रहता है। एक दिन मुम्बई में निदा के नए मकान के पते पर एक ख़त आता है। यह ख़त मेहमूदा के हाथ का लिखा हुआ है।

''मैं कई दिनों से तुम्हें ख़त लिखना चाहती थी लेकिन हर बार लिखकर फाड़ देती थी। तुम्हारा मुम्बई का पता मेरे पास नहीं था, और किसी से पूछना मुझे अच्छा नहीं लगता था। आज अचानक एक रिसाले में तुम्हारी तस्वीर और पता देखा तो बहुत कुछ गुज़रा हुआ याद आने लगा। ग्वालियर का वह रास्ता जहां पहली बार हमने एक-दूसरे को देखा था, मिस हिल्ज़ स्कूल के क़रीब हाई कोर्ट का वह बड़ा-सा पत्थर जिससे तुम मुझे देखते हुए उलझकर गिरे थे और मैं बेसाख़्ता हंस पड़ी थी। अंगूर की बेल वाला वह घर जहां तुम अक्सर आते थे और वह सर्द चांद रात जिसके बाद आसमान बरसों के लिए सूना हो गया था। फिर तुम मुम्बई चले गए और मैं शादी करके जयपुर में बस गई। मेरे शौहर बहुत अच्छे इनसान थे। वह अब इस दुनिया में नहीं हैं। उनकी यादगार एक लड़की है जो इस साल मेडिकल के आख़िरी साल में है। अगले हफ़्ते एक दिन के लिए मुम्बई आना चाहती हूं, बिज़नेस के काम से। यह काम तुमसे मिलने का बहाना भी हो सकता है। क्या मैं उम्मीद रखूं कि तुम अपनी मसरूफ़ियतों में से कुछ लम्हे इस मुलाक़ात

के लिए निकाल सकोगे? तुम्हारा जवाब मिलने के बाद मैं अपना प्रोग्राम तय करूंगी।''

इस ख़त के आख़िर में मेहमूदा का नाम पढ़कर अजीब-सी ख़ुशी होती है। यह जानकर और भी ख़ुशी होती है कि इतनी लम्बी दूरियों के बावजूद वह जो एक जुड़ाव हमारे बीच था, वह आज भी वक़्त की गर्द से बचा हुआ है। लेकिन यह ख़ुशी थोड़ी देर तक ही निदा के साथ रह पाती है। सामने दीवार पर लगे कैलेंडर का साल देखकर उसे वह साल याद आ जाता है जब वह ग्वालियर से मुम्बई आया था फिर वह मुद्दत आंखों के सामने से गुज़रती है जिसमें एक-एक ईंट जोड़कर उसने अपना घर मुम्बई में बनाया था। चारों तरफ़ धूल-सी उड़ने लगी। इस गुबार में बहुत कुछ धुंधलाने लगा। आईने के सामने शेव करते हुए वह ख़ुद को देखता है।

''महात्मा बुद्ध घूमते हुए कई बरसों बाद उस इलाक़े में वापस आते हैं जहां उनके पिता उनके स्वागत के लिए खड़े हैं। बुद्ध की आंखों में अजनबीयत देखकर वह चौंकते हैं। वह बुद्ध को पहचानते हैं लेकिन बुद्ध उनको नहीं जानते।''

''तुमने पहचाना नहीं? हम वही हैं जो तुम्हारे अपने हैं।''

बुद्ध की आंखों का आश्चर्य और गहराता जाता है और उनकी ख़ामोशी बोलती है।

''कोई नदी दूसरे क्षण पहली जैसी नहीं रहती। एक ही नदी में दो बार स्नान संभव नहीं है लेकिन हम तो तुम्हें जानते हैं...तुम कैसे...?''

''तुम जिसे जानते हो, वह भी तुम्हें पहचानता होगा। लेकिन वह अब कहां है। जो है वह मौजूदा पल है। इससे पहले जो था, इसके बाद जो होगा, वह सब एक-दूसरे से भिन्न है। सर्वम् दुःखम्...सर्वम् दुःखम्...''

उसे अचानक याद आता है मेहमूदा एक नहीं है दो हैं। एक वह जो अतीत है, दूसरी वह जो वर्तमान है। अतीत मर जाता है, उसमें दिन, महीने, साल नहीं होते। वर्तमान समय के दायरे का बंदी है। वह चलता रहता है। वह जिस मेहमूदा को जानता है, वह वहीं मिस हिल्ज़ स्कूल की तरफ़ जाने वाली सड़क पर खड़ी हुई अब भी मुस्कुरा रही है। जिस मेहमूदा का उसे ख़त मिला है, शायद वह उसे देखकर भी नहीं पहचान पाए। वह मेहमूदा को दोबारा नहीं खोना चाहता। वह उसके ख़त को एक बार फिर पढ़ता है और फाड़ देता है।

वक़्त ने
मेरे बालों में चाँदी भर दी
इधर-उधर जाने की
आदत कम कर दी
आईना जो कहता है सच कहता है

एक-सा चेहरा-मुहरा
किसका रहता है
उसी बदलते वक़्त के सेहरा में लेकिन
कहीं किसी घर में
इक लड़की ऐसी है
बरसों पहले जैसी थी वह
अब भी बिल्कुल वैसी है।

घड़ी के कांटे सुबह के साढ़े नौ बाद में बजाते हैं, किचन की खिड़की के खुले हुए पटों पर चार एक जैसे कौवे अपनी कांव-कांव पहले शुरू कर देते हैं। घड़ी एक-दो मिनट आगे-पीछे हो सकती है, मगर उनके वक़्त में तब्दीली नहीं होती। अब उन्हीं के आने से निदा अपनी घड़ी को मिलाकर ठीक करता है। ये चारों कौवे कुछ दिनों से निदा के नए मकान के नए दोस्त हैं। उनमें पहले एक कौवे से उसकी आत्मीयता हुई थी। बाक़ी के तीन से उसी ने उसका परिचय कराया था।

हुआ यों, पहली बार अपना नाश्ता निदा ख़ुद बनाता है। वक़्त साढ़े नौ बजे का होता है। नाश्ता करते हुए वह देखता है, सामने मंदिर के आंगन में मंदिर की चौकीदारी करते हुए मौलश्री के पेड़ की नीची डाली से एक कौवा उड़कर सीधा खिड़की के दाएं पट पर आकर बैठ जाता है। पहले वह शरमाया-शरमाया कनखियों से उसे देखता है, एक-दो बार गर्दन ऊंची-नीची करता है, कभी अंदर की तरफ़ देखता है, कभी बाहर झांकता है। फिर दोनों की आंखें चार होती हैं। वह अपनी कांय-कांय की बोली में ख़ुद को परिचित कराता है। निदा अपनी भाषा में उसकी ख़ैरियत पूछता है, 'कैसे हो? क्या काम है?' पता नहीं, वह उसकी बात समझता है या नहीं। समय के साथ मनुष्य और प्रकृति में इतनी दूरियां फैल गई हैं कि दोनों एक-दूसरे की भाषा भूल चुके हैं, एक-दूसरे की पहचान भुला चुके हैं। एक-दूसर के दुःख-सुख में शरीक होने के बजाय एक-दूसरे से डरने लगे हैं। मनुष्य और प्रकृति की निकटता के लिए जिस निश्छलता की ज़रूरत होती है वह विकास के रास्ते में कहीं पीछे छूट गई है। दोनों एक-दूसरे से दूर होकर एक-दूसरे पर संदेह करने लगे हैं।

निदा को अचानक याद आता है। उसकी छोटी बहन की पांच साल की बच्ची मारिया पाकिस्तान से आई थी। निदा उसे गोद में लेकर जब भी कहीं जाता, वह फूल देखकर ताली बजाती थी और इशारा करके कहती थी, ''मामा यह मैं हूं।''

"जब कुफ़्फ़ार[1] ग़ार के क़रीब पहुंच गए तो उनकी आहटें सुनकर हज़रत अबू बकर सिद्दीक़ दुःखी हो गए। ग़रज़ कि दुश्मन अब इतने क़रीब आ गए हैं कि अगर अपने क़दमों पर उनकी नज़र पड़ेगी तो वे हमको देख लेंगे। आपने फ़रमाया "ला तहज़्ज़न इन्नल्लाह मा'ना" (घबराओ नहीं, ख़ुदा हमारे साथ है) और यों ही हुआ। बबूल के दरख़्त की टहनियों ने फैलकर काली कमली वाले को छुपा लिया। साथ ही दो कबूतर आए और उन्होंने उन टहनियों में घोंसला बनाकर अंडे दिए...और कुफ़्फ़ार आगे बढ़ गए।..."

निदा की आवाज़ और आवाज़ के साथ हाथ की हरकत से डरकर पहले वह कौवा खिड़की के पट पर बैठा गर्दन उठाकर पर फुलाता है और फिर नए मकान के नए निवासी को देखकर उड़ जाता है। थोड़ी देर बाहर के चक्कर काटकर फिर उसी जगह आकर बैठ जाता है और टकटकी बांधे कुछ लम्हे चुपचाप घूरता रहता है। अब वह अपनी ही भाषा में कुछ कहता है। वह क्या कहता है, यह तो समझ में नहीं आता। लेकिन इस बार वह उसकी आवाज़ की पहली-सी कर्कशता में कुछ नर्मी महसूस करता है और खाते-खाते एक स्लाइस का आधा टुकड़ा उसकी तरफ़ फेंक देता है जिसे वह ज़मीन पर गिरने से पहले झुककर अपनी चोंच में भर लेता है। दो-तीन दिन वह इसी तरह दूर-दूर से नाश्ते में शरीक होता है। शुरू में नए मेहमान की तरह शरमाता है फिर धीरे-धीरे इतना बेतकल्लुफ़ हो जाता है कि मेज़बान की आंखों में आंखें डालकर मेज़बान से मेहमान नवाज़ी करवाता है। जब कभी नाश्ते में किसी वजह से देर हो जाती है तो वह मेहमान अपने वक़्त पर आकर ऐसा शोर मचाता है कि निदा घर में चाहे किसी काम में व्यस्त हो, कुछ लिख रहा हो या किसी से बात कर रहा हो, फ़ौरन उठकर उसके हिस्से का नाश्ता अलग एक प्लेट में रख आता है। उसे लगता है, वह नाराज़ होकर अपनी भाषा में उसे गाली दे रहा है। इस डर से कहीं दूसरे ये ग़ालियां न सुन लें, वह ऐसा करता है। प्लेट में अपना नाश्ता देखकर वह ख़ामोशी से नीचे उतरता है, निडर होकर स्लाइस को कुतरता है और मेज़बान से यह पूछे बग़ैर कि उसने नाश्ता किया या नहीं? इतनी देरी की क्या वजह है? ख़ुद अपना पेट भरता है। पेट भरने के बाद सामने पड़े हुए कपड़े से चोंच साफ़ करता है। नल के पास जाकर पानी पीता है और अगली सुबह तक के लिए ग़ायब हो जाता है। उसके साथ के तीन कौवे उसी के साथ हैं। इस घर का पता उन्हें इसी पहले ने बताया है। इस गिनती में धीरे-धीरे इज़ाफ़ा होता है। पहले एक से दो होते हैं। दो से तीन और फिर तीन से चार हो जाते हैं। इन चारों दरवेशों की मंडली में जब कोई पांचवां दाख़िल होने की कोशिश करता है और ये चारों मिलकर उसके साथ ऐसा सुलूक करते हैं जैसे

1 काफ़िर का बहुवचन

शिवसेना ने 1992 ई. में मुम्बई के मुसलमानों के साथ किया था। पहले कौवे को निदा ने मज़ाक़ के रूप में 'शेख़ू' नाम दिया था। बेध्यानी में दिया हुआ ये नाम बाद में संजीदा होकर मुग़ल इतिहास के एक सुनहरी दौर से अपना रिश्ता जोड़ लेता है। अकबर जहांगीर को बचपन में 'शेख़ू' की उर्फ़ियत से पुकारता था। शायद यह नाम उसने सूफ़ी शेख़ सलीम चिश्ती के प्रति श्रद्धा के कारण रखा था। शेख़ू को अकबर ने सलीम चिश्ती की दुआओं से पाया था। इस कौवे को निदा ने अपनी तन्हाइयों से अपनाया था। अकबर के साथ जंग के ख़ात्मे पर जब जहांगीर को कैदी बनाकर वापस महल में लाया जा रहा था तो जोधाबाई के अपने बेटे की प्रतीक्षारत आंखों को इसी कौवे ने कृष्ण मंदिर की मुंडेर पर आकर सांत्वना दी थी। इतिहास के इसी दौर में राजस्थानी की प्रेम दीवानी ने शायद इसी को सम्बोधित करके कहा था—

कागा सब तन खाइयो, चुन-चुन खाइयो मास।
दो नैना न खाइयो, पिया मिलन की आस॥

निदा का दिया हुआ यह नाम दो-चार दिन ही उसकी पहचान बन पाता है। बाद में यह भी तीनों में मिलकर औरों जैसा हो जाता है। अब तो इनमें से जो पहले आ जाता है, वही शेख़ू कहलाता है। एक जैसे रंग, एक जैसी चोंचें। सब एक जैसे लगते हैं। यों भी नाम से पहचान की प्रथा मानवीय चेतना की देन है। समन्दर अपनी लहरों को नाम नहीं देता। चौपायों, परिंदों, पेड़ों को तो हमेशा एक ही नाम से पुकारा जाता है। जहां व्यक्तियों के अलग-अलग नाम नहीं होते, वहां न मौत का मातम किया जाता है न पैदाइश का जश्न मनाया जाता है। सदियों से एक ही गाय, एक ही नीम, एक ही बंदर, एक ही कौवा चला आ रहा है। गुसाईं तुलसीदास के युग में यही कौवा काक भुशुंडि के रूप में ऋषि भरद्वाज के रामकथा-वाचन का श्रोता होता है। उसी के हाथ यू.पी. की एक पुरानी हवेली में सावन का झूला पड़ते ही कोई उदास ससुराल से अपने बीरन को संदेशा भेजती है—

उड़ जारे कागा
पहुंचा दे बहन का संदेसा
मोरे बीरन लेवे को आएं

कराची के एक इलाक़े नाज़िमाबाद के एक बंगले में जमील फ़ातिमा ज़िंदगी व मौत की कशमकश से गुज़र रही हैं। वह निदा की बड़ी बहन क़मर तल्अत से ख़त लिखवाती हैं। उसकी आख़िरी सतरें हैं—

"तीन दिनों से एक कौवा मेरे सिरहाने बोल-बोलकर कान खा रहा था। मैं

उसके बोलने से हर दिन तुम्हारा इंतज़ार करती रही। लेकिन तुम नहीं आए। लगता है, इनसानों की तरह परिंदों पर भी शहर का रंग चढ़ने लगा है। वे भी अब बेझिझक झूठ बोलने लगे हैं। ग्वालियर के अपने महल्ले के कौवे कितने अच्छे और सच्चे होते हैं। वे जब भी मुंडेर पर आते थे, कोई न कोई सच्ची ख़ुशख़बरी सुनाते थे।''

खार डांडा में स्थित अमर अपार्टमेंट्स के ग्राउंड फ्लोर के फ़्लैट की सिंधी लड़की अमीना रोज़ सवेरे स्नान करके सफ़ेद साड़ी में लिपटी कंधों पर गीले बाल बिखेरे कम्पाउंड की दीवार पर ताज़ा उबाले चावलों की छः ढेरियां लगाती है और उसके बाद थोड़ी-थोड़ी देर से छः बार तालियां बजाती है। इन तालियों की आवाज़ को कई दिशाओं में सुनकर छः कौवे मौलश्री के पेड़ पर आते हैं। वहां से उतर के उन सीढ़ियों पर बैठ जाते हैं। उन्हें चावलों को खाता देख अमीना श्रद्धा से सिर पर पल्लू सरकाती है और चूड़ियों भरे दोनों हाथ जोड़कर अपने पुरखों की आत्माओं को नमन करती है और आशीर्वाद लेती है। उन छः ढेरियों में चार उसके मायके के सगे-संबंधियों के नाम की होती हैं और बाक़ी दो उसके पति के माता-पिता के नाम से जुड़ी होती हैं। अमीना के पूर्वज जो अब आत्माएं बन चुके हैं, पाकिस्तान बनने के बाद सिंध से उखड़कर मुम्बई में आए थे। अपनी धरती, आकाश और नदियों से कटकर उन्होंने अपने हिस्से का बचा-खुचा समय यहां पूरा किया और फिर ख़ुद समय बन गए। श्राद्ध के पंद्रह दिन उन पूर्वजों की आत्माएं गगन लोक से धरालोक पर आती हैं और कौवों में छिपकर अपने परिवारजनों के दर्शन करके वापस लौट जाती हैं।

निदा ने अमीना के पुरखों को देखा नहीं है। वे उसके मुम्बई में आने से पहले शरीर त्याग चुके थे। मगर मैं रोज़ साढ़े नौ बजे आने वाले दोस्तों की कांय-कांय उससे अक्सर उनकी बातें करती है। इन बातों से मालूम होता है निदा के ख़ानदान की तरह, उनके दुःख-सुख भी उन सीमाओं, सियासतों और आंसुओं के बंदी थे जिन पर उनका कोई विश्वास नहीं था।

चरवाहे आते हैं और गूंगी-बहरी भेड़ों को इधर से उधर और उधर से इधर हंका कर ले जाते हैं। इन चरवाहों की लड़कियों पर अपने-अपने ख़ुदाओं की मुहरें लगी होती हैं।

कार्टर रोड पर एक अधेड़ उम्र मारवाड़ी, मेवाड़ के किसी श्मशान में अग्नि को सौंपे हुए अपने पुरखों की याद में रोज़ एक थैला भर पावरोटी लाता है और चुपचाप समंदर की तरफ़ मुंह किए एक-दो बार मुंह से ऐसी आवाज़ निकालता है जिसे कौवे समझते हैं। वे उस आवाज़ को सुनकर अलग-अलग दिशाओं से आते हैं। पाव रोटी खाते हैं और फिर फ़ज़ाओं में बिखर जाते हैं। एक दिन वह आदमी नज़र नहीं आता। उसकी जगह उस जैसा ही कोई जवान लड़का पाव रोटी के थैले को लाता है। वह भी अधेड़ उम्र के मारवाड़ी की तरह उसी तरह आवाज़

लगाता है और कौवों को पाव रोटी खिलाने के लिए बुलाता है। यह जवान लड़का उस मारवाड़ी का बड़ा बेटा है। उसका पिता अब आत्मा बनकर कौवे की आंखों से उसे देखने आता है।

खार स्टेशन के पास एक चबूतरा कौवों के लिए बना है। वहां ढलती उम्र के कई लोग बारी-बारी से आते हैं और मुट्ठियों में भर-भरकर ज्वार-बाजरा उन्हें खिलाते हैं। ढेर सारे कौवे एक साथ आते हैं और दाना खिलाने वालों को दुआएं देकर उड़ जाते हैं।

एक मराठी औरत बालों में बेले की कलियां गूंथे, मंदिर से सीधी लिंकिंग रोड के पार्क में चहल-क़दमी के लिए आती है। उसके हाथ में चांदी की छोटी-सी कटोरी में शक्कर होती है। वह टहलते हुए ज़मीन में जहां कहीं चींटियों को देखती है, चुटकी भर शक्कर उनके पास रख देती है। कटोरी की शक्कर ख़त्म होने तक वह बाग़ में घूमती है। इस पूरे वक़्त उसके पांव ज़मीन पर आंखें आसमान पर रहती हैं। वह अपना दिन इन्हीं अनजानी चींटियों के मौन आशीर्वाद से शुरू करती है।

मिट्टी से मिट्टी मिले खोकर सभी निशान।
किसमें कितना कौन है कैसे हो पहचान॥

शानी ने अपना उपन्यास 'काला जल' जगदलपुर के एक मुस्लिम ख़ानदान में शब बरात त्योहार से शुरू किया है। इस रात हलवा और रोटी पर नाम-ब-बनाम कई दिवंगत सगे-संबंधियों को याद किया जाता है। इन दिवंगतों के नामों की सूची सामने रखकर हर नाम पर तश्तरी में दो रोटी और चमचा भर हलवा निकाला जाता है और उस पर फ़ातिहा के बोल फूंके जाते हैं। फ़ातिहा बोल वही रहते हैं सिर्फ़ सूची के अनुसार हर बार नाम बदल जाते हैं। नियाज़ की यह रस्म पूरी हो जाने के बाद रोटी और हलवे का थाल महल्ले में घर-घर बांट दिया जाता है। हर क्षेत्र और धार्मिक विश्वास के लोगों में मृतकों को याद करने के दिन निश्चित होते हैं। इन यादों की रस्में भी हर जगह अलग-अलग होती हैं।

दुआएं मांगो
दुआएं मांगो
शजर--हजर में
हर इक समर[1] में
किसी का मस्कन[2] रहे हमेशा
वो नाम जिसके हरूफ़ सारे

1. फल, पैदावार 2. मकान

ज़मीन, आकाश, फूल, तारे
वो नाम रौशन रहे हमेशा
क़दीम[1] क़ब्रों पे सर झुकाए
घनेरे पेड़ों की डालियों पर
शफ़ीक़[2] मांओं-सी फ़ाख़्ताएं
तिलावतों[3] के दिए जलाएं
अंधेरा दरपन बशारतों का
उजाला जैसे फ़रिश्ता कोई सहीफ़ा[4] खोले
वसीअ[5] गहरे समन्दरों में
ख़ुदा के फैरों का अक्स डाले
दुआएं मांगो
हमारे अंदर
हमारे मां-बाप की शबीहें[6]
हमारे होठों से मुस्कुराएं
हमारी आंखों से जगमगाएं
हमारी तन्हाइयां बसाएं
दुआएं मांगो

कराची में जमील फ़ातिमा की बीमारी में अपने झूठे वादों से उन्हें सताने के बावजूद, निदा की उन कौवों से दोस्ती नहीं टूटती। रोज़ की यह दोस्ती यूं ही चलती रहती है। उन्हें निदा की जरूरत हो न हो लेकिन उसे उनकी जरूरत है। उनकी वजह से उसकी बंजारा मिज़ाजी को घर से एक लगाव-सा पैदा हो गया है। वह रात भले ही कहीं बिता ले लेकिन सवेरे अपने बिस्तर से जागने की आदत अब उसका मामूल है। जब वह मुम्बई से बाहर होता है तो साढ़े नौ बजे के ये दोस्त ही, वह जहां भी हो, वहां आकर उसे घर की याद दिलाते हैं और जल्दी वापस आने की ताकीद फ़रमाते हैं। ख़ाली घर को घर करने के लिए अपने अलावा किसी और की भी ज़रूरत होती है। इस ज़रूरत ने कई और बहाने भी तलाश किए हैं। उनमें कम्पाउंड में खड़ा पीपल का एक बीमार पेड़ भी है। सुबह खिड़की से ड्राइंग रूम में कुछ देर को उतरती थोड़ी-सी धूप भी है। ड्रांइग रूप के सामने वाली खिड़की की अजनबी लड़की भी है। जो घर के काम से फ़ारिग़ होकर दिन में एक-दो बार खिड़की में नज़र आ जाती है और इनके अलावा मौलश्री के वे फूल भी हैं जो हवा के झोंकों से उड़कर उसकी गैलरी में चले आते हैं। इस छोटे-से परिवार में कुछ दिन से मिट्टी के गमले में एक गुमसुम कैक्टस भी है जो सुबह-शाम निदा

1. प्राचीन 2. मेहरबान 3. क़ुर्आनशरीफ़ पढ़ना 4. दैवीय पुस्तक 5. विस्तृत 6. प्रतिरूप।

के दो कटोरे पानी से स्नान करके महात्मा बुद्ध की तरह अपने ध्यान में मग्न रहता है। जब वह आंखें खोलता है तो उसकी एक आंख में अतीत जगमगाता है, दूसरी में वर्तमान मुस्कुराता है। अतीत से एक चेहरा झांकता है।

दिसम्बर की एक सर्द चांद रात में सारा महल्ला सोया हुआ है। गली के कोने पर परछाईं आकर कुएं की तरफ़ मुड़ जाती है। कुएं के बराबर एक तंग ज़ीने के ऊपर एक सुनसान कमरा है। इस कमरे की ख़ामोशी में निदा के हाथों को अपनी हथेलियों और होठों से गर्म करते हुए उसने कहा था–

''मुझे वह घर अच्छा लगता है जिसकी खिड़की से सुबह की धूप उतरती है, जहां से ढलता हुआ सूरज नज़र आता है। इर्द-गिर्द हरे-भरे दरख़्तों की शाखें झूलती हैं और मुंडेरों पर कौवे पोस्टमैन की तरह आते हैं और ऊपर बैठकर परदेसियों के पैग़ाम सुनाते हैं।''

उस रात के सन्नाटे में निदा को इशरत की काना-फूसियों में एक छोटा-सा बच्चा हुमकता महसूस होता है। वह बच्चा फिर इन काना-फूसियों को फलांग कर कुएं के पीछे उसके घर में उगे हुए बहुत सारे रंग-बिरंगे फूलों से खेलने लगता है। खेलते-खेलते जब थक जाता है तो आसमान में पूरा चांद बन जाता है। उस चांद को इशरत और वह एक साथ देखते हैं। फिर इशरत नज़रें झुका लेती है। और निदा उस बच्चे की तलाश में दूर निकल जाता है जो बार-बार अपने रूप बदलता रहता है। उसकी तलाश में वह इतनी दूर निकल जाता है जहां से पीछे मुड़कर देखने पर उसे दिखाई नहीं देता। उस रात उसने सोचा था, उस बच्चे को हम दोनों एक साथ तलाश करेंगे। लेकिन कुछ दिन के बाद इस तलाश में वह अकेला भटकता महसूस होता है। उस रात के बाद निदा की इशरत से मुलाक़ात नहीं होती। वह मुम्बई से जब भी उधर जाता, मायूस होकर लौट आता। वक़्त गुज़र जाता है। निदा ज़िंदगी की भाग-दौड़ में खो जाता है और वह एक सरकारी स्थानीय कालेज में फ़ाइन आर्ट्स की लेक्चरर बन अपने तयशुदा रास्ते से अपने भविष्य की ओर मुड़ जाती है। वह आर्टिस्ट है, कई शहरों में उसकी पेंटिंग्ज़ की नुमाइश हो चुकी है। उसके चित्रों में सुर्ख़ और स्याह रंगों का मिश्रण होता है। उसके चित्रों में प्रायः बिना जिस्म के हाथ, पांव, आंखें या सिर्फ़ आधा चेहरा होता है। उसके एक चित्र को मध्य प्रदेश का सरकारी पुरस्कार भी मिला है। इस चित्र में धूप से रौशन एक मुंडेर पर चोंच खोले एक कौवा बैठा है जिसे एक हरे पेड़ में छिपा हुआ चाँद देख रहा है। चाद का तीन-चौथाई हिस्सा बादल से ढका है।

मुम्बई से आती-जाती ख़बरों ने इशरत को यकीन दिला दिया था कि धूप, पेड़ और पोस्टमैन कौवों को इकट्ठा करना निदा के लिए आसान नहीं है। इसलिए उसके मां-बाप उसी के आग्रह पर उसके पसंद के घर की तलाश में जुट जाते हैं। लेकिन इशरत तक आते-आते हर घर वापस अपनी जगह लौट जाता है। एक दिन

वह खुद अपनी तलाश के घर पर दस्तक देती है। घर का दरवाज़ा खुलता है। लेकिन यह घर शादी-शुदा होता है जो कुछ ही महीनों तक उसकी चित्रकला का विषय बनकर हमेशा के लिए दरवाज़ा बंद कर लेता है। वह फिर से अपने उसी कमरे में उम्र की डोरी में गांठें लगाती रहती है जिसमें कभी उसकी फूफी जवानी से बुढ़ापे की सरहद में दाख़िल हुई थी। उसकी छोटी बहन अपने ऑफ़िस से किसी लड़के के साथ दो-तीन महीने के लिए ग़ायब हो जाती है। जब वह लौट के आती है तो मुसलमान के पेट में हिन्दू को छिपाए हुए होती है। मां-बाप की डांट-फटकार के बावजूद वह अपने मां बनने के अधिकार को धार्मिक विभेदों के हवाले करने को तैयार नहीं होती। कुछ दिन के लिए वह लड़का अब्दुल्ला बनकर लड़की को अपने साथ ले जाता है और फिर पहले की तरह रमेश बन जाता है। उसकी दूसरी बहन ने कुएं के ऊपर वाले घर को आबाद कर लिया है। वह भी अपने पसंद के साथी के साथ रहती है। इशरत के कालेज की दोस्त घर-बार की होकर उसके एकांत पर व्यंग्य करने लगी हैं। वह उनकी बातों को यों ही हंसी में टालती रहती है। लेकिन एक दिन जब कालेज के लिए तैयार होते समय खुद उसका आईना भी उससे गुस्ताख़ी करता है तो उसका घमंड चूर हो जाता है। निदा को मुम्बई में आए अब कई साल हो चुके हैं। इन कई सालों में कुछ चम्बूर के पांजरापोल में, कुछ गोवंडी की म्युनिसिपल चाल में, कुछ सैंड हर्स्ट रोड पर तस्दीक़ सीहारवी के घर के पास की एक इमारत की दूसरी मंज़िल में, कुछ पाली विलेज के सोलहवें रास्ते के एक बेनाम होस्टल में और कुछ बांद्रा ईस्ट के गवर्नमेंट क्वार्टर के एक कमरे में गुज़रे थे। बार-बार बदलती इन क़यामगाहों से निदा का रिश्ता उस बच्चे से ख़त्म नहीं होता जिसे दिसम्बर की सर्द रात में अचानक कुएं के ऊपर के कमरे की ख़ामोशियों ने जन्म देकर फूलों, बादलों और मौसमों में छिपा दिया था। यह रिश्ता एक याद के रूप में उसके एकांत में सिसकता रहता था। मुम्बई के अलग-अलग इलाक़ों का लम्बा चक्कर काटकर वह खार डांडा में अपने फ़्लैट में आया था।

इतने लम्बे सफर की थकन में उसकी कई बीमारियां जो कई बरसों से उसके साथ मुसाफ़िराना भटक रही थीं, उनमें एक अचानक डॉक्टर का पता पूछने लगती है। इस बीमारी का मरीज़ तो वह मुम्बई में आने के कुछ दिन बाद से ही था। लेकिन उन दिनों सुबह को शाम और शाम को सुबह करने में इतना समय निकल जाता था कि बीमारी जैसी ग़ैर-ज़रूरी ज़रूरतों पर ध्यान नहीं जाता था। मुम्बई में उन दिनों न रास्ते थे, न चेहरे थे, न इमारतें थीं। हर तरफ़ तंदूर की फूली-फूली रोटियां दिखाई देती थीं। वही चलती-फिरती थीं, वही रोती-मुस्कुराती थीं, वही आप्स में लड़ती-झगड़ती थीं। ये रोटियां भी अजब तिलिस्माती थीं। जहां ये नज़र आती थीं, वहां नहीं होती थीं। दूर से क़रीब नज़र आती थीं। मगर क़रीब से दूर होती

जाती थीं।

कई दिन लगातार साथ रहने की वजह से निदा और उसकी बीमारी एक दूसरे को अच्छी तरह पहचान चुके थे। उसने हालात का जायज़ा लेकर उचित समय पर अपनी तकलीफ़ को बता दिया था। उस बीमारी का नाम डॉक्टर ने हार्निया बताया था और उसका एकमात्र इलाज ऑपरेशन था। ऑपरेशन हालांकि मामूली था। ज़िंदगी में बदन की पहली चीर-फाड़ के ख़याल से वह डरा हुआ था। यह डर उसके अकेला होने की वजह से ज़्यादा गहरा जाता है। कई बार तो ऐसा होता है जब दर्द ज़्यादा सताता है तो वह घर से हास्पिटल की तरफ़ जाता है और आधे रास्ते में ही खुद को समझा-बुझाकर वापस ले आता है। जिन दिनों वह इस डर के शिकंजे में बुरी तरह उलझा हुआ था, गुजराती फ़िल्मों की एक कलाकार से उसकी मुलाक़ात होती है। वह वर्ली में पूनम अपार्टमेंट के फ़्लैट से बांद्रा में रविदर्शन में रहने आई थी। फिर वहीं बार-बार दिखाई देती है। एक दिन सुबह दरवाज़े पर दस्तक होती है और दस्तक एक देह बन जाती है। उसका नाम मालती जोशी होता है। वह अपनी आवाज़ में ग़ज़लों का एक कैसेट बनाना चाहती थी। उसमें कुछ ग़ज़लें निदा की भी शामिल करने का इरादा ज़ाहिर करती है। इस सिलसिले में इसी तरह दो-चार मुलाक़ातें और होती हैं। इन्हीं मुलाकातों में उसे निदा की बीमारी और उसके डर का पता चलता है। वह न सिर्फ़ निदा के ज़ेहन से ऑपरेशन का ख़ौफ़ मिटाती है, हास्पिटल में उसकी देखभाल की ज़िम्मेदारी भी निभाती है। हास्पिटल में एक स्ट्रेचर पर डालकर जब उसे ऑपरेशन रूम में ले जाया जाता है तो मालती का हाथ ही उसके माथे को छूकर उसमें साहस जगाता है। वही गारंटी कार्ड पर दस्तख़त करती है। लेकिन ऑपरेशन के बाद एनेस्थीसिया के नशे में जब वह अपने बिस्तर पर लिटाया जाता है तो मालती चली जाती है और इशरत उसकी जगह ले लेती है। रात भर वही उसके साथ रहती है लेकिन सुबह होते ही वह ग़ायब हो जाती है और उसकी जगह मालती कमरे में बैठी नज़र आती है। वह चाय का कप देते हुए कहती है–

"तुम बेहोशी में न जाने क्या-क्या बोल रहे थे। ग्वालियर से कौन आने वाला था जिसका तुम बार-बार नाम ले रहे थे किसी को तुमने लिखा था?"

"लिखा तो था लेकिन मुम्बई और ग्वालियर का फ़ासला तक़रीबन नौ सौ मील का है। कोई आना भी चाहे तो रेल से चौबीस घंटों से ज़्यादा लगते हैं। शायद फ़ासलों ने उसे रोक लिया है।" वह जवाब देता है।

"परेशानी में फ़ासलों को कौन ध्यान देता है। मेरे घर से तुम्हारे घर का फ़ासला तो सदियों दूर था।" मालती मुस्कुराते हुए कहती है। निदा को याद आता है, मालती के घर वालों को एक मुसलमान के साथ उसकी नज़दीकियां पसंद नहीं हैं। वह अपने माता-पिता के विरोध के बावजूद उसके साथ डेढ़ दिन से हास्पिटल

के कमरे में है। वही उसे यहां लाती है। वही उसे यहां से घर वापस लेकर आती है।

उसका ज़्यादा समय अब निदा के साथ बीतता है। उसके घरवालों का विरोध जब ज़्यादा सिर उठाता है तो एक दिन अपनी अटैची लेकर निदा के घर चली आती है। वह बिना किसी क़ानूनी सुरक्षा के साथ-साथ रहने लगती है और फिर एक रात के पिछले पहर वे हिन्दू और मुसलमान के सदियों पुराने घेरे से बाहर निकलकर औरत और मर्द बन जाते हैं।

औरत ने अपनी देह से पच्चीस नदियां निकालकर धरती पर चारों तरफ़ फैला दीं और मर्द को आवाज़ दी। पहाड़ की सबसे ऊंची चोटी से टकराती इस आवाज़ को सुनकर मर्द ने समन्दर की तरह चारों दिशाओं में फैलकर इन नदियों को अपनी भुजाओं में समेट लिया। वे दोनों एक-दूसरे में मिलकर संपूर्ण हो गए थे। इबादतगाहों में गहरी नींद में सोई हुई ख़ुदाई मूर्तियों ने इस तमाशे को देखा और भयभीत हो गईं। वे अपने पत्थरों के आवरण से बाहर आए और औरत और मर्द के मिले-जुले इस वुजूद को इकट्ठा कर पहाड़ की उस चोटी पर ले गए जहां औरत की आवाज़ टकराई थी और मर्द ने उसे सुना था। डरे हुए देवताओं ने आसमान के तेज़ धार सूरज से इस संपूर्ण अस्तित्व को विभाजित करके औरत को मर्द से और मर्द से औरत को अलग किया और इन अधूरे हिस्सों को अलग-अलग दिशाओं के हवाले कर दिया। उस दिन से आज तक एक अधूरा हिस्सा, पूरा होने के लिए दूसरे अधूरे हिस्से की तलाश में है। लेकिन यह तलाश कभी ख़त्म नहीं होती। इस तलाश में किसी मोड़ पर जो मिलता है, वह समझौता होता है—

मुद्दतें बीत गईं
तुम नहीं आईं अब तक
रोज़ सूरज के बयावां में भटकती है हयात
चांद के ग़ार में
थक हार के सो जाती है रात
फूल कुछ देर महकता है
बिखर जाता है
हर नशा
लहर बनाते ही उतर जाता है
वक़्त! बेचेहरा हवाओं सा गुज़र जाता है
किसी आवाज़ के सब्ज़े में लहक जैसी तुम
किसी ख़ामोश तबस्सुम में चमक जैसी तुम
किसी चेहरे में महकती हो आंखों जैसी

कहीं माथा, कहीं गेसू, कहीं बांहों जैसी
चांद से फूल तलक
यूं तो तुम ही तुम हो मगर
तुम कोई चेहरा, कोई जिस्म, कोई नाम नहीं
तुम जहां भी हो!
अधूरी हो हक़ीक़त की तरह
तुम कोई ख़्वाब नहीं हो
जो मुकम्मल होगी

मालती के आ जाने से घर में कई तब्दीलियां नज़र आने लगी हैं। बेडरूम को ड्राइंग रूप से एक पर्दा डालकर अलग कर दिया गया है। अब मिलने-जुलने वाले बाहर बैठने में ही संतोष करते हैं। आते ही पूरे घर का जायज़ा नहीं लेते। पहले की तरह अब छोटे-बड़े अड्डों के हम प्याला शाम होते ही वक़्त गुज़ारने यहां नहीं आते। आने जाने वाली लड़कियों की गिनती भी अब धीरे-धीरे कम होती जा रही थी। शालीन घरों के दोस्त अब शाम होते ही, गंदी गालियों से बातचीत को मज़ेदार बनाने और अश्लील लतीफ़े सुनाने के लिए इधर का रुख़ नहीं करते।...

यह तब्दीलियां जब स्थानीय हिन्दी, गुजराती अख़बारों में ख़बरें बनती हैं तो मालती अनौपचारिक सम्बन्ध को औपचारिक बनाने का आग्रह करती है। इसके लिए वह कोर्ट से फ़ार्म भी ले आती है जो अभी तक जैसे आए थे, वैसे ही घर में कहीं पड़े हैं। निदा और मालती का सम्बन्ध दो ऐसे परिंदों जैसा है जो एक आसमान में उड़ान भरते हुए अपने-अपने सितारों के हमसफ़र हैं। निदा उसकी पर्सनल लाइफ़ में हस्तक्षेप करना उचित नहीं समझता। लेकिन वह अक्सर फ़ोन पर किसी लड़की या औरत की आवाज़ को सुनकर ऐसी तुर्शी से बात करती है कि फ़ोन करने वाली अपनी डायरी से हमेशा के लिए निदा का नम्बर ही काट देती है। वह आए दिन ऐसी शिकायतों को सुनता है लेकिन बात आगे नहीं बढ़ाता। औरत पाबंद हो या आज़ाद कुछ दिन साथ-साथ रहने के बाद सब एक जैसी हो जाती हैं। मालती का यह बदला हुआ रूप उसे अखरता है लेकिन इसके साथ वह अपने एकांत से भी डरता है। निदा की बंजारा मिजाज़ी उसे विरसे में मिली है। वह लाख एहतियात बरते लेकिन यह कब चलते-चलते उसे किधर मोड़ दे, इसका पता उसे तब चलता है, जब वह घटना घट चुकी होती है।

मालती दो महीने के लिए एक म्यूज़िक कंट्रेक्ट पर मिडिल ईस्ट में बहरीन जाती है। उसी दौरान कराची से निदा की बड़ी बहन तल्अत अचानक मुम्बई आती हैं। इस बार वह पूरी तैयारी से आई थीं। जमील फ़ातिमा ने अपने जीते-जी सब भाई-बहनों की ब्याह्-शादी के लिए गहने बनवा दिए थे। निदा के नाम के गहने

और दुल्हन का ज़री का शादी का जोड़ा भी इसके साथ था। वह इस बार हर क़ीमत पर निदा के फक्कड़पन और स्वच्छंदता में शरीयत (धार्मिक नियम) का संतुलन पैदा करने की इच्छुक थीं। इस सवाब के काम के लिए उनके ज़ेहन में एक ही नाम था और वह नाम था इशरत।

"बहुत गुलछर्रे उड़ा लिए। अब ख़ुदा का ख़ौफ़ खाओ और सीधी राह पर आ जाओ। इशरत हमारी जान-पहचान की है। बचपन से हम एक-दूसरे के ख़ानदानों को जानते हैं। वह तुम्हारे साथ होगी तो मैं कराची में तुम्हारी तरफ़ से बेफ़िक्र हो जाऊंगी। सारे बहन-भाई ख़ुदा के फ़ज़्ल और मरहूम साहिबा और बाबू जी की दुआओं के तुफ़ैल अपने-अपने घर के हो चुके हैं। एक तुम हो जिसके ग़म में साहिबा हमेशा ख़्वाब में परेशान नज़र आती हैं। ज़िंदगी में तो उन्हें चैन नहीं लेने दिया, क़ब्र में तो आराम से सोने दो।" क़मर तल्अत भीगी हुई आंखों को दुपट्टे से पोंछती हुई नमाज़ के लिए खड़ी हो जाती हैं।

नमाज़ पढ़ते हुए पीछे से वह बिल्कुल साहिबा नज़र आती हैं। उसका स्वाद भी जमील फ़ातिमा जैसा है। जब से आई है, वही खाना पकाती है। उसके हाथ का खाना खाते हुए वह हर बार पंद्रह साल पीछे लौट जाता है। वहां से जब वापस आता है तो सब कुछ बदल चुका होता है। सिर्फ़ चंद यादें किसी वीरान मज़ार पर सुलगती अगरबत्तियों की तरह अंधेरे में जगमगाती हैं और फिर आप ही आप बुझ जाती हैं। क़मर तल्अत का अपना कोई बच्चा नहीं है लेकिन जमील फ़ातिमा के इंतक़ाल के बाद उनकी सारी छोटी-बड़ी औलाद की वह अकेली मां है। उसके अकेले दम से आज भी अलग-अलग घरों में बंटकर सारा ख़ानदान जुड़ा हुआ महसूस होता है। उसे देखकर लगता है, साहिबा मरी नहीं हैं, अब भी ज़िंदा हैं—

बेसन की सौंधी रोटी पर खट्टी चटनी जैसी मां
याद आती है चौका, बासन, चिमटा, फुकनी जैसी मां
बान की खुर्री खाट के ऊपर हर आहट पर कान धरे
आधी सोई आधी जागी थकी दुपहरी जैसी मां
चिड़ियों की चहकार में गूंजे राधा मोहन अली अली
मुर्ग़े की आवाज़ से बजती घर की कुंडी जैसी मां
बीवी, बेटी, बहन, पड़ोसन थोड़ी-थोड़ी सी सब में
दिन भर इक रस्सी के ऊपर चलती नटनी जैसी मां
बांट के अपना चेहरा, माथा, आंखें जाने कहां गई
फटे-पुराने इक अलबम में चंचल लड़की जैसी मां

निदा क़मर तल्अत की राय से सहमत नहीं था। वह मालती से रिश्ते के विरोध में है। जब निदा उसकी तज्वीज़ को ठुकराता है तो वह चेहरे पर दुपट्टा

लपेटकर घर में एक कोने में लेटी देर तक रोती रहती है। ऐसे ही जैसे निदा की शरारतों से नाराज़ होकर ग्वालियर में जमील फ़ातिमा रोती थीं। इशरत अपनी माँ और छोटे भाई के साथ मुम्बई में थी। वह सांताक्रूज़ में अपने किसी रिश्तेदार के यहां ठहरी हुई थी। क़मर तल्अत और इशरत की लम्बी ख़तो-कितावत ने निदा के जाने बग़ैर यह प्लान बनाया था। निदा अजीब उलझन में था। एक तरफ़ क़मर तल्अत के आंसू थे, दूसरी तरफ़ इशरत और उससे जुड़ा हुआ ग्वालियर का वह अतीत था जो मुम्बई के अपने वर्तमान से मेल नहीं खाता था। इन दोनों के बीच मालती जोशी और निदा के रिश्ते की बदनामी थी।

इस उलझन के बारे में बाहर निकलकर पहले वह कम्पाउंड के उस बीमार पीपल से मशविरा करता है जिसके नीचे खड़े होकर वह रोज़ नए दिन की शुरुआत करता है। इस पेड़ ने उसकी कई उलझनों को सुलझाया है। पेड़ आसानी से किसी को दोस्त नहीं बनाते लेकिन जब ये दोस्त बन जाते हैं तो लम्बा साथ निभाते हैं। पीपल का यह पेड़ निदा की कई नज़्मों और 'दीवारों के बीच' के पहले हिस्से के कई अध्यायों का घोस्ट राइटर भी रहा है। उसी ने दंगों के दिनों में स्कूल जाते बच्चों के थैलों से निकालकर कई नज़्में निदा के कागज़ों में लिख दी थीं। उसी ने सामने की फुटपाथ पर टेलीफ़ोन बूथ की मदरासी लड़की की अजनबी मुस्कान को शब्दों में व्यक्त किया था। चमकते बत्तीस मोतियों वाली यह मुस्कान कई नज़्मों के रूप में निदा के नए संग्रह 'खोया हुआ-सा कुछ' में शामिल हैं। 'दीवारों के बीच' के कई हिस्सों को जब वह लिखते-लिखते रुक जाता था तब यही उन्हें आगे बढ़ाता था। पीपल का यह पेड़ उम्र में निदा से काफ़ी छोटा है। अमर अपार्टमेंट के निर्माण के बाद ही निदा की ज़िंदगी में इसका जन्म हुआ था। लेकिन एक जगह खड़े-खड़े चारों तरफ़ घूमने-फिरने की उसकी आदत ने उसे काफ़ी अनुभवी और चेतना संपन्न बना दिया था। वह निदा की पूरी बात सुनकर थोड़ी देर ग़ौर करता है, फिर घर के किसी बुजुर्ग की तरह समझाता है–

''अगर मरने के बाद मां अपनी ममता से मजबूर होकर दोबारा तुमसे मिलने आये तो उसके साथ पहले जैसा सुलूक नहीं करना चाहिए।''

निदा को याद आता है, जमील फ़ातिमा को सबसे ज़्यादा उसी ने सताया है। वह उन्हें और सताना नहीं चाहता। वह क़मर तल्अत की बात मान लेता है। क़मर तल्अत निदा के मुंह से वही सुनकर जो वह सुनना चाहती थी, सगर्व कहती है, ''मुझे मालूम था तुम इनकार नहीं करोगे। अल्लाह के करम से अब तक पांच भाई और तीन बहनों में किसी की इतनी हिम्मत नहीं हुई जो मेरी बात टाल सके।'' यह कहते हुए उसकी आंखें फिर भीग जाती हैं। लेकिन इस बार वह उन्हें छुपाने के लिए मुंह को दुपट्टे से नहीं छिपाती, होठों की मुस्कुराहट से ख़ूबसूरत बनाती है। दूसरे दिन इशरत और निदा एक रिश्ते में बांध दिए जाते हैं। उसके बाद

वही होता है जिसका ज़िक्र 'दीवारों के बीच' के पहले हिस्से के अंतिम अध्याय में है। वह ग्वालियर में अपनी नौकरी छोड़ने को तैयार नहीं होती। निदा का अकेलापन बदस्तूर क़ायम रहता है। इसी तरह एक साल और कुछ महीने गुज़र जाते हैं। फिर अचानक एक दिन मुम्बई में उसके आने की सूचना मिलती है। वह अपने एक फ़ेमिली फ्रेंड के यहां ठहरी हुई थी। निदा उससे मिलता है। लेकिन दोनों के बीच जो शुरू से फ़ासले थे, वे उसी तरह बरक़रार रहते हैं। वह मुम्बई आती है और दो दिन के बाद वहीं से जहां आकर वह ठहरी थी, वापस चली जाती है। वह क्यों आती है और क्यों चली जाती है? इसके बारे में उसकी बातों से कुछ पता नहीं लगता। यह उसकी निदा से आख़िरी मुलाक़ात थी। उसके जाने के कुछ दिन बाद भोपाल के शहर क़ाज़ी की तरफ़ से निदा को एक नोटिस भेजा जाता है जिसमें एकतरफ़ा तलाश की कई वजहें गिनाई गई हैं। निदा इस नोटिस का जवाब शहर क़ाज़ी को देने के बजाय इशरत को लिखता है जिसका जवाब हस्ब मामूल ख़ामोशी है। बाद में मालूम हुआ, उसने ग्वालियर से भोपाल शिफ़्ट होकर उसी को अपना जीवन साथी बना लिया है। जिसके साथ उसकी किशोरावस्था की बदनामी उन दिनों महल्ले की औरतों के बीच चर्चा का विषय बनी हुई थी। निदा की तरह उसका भी अपना कोई बच्चा नहीं है। उसने इस कमी को कोई बच्चा गोद लेकर पूरा कर लिया है। मुश्फ़िक़ ख़्वाजा ने 'दीवारों के बीच' पढ़कर कराची से लिखा था, इसमें इशरत का किरदार कुछ अधूरा-सा लगता है। वाक़ई वह किरदार अधूरा है लेकिन इस अधूरेपन ने निदा में भी बहुत कुछ अधूरा कर दिया है। मालूम नहीं इस दोतरफ़ा अधूरेपन का कौन कितना ज़िम्मेदार है? निदा सचेत रूप से भले ही अपने पक्ष में नए-नए तर्क बुनता रहे लेकिन जब भी मुम्बई के व्यस्त जीवन में वह कुछ लम्हे अपने साथ गुज़ारता है तो इस कहानी में उसे अपना किरदार भी वैसा नज़र नहीं आता जैसा वह लेखन के रूप में है। इशरत की तरह वह भी कई मनोवैज्ञानिक ग्रंथियों का शिकार है और इस कई बार के बनते-बनते बिगड़ते और बिगड़ते-बिगड़ते बनते रिश्ते के हमेशा के लिए ख़त्म हो जाने के जुर्म में वह भी बराबर का क़ुसूरवार है। इस अपराध-बोध की अभिव्यक्ति उसने अपने गद्य से ज़्यादा नज़्मों और ग़ज़लों में की है। शायद वे दोनों एक-दूसरे को ज़्यादा ही पसंद करते थे, इसीलिए एक-दूसरे को तबाह करने पर भी ज़्यादा उतारू थे—

जो हो इक बार वो हर बार हो ऐसा नहीं होता
हमेशा एक ही से प्यार हो ऐसा नहीं होता
हर एक कश्ती का अपना तज्रुबा होता है दरिया में
सफ़र में रोज़ ही मंझधार हो ऐसा नहीं होता

कहानी में तो किरदारों को जो चाहे बना दीजे
हक़ीक़त भी कहानीकार हो ऐसा नहीं होता
कहीं तो कोई होगा जिसकी अपनी भी ज़रूरत हो
हर इक बाज़ी में दिल की हार हो ऐसा नहीं होता
सिखा देती हैं चलना ठोकरें भी राहगीरों को
कोई रास्ता सदा दुश्वार हो ऐसा नहीं होता

खिड़की से छनती धूप, गैलरी में आते-जाते परिंदों और इर्द-गिर्द फैले हुए हरे-भरे पेड़ों का निदा का यह घर जिस इलाक़े में है, वह ग़ैर-क़ानूनी शराब (जिसे यहां की ज़बान में ठर्रा या बेवड़ा कहते हैं) और भुनी हुई या तली हुई ताज़ा मछलियों के लिए काफ़ी मशहूर है। चारों तरफ़ से समन्दर से घिरे हुए इस इलाक़े के पुराने बाशिंदे मछेरे हैं। इनमें मिशनरी के बनाए हुए ईसाई, अम्बेडकर के तब्दील किए हुए बौद्ध और कोली शामिल हैं। लेकिन पेशा, पहनावा और छोटे-छोटे चाल टाइप घरों के डिज़ाइन एक जैसे हैं। कमरों के अंदर सजी तस्वीरों से ही घरवालों का सुराग़ मिलता है। एक ही समन्दर सबको रोटी देने वाला है। नई कश्ती या नया जाल उतारते समय सब किनारे पर नारियल तोड़कर समन्दर के देवता के चरणों पर फूल चढ़ाते हैं। और आकाश की बेटी उषा के सामने शीष झुकाते हैं। ऋग्वेद के मंत्रों में पानी और सुबह (उषा) की स्तुतियां मिलती हैं। एक भजन में सुबह की प्रशंसा इस तरह है—

बीते हुए युगों के वो नश्वर जो तेरा नज़ारा करते थे
अपने दुःख-सुख में तुझे पुकारा करते थे
अब हम में नहीं हैं
अब हम तेरे प्रकाश के पुजारी हैं
हमारे बाद जो आएंगे
वो भी तेरे उजालों से अपनी आंखें जगाएंगे।

समन्दर कई नस्लों से इन्हें छोटी-बड़ी मछलियां, झींगे, केकड़े और दूसरी पानी में मिलने वाली ग़िज़ाएं देता रहा है। अब भी उसकी मेहरबानियां पहले की तरह क़ायम हैं। समन्दर से जो वो पाते हैं, पहले खुद खाते हैं। बाक़ी को बाज़ार में बेचकर ज़रूरत की दूसरी चीज़ें बनाते हैं। समन्दर से क़रीब होने की वजह से उनमें से कुछ बड़े स्मगलरों के छोटे कारिंदों के रूप में भी काम करते हैं। बेईमानी के धंधे में एक-दूसरे पर जो ज़बानी भरोसा होता है, जब वह कभी टूटता है तो समन्दर से तूफ़ान फूटता है और दूसरे दिन समन्दर से लाशें बरामद होती हैं जिन्हें समन्दर के बीच किसी चट्टान पर रखकर अग्नि को सौंप दिया जाता है। शादी-ब्याह

में भी उनके आपसी विश्वास आड़े नहीं आते। जवानी जवानी से अपनी पसंद का रिश्ता जोड़ने के लिए आज़ाद है। ईसाई के साथ हिन्दू, बौद्ध के साथ ईसाई, हिन्दू के साथ बौद्ध मिलकर नस्लें बढ़ाते हैं और समन्दर से पैदा होते हैं और समन्दर में ही खो जाते है। बाहर से आने वालों ने उनकी ज़मीनें औने-पौने दामों में ख़रीद कर बड़ी-बड़ी इमारतें बना ली हैं और समन्दर के साथ उन्हें भी खुले रास्तों से हटाकर अंदर की तरफ़ धकेल दिया है। छोटी-बड़ी तंग गलियों में सिमटकर डांडा के मछेरों की यह आबादी मछलियों के साथ खींची गई शराब के अड्डे भी चलाती है। यों तो पीने वाले हर वक़्त इन गलियों के चक्कर काटते रहते हैं लेकिन सूरज डूबते ही चलते हुए रास्तों और ऊंची इमारतों के पीछे की यह गलियां दुल्हन बन जाती हैं। इन अड्डों में हर अड्डे का मालिक मज़बूत काठी का धाकड़ आदमी होता है। जो वक़्त पर नशे में बहक़ने वालों पर ताक़त भी आज़माता है। अड्डे के एक कोने में अपनी कुर्सी पर बैठा हुआ वह हरेक पर नज़र रखता है। वह अड्डे का ठर्रा खुद नहीं पीता। अपने पीने के लिए शराब वह सरकारी दुकान से मंगाता है। उसे अपनी बनाई हुई शराब और अंग्रेज़ी व्हिस्की का फ़र्क़ मालूम है। लेकिन यहां के ठर्रे की वफ़ादारी पूरी मुम्बई में मशहूर है। एक बार जिसके मुंह लग जाती है, उसका मरते दम तक साथ निभाती है।

इस वफ़ादारी की कई घटनाएं फ़िल्म इंडस्ट्री में मशहूर हैं। उनमें एक निदा का म्यूज़िक डायरेक्टर मानस मुखर्जी भी था। मानस कलकत्ता में शांतिनिकेतन में शिक्षा पूरी करके क़िस्मत आज़माने के लिए मुम्बई आया था। ख़ूबसूरत आवाज़ और संगीत की क्लासिकी जानकारी कई दरवाज़ों पर दस्तक देती है लेकिन हर दरवाज़े पर कोई न कोई ताला लगा मिलता है। इन तालों की चाबियां तलाश करते-करते एक दिन वह इधर आ निकलता है। उसे यहां चाबियां तो नहीं मिलतीं, यहां की शराब से उसकी जान-पहचान हो जाती है। दिन भर की भागदौड़ से टूटकर जब वह यहां के ठर्रे को मुंह से लगाता था तो वह गले से उतरते ही न सिर्फ़ उसे फिर से जोड़कर ताज़ादम बनाता था बल्कि हर शाम उसकी योग्यता की प्रशंसा में एक लम्बा क़सीदा भी सुनाता था। इस क़सीदे में उसकी प्रशंसा के साथ उन सारे म्यूज़िक डायरेक्टरों की नाम-बनाम निंदा भी शामिल होती थी जो एक कई-कई फ़िल्मों के संगीत में व्यस्त थे। मानस मुखर्जी को इस ठर्रे की ज़बानी अपनी प्रशंसा के साथ दूसरे कलाकारों की दोष-गणना अच्छी लगती थी जिसे वह रात को देर-देर तक सुनता रहता था।

अपनी प्रशंसा और दूसरों की बुराई सुनने की उसे ऐसी आदत पड़ जाती है कि वह दिन में काम करते वक़्त भी किसी को भेजकर यहां से ठर्रा मंगाने लगता है। शराब की ज़्यादती स्वास्थ्य पर असर डालने लगती है। गले का सुरीलापन ग़ायब हो जाता है। डॉक्टर हमेशा के लिए शराब छोड़ने की ताकीद करता है। लेकिन

वह वफ़ादार से बेवफ़ाई करने को तैयार नहीं होता। निदा की उससे आख़िरी मुलाक़ात खार डांडा के घर में होती है। वह अपनी शराब उसी इलाक़े से ख़रीदकर जेब में रखकर लाया था। निदा के मना करने पर वह घर में नहीं पीता लेकिन जैसे ही नीचे उतरता है जल्दी-जल्दी काफ़ी से ज़्यादा पी जाता है और फ़िल्म 'शायद' का एक गीत (जो उसने कम्पोज़ किया था) का मुखड़ा गुनगुनाते हुए चला जाता है।

दिन भर धूप का पर्वत काटा शाम को पीने निकले हम
जिन गलियों में मौत छुपी थी उनमें जीने निकले हम

इस ठर्रे ने मानस का साथ आख़िरी सांस तक निभाया। अस्पताल में भी वह लाख पहरों के बावजूद उस तक पहुंच जाता था और उसकी शान में रोते हुए क़सीदा भी सुनाता था।

मानस की तरह इस शराब की लत और भी कई जाने-पहचाने लोगों की थी। फ़िल्मों के वे पुराने कलाकार जो अपने स्ट्रगल के दिनों में इससे अपना ग़म बहलाते थे। अपनी मंज़िलों तक पहुंचने पर भी इसे नहीं भूल पाते। उनकी शामें अब स्काच से ज़रूर शुरू होती थीं लेकिन रात का आख़िरी जाम जब तक उन गली-कूचों से चलकर उन तक नहीं आ जाता, उन्हें नींद नहीं आती।

यह शराब जो अपनी बदनामी की वजह से काफ़ी शुहरत याफ़्ता है, उसकी खासियत वह 'किक' है जो पेट में उतरते ही वह अंदर से लगाती है। अंदर से उसकी लात लगते ही पीने वाला आदमी से फ़ुटबाल बनकर आन की आन में ज़मीन से आसमान तक का सफ़र पूरा कर लेता था। आसमान पर पहुंचकर वह जितनी देर वहां ठहरता था, उसे नीचे की दुनिया में गेट वे ऑफ़ इंडिया, टी.वी. टावर, लम्बा-चौड़ा समन्दर, आसमान छूती इमारतें, चलती-फिरती कारें, बच्चों के खिलौने जैसे नज़र आते थे। वह ऊपर से हाथ बढ़ाकर खिलौने की तरह उनमें चाबियां भरता जाता था। उन्हें जैसा चाहता था घुमाता था, नचाता था और इन सब में अपनी हुक्मरानी देखकर ख़ुश होकर तालियां बजाता था। रात को देर तक जब वह ऊपर से नीचे और नीचे से ऊपर की कलाबाज़ियों से थक जाता था तो दुनिया को ठोकर मारकर दुनिया को दुनिया से भगा देता था।

इन ग़ैर-क़ानूनी अड्डों से पुलिस को पाबंदी से हफ़्ता दिया जाता था। लेकिन जब पुलिसवालों को इन अड्डों में कुछ खाते-पीते लोग नज़र आते थे तो वे न टाली जा सकने वाली बला की तरह अंदर घुस आते थे और शरीफ़ों से उनकी इज़्ज़त लौटाने पर अच्छी-ख़ासी रक़म वसूल करते हैं। इन अड्डों में से एक में एक रात कृश्नचंदर, साहिर लुधियानवी, शाहिद लतीफ़ और उनके साथ कई दूसरे नामी-गिरामी भी बाइज़्ज़त से बेइज़्ज़त हो चुके हैं।

निदा ने मकान के बाद एक सेकंड हैंड कार भी ख़रीद ली। ड्राइविंग पर महारत हासिल किए बग़ैर ही अपने सम्बन्धों की बिना पर गाड़ी चलाने का लाइसेंस भी ले लिया। पहली बार गाड़ी आती है तो दूसरों को दिखाने के लिए ज़्यादा चलाई भी जाती है। स्टीयरिंग पर कंट्रोल की कमी थी। गाड़ी को एक गियर से दूसरे गियर में करने से पहले सोचा जाता था, फिर सोच को अमल में लाया जाता था। जो भी साथ बैठता वह यह देख घबराता और बार-बार अपने जानो-माल की हिफ़ाज़त के लिए दिल ही दिल में दुआ माँगता। इक़बाल मज़ीद के छोटे भाई इजलाल मज़ीद भोपाल से पहली बार मुम्बई आते हैं। जाँ निसार अख़्तर के हमजुल्फ़ और निदा के अच्छे शाइर दोस्त हैं। निदा को जैसे ही उनके आने की सूचना मिलती है वह अपनी शान दिखाने के लिए फ़ौरन गाड़ी लेकर उन तक पहुंच जाता है और उन्हें अपने साथ ले आता है। बांद्रा के उनतीसवें रास्ते से निकलकर पहले वह कार्टर रोड के कोने की पान की दूकान 'शान-ए-अबध' पर रुकता है। खुद भी पान खाता है, इजलाल को भी पान खिलाता है। वहां से सीधा घर की तरफ़ रवाना होता है। दोपहर में सड़क पर ज़्यादा भीड़-भाड़ नहीं थी। गाड़ी चलाने में ज़्यादा दिक़्क़त नहीं होती। इजलाल से नई-पुरानी बातें भी जारी थीं और गाड़ी भी चल रही थी। कार्टर रोड और निदा के घर के बीच में डांडा शुरू होने से पहले समन्दर के सामने की फ़ुटपाथ पर एक साथ कई झोंपड़ियां बनी थीं।

मुम्बई में सरकारी जगहों को ग़ैर-सरकारी लोग ख़रीदते-बेचते रहते हैं। ऐसे हर इलाक़े के अलग-अलग मालिक होते हैं। ज़मीन सरकारी, इलाक़े का दादा व्यापारी। वह अपने इलाक़े में जिसको भी झोंपड़ी बांधने की इज़ाज़त देता है, मुआवज़े में उससे अच्छी-ख़ासी रक़म लेता है। इस रक़म में म्यूनिसिपल कारपोरेशन के लोगों का भी हिस्सा होता है। इनके अलावा इस रक़म के और भी हिस्सेदार होते हैं। इनमें बेपरदा और परदानशीन दोनों शामिल होते हैं, ये झोंपड़ियां कहीं भी किसी भी जगह रात ही रात में बनकर तैयार हो जाती हैं। जिस जगह ये बनती हैं उस जगह के फ़्लैटों की क़ीमत सुबह होते ही एक चौथाई कम हो जाती है। इन झोंपड़ियों में रहने वाले हिन्दुस्तान की अलग-अलग रियासतों से मुम्बई में रोज़ी-रोटी कमाने आते हैं। कुछ दिन फ़ुटपाथ पर सोते-जागते हैं। जब थोड़ी-बहुत रक़म बना लेते हैं तो किसी भी इलाक़े के दादा को थमा देते हैं। आज़ादी के बाद देश का आर्थिक ढांचा पंडित नेहरू की निगरानी में तैयार हुआ था। नेहरू 'डिस्कवरी आफ़ इंडिया' लिखने के बावजूद हिन्दुस्तान से उतना परिचित नहीं थे जितना गांधी थे। नेहरू अपने समय के सफलतम वकील मोतीलाल नेहरू के इकलौते बेटे थे। सुख-सुविधाओं में पले-बढ़े थे। समस्याओं को कमरों में दलीलों और फ़ार्मूलों से समझने और समझाने की कोशिश करते थे। गांधी उनके बरअक्स ज़मीन के बेटे थे। ज़मीन के दर्द को ज़मीन बनकर पहचानते थे। नेहरू का देश बड़े-बड़े शहरों

में बड़ी-बड़ी कारीगरियों में था और गांधी उसे उन छोटे-छोटे पिछड़े हुए इलाक़ों में तलाश करते थे जिनमें तीन चौथाई देश बसता है। लेकिन देश के विकास में बापू के सोच को उनके जीवनकाल में चर्ख़ा और सूत बनाकर अलग कर दिया जाता है और पंडित नेहरू का हिन्दुस्तान शहरों के रास्ते से आगे बढ़ता जाता है। धरती पूजा के इस देश में धरती के अपमान का सुबूत शहरों की बढ़ती हुई आबादियां हैं। इन आबादियों में पलते अपराध हैं, इन अपराधों की कोख से फूलती सियासतें हैं, इन सियासतों के हाथों बनते दाऊद हैं, गावली हैं, हाजी मस्तान हैं और इन असामाजिक तत्त्वों से जुड़ी हुई सरकारें हैं और इन सरकारी शिकंजों में पल-पल टूटते-बिखरते अवाम हैं।

डांडा की झोंपड़-पट्टी के सामने के बस स्टैंड पर बस के रुकते ही कई मुसाफ़िर उतरते हैं और भागते हुए सड़क पार करते हैं। निदा इजलाल की बातों में भोपाल के किसी रास्ते में घूम रहा था कि अचानक मुम्बई की सड़क से गुज़रती उसकी गाड़ी से एक अधेड़ उम्र का आदमी टकरा जाता है। तेज़ स्पीड में ब्रेक लगने से कार रुक तो जाती है लेकिन टकराने वाला आदमी जहां गाड़ी रुकती है वहां से नौ-दस क़दम दूर जाकर गिरता है। एक्सीडेंट के होते ही झोंपड़-पट्टियों से आदमी-औरतें निकल-निकलकर बाहर आते हैं। निदा घबरा जाता है। वह कभी ज़ख़्मी आदमी को देखता है, कभी बढ़ती हुई भीड़ को। उस समय इजलाल की सूझ-बूझ काम आती है। इससे पहले कि नाराज़ होती भीड़ का गुस्सा निदा और उसकी कार को निशाना बनाए, इजलाल उस आदमी को उठाकर कार में बिठा देता है। सरकारी अस्पताल में ड्यूटी आफ़िसर को जो रिपोर्ट लिखाई जाती है उसके अनुसार मरीज़ ज़ख़्मी हालत में सड़क पर पाया जाता है। इजलाल उसे दे-दिलाकर कुछ इस तरह पटाता है कि क्लर्की का क़लम वही लिखता है जो उससे लिखाया जाता है।

इस तरह निदा क़ानूनी गिरफ़्त से तो बच जाता है लेकिन उन लोगों की आंखों से दूर नहीं हो पाता जो निदा के पेशे से उसे जानते हैं। दुर्घटना जिस दिन होती है उसी शाम को ही एक पुख़्ता उम्र की औरत एक लड़के के साथ आती है। वह अपने-आपको ज़ख़्मी आदमी की बीवी बताती है। पति के ग़म में थोड़े आंसू बहाती है और फिर उसकी दवाओं के लिए निदा से अच्छे-ख़ासे रुपए लेकर चली जाती है। मरीज़ कई दिनों तक बीमार रहता है। हर दूसरे-तीसरे दिन उसकी पत्नी आती थी और निदा उसे देखते ही दवाओं का ख़र्चा उसे दे देता था। पांच-छः हज़ार को भी दवाई बनाकर पी जाने के बाद भी जब मरीज़ का मरज़ अच्छा होने के बजाय और बिगड़ जाता है तो निदा एक दिन खुद मरीज़ से मिलने उसके घर जाता है लेकिन वह अपने पते पर नहीं मिलता। वहां उसके नाम से कोई उसे जानता भी नहीं। निदा जब इसका ज़िक्र उसकी पत्नी से करता है तो उसके

चीख़ते-चिल्लाते आंसू बहुत-सों को उसका हमदर्द बना देते हैं। अब वह दवाओं का ख़र्चा लेने अकेली नहीं आती, हर एक बार एक-दो नए हमदर्द भी उसके साथ होते हैं और फिर बिना पते का वह आदमी हमेशा के लिए ख़ामोश हो जाता है। उसके अंतिम संस्कार के लिए बड़ी रक़म की ज़रूरत होती है। लेकिन मौत के बाद भी वह आदमी निदा का पीछा नहीं छोड़ता। मरने से पहले वह सिर्फ़ अपनी पत्नी का पति था लेकिन मरने के बाद वह दो बच्चों का बाप भी बन जाता है। अनदेखे उन अनाथ बच्चों का ख़र्चा उसकी अपनी दवाओं से भी ज़्यादा होता है...एक-दो बार के बाद जब निदा अपना हाथ रोकता है तो उसे तरह-तरह की धमकियों का सामना कर पड़ता है।

रोज़-रोज़ की बढ़ती परेशानियों में एक दिन उसे हाजी मस्तान याद आते हैं। हाजी मस्तान से वह नासिक के एक मुशाइरे में मिल चुका था। मस्तान अब पुराने कामों से तौबा करके अपनी असामाजिक ख्याति के रहते हुए समाज कल्याण के कामों में लगे हुए थे। मसलन वे 'मुस्लिम दलित-पीड़ित समाज' के अग्रणी नेता थे। उनकी इसी सामाजिक हैसियत का वी.पी. सिंह अपने यू.पी. के इलैक्शन में फ़ायदा उठा चुके हैं। मस्तान से एक बार और पहले भी वह मिल चुका है, दिल्ली के एक प्रोड्यूसर सागर भगत के साथ। उनकी फ़िल्म 'बेपनाह' में संगीत खैय़ाम का है और गीत निदा फ़ाज़ली के हैं। फ़िल्म बनने के दौरान सागर भगत एक उलझन में फंस जाते हैं। वह किसी स्थानीय आदमी से प्रॉपर्टी का सौदा करते हैं लेकिन वह व्यक्ति क़ीमत की अदायगी के बावजूद मक़ान का क़ब्ज़ा नहीं देता। निदा पहली बार मस्तान के घर सागर भगत को लेकर जाता है।

दुबला-पतला एक दराज़ क़द आदमी, हवा तेज़ हो तो ज़मीन पर पैर ज़माना मुश्किल हो जाए। कई धुंधलके कमरों और कई छोटी-बड़ी सीढ़ियों का एक घर, हर पांच-दस क़दम पर कमरे ही की ऊंचाई जैसे दो-तीन काले भुजंग देव। उनसे गुज़रकर दूसरी मंज़िल की तंग गैलरी। गैलरी में बिछे लकड़ी के तख़्त पर पतले-पतले घुटनों में अटकी, चेहरे से बाहर निकलती दो आंखें। आहटें सुनकर आंखों में हरकत होती है। उनसे एक भारी आवाज़ फूटती है। "तशरीफ़ रखिए। अस्सलाम अलैकुम..." निदा सागर भगत का परिचय कराता है। सागर भगत अपनी तकलीफ़ बयान करते हैं। मस्तान घुटनों से आंखें हटाकर वापस अपने चेहरे पर लगा लेते हैं। सुते हुए स्तब्ध चेहरे में हल्की-सी मुस्कुराहट से चमक पैदा होती है। तख़्त के सामने रखी मेज़ की दराज़ से एक रसीद कट्टा निकालकर वह सागर भगत के सामने रख देते हैं। बिना किसी की तरफ़ देखे उनकी आवाज़ बोलती है..."मैं समाज के पीड़ित लोगों की ख़िदमत करता हूं। आप इस भले काम के लिए जितना चाहें इस रसीद में भर दें, काम हो जाएगा।" सागर भगत अपने पैन से दस हज़ार का एक चेक लिखलकर उन्हें देते हैं। वह रसीद देते हुए पहली-सी उदासीनता

के साथ कहते हैं...''यह रसीद उसे दिखाना, वह समझ जाएगा।'' रुख़्सत होकर हम अभी चंद कद़म ही चले होंगे कि मस्तान की आवाज़ वापस बुला लेती है। जिस पार्टी से झगड़ा हुआ है, उसके नाम की भी दस हज़ार की एक रसीद बनाकर वह भगत को देते हुए कहते हैं...''यह रसीद उसे दे देना!'' सागर भगत का वह केस जो पिछले कई महीनों से अदालत में एक फ़ाइल की सूरत में एक मेज़ से दूसरी मेज़ तक सफ़र कर रहा था, पंद्रह मिनट से कम मुद्दत में तय हो जाता है।

हाजी मस्तान निदा से फ़ोन पर पूरी बात सुनते हैं और जवाब में अपने दो लहीम-शहीम कारकुनों को निदा के पते पर भेज देते हैं। वे तीन-चार घंटों के लिए निदा के घर को अपना ऑफ़िस बनाते हैं और फ़ोन पर ही दो-चार नम्बर घुमाकर आधे घंटे के अंतराल में दस-बारह आदमी इकट्ठा कर लेते हैं। हाजी मस्तान की तरफ़ से सबके लिए दोपहर का खाना आता है। खा-पीकर सारे पुरशोर ख़र्राटों से दोपहर से शाम करते हैं। शाम होते ही उनमें से एक बाहर जाता है और थोड़ी देर के बाद उस औरत को साथ ले आता है जो लगातार कई दिनों से निदा को ब्लैकमेल कर रही थी। वह औरत आते ही घबरा जाती है और सबके सामने किसी मरने वाले की पत्नी और बाद में उसके बच्चों की माँ बनने के झूठ का इक़रार करके हमेशा के लिए ग़ायब हो जाती है। उसके जाने के बाद मरने वाला भी ज़िंदा होकर निदा के घर आता है और निदा को अपने क़त्ल के जुर्म से आज़ाद कर देता है।

उस दिन के बाद निदा को पता लगता है कि वह जिस इलाक़े में रहता है, वह इलाक़ा कई टुकड़ों में कई दादा लोगों की जागीर है। निदा के घर से डांडा तक जहां मछलियां सुखाने का एक बहुत बड़ा मैदान है और यह हिस्सा जिसकी हुक्मरानी में है, वह अब डांडा पाड़ा के चौराहे पर घने पीपल के तले हाल में बने हनुमान मंदिर का तिलक धारी पुजारी है। उस पुजारी से निदा की पहली बार मुलाक़ात अपने घर में ही हुई थी। वह भी उन्हीं लोगों में शामिल था जिन्हें मस्तान के आदमियों ने फ़ोन करके बुलवाया था। जिस जगह यह मंदिर है, उस समय यहां सिर्फ़ एक बड़ा-सा पीपल का पेड़ था। पेड़ की नीचे एक छोटे-से चबूतरे का निर्माण और उस पर पवनपुत्र हनुमान की मूर्ति उसी की श्रद्धा का रूप है। उस मंदिर को बनाने, लोगों के मन में उसके प्रति श्रद्धा जगाने और इलाक़े के दूसरे मंदिरों की तुलना में उसकी ज़्यादा ख्याति करवाने में उसने काफ़ी दौलत और मेहनत ख़र्च की है।

कई दिन पहले की बात है। एक दिन वह निदा के घर आया और एक पांच सौ का नोट देते हुए कहा, ''आप जब सवेरे पान खाने आएं तो यह नोट हनुमान जी के चरणों में रख जाएं।'' निदा जब उससे इसकी वजह पूछता है तो

वह सिर झुकाकर बोलता है, "मुझे पता है आप दूसरे धर्म के हैं लेकिन सब एक ही शक्ति के विभिन्न रूप हैं। आपकी ओर से भेंट पाकर भगवान आपसे ख़ुश होंगे और आपके काम में तरक़्क़ी होगी।" जैसा वह कहता है, निदा वैसा ही करता है। निदा पान की दुकान से उसे देखता है। वह मूर्ति के पास बैठा उसे देखकर मुस्कुराता है। निदा ख़ामोशी से उधर जाता है और मूर्ति के सामने वह नोट रख देता है। निदा के साथ और दो-तीन श्रद्धालु मूर्ति पर वैसे ही नोटों की भेंट चढ़ाते हैं। सचमुच के पुजारी यह सब चमत्कार देखकर श्रद्धा से और ज़्यादा भर उठते हैं। रात-दिन के चमत्कार श्रद्धालुओं को हवा देते हैं और देखते ही देखते उस मंदिर में दूसरे मंदिरों से ज़्यादा भीड़ जुड़ने लगती है। मंदिर के बग़ल में फूलों की एक दूकान लग जाती है। दूकान के सामने दो गाएं बंध जाती हैं। गायों के पास एक आदमी घास के गट्ठे लेकर बैठ जाता है। इर्द-गिर्द भिखारियों की क़तार फैल जाती है। दूर-दूर से चढ़ावे आते हैं। मन्नतें मानी जाती हैं। भेंटें चढ़ाई जातो हैं, रोशनियां जगमगाती हैं...अज़ान और आरती के झगड़े के दिनों में मुम्बई के छोटे-मोटे दंगे भी इस मंदिर की महानता में वृद्धि करते हैं। इस मंदिर के निर्माण के शुरुआती ख़र्चे रहमत भाई उठाते हैं। रहमत भाई कुछ दिन पहले मेहबूब स्टूडियो के पीछे एक होटल किराए पर चलाते थे। इस होटल का कंट्रेक्ट ख़त्म हो जाने के बाद फ़िल्मों में लाइट सप्लाई करने का धंधा करते हैं। रहमत भाई से निदा की मुलाक़ात मानस मुखर्जी ने कराई थी। उसके होटल में उधार की चाय पी-पीकर मानस और निदा ने काफ़ी वक़्त गुज़ारा है। मानस के बाद कई साझे दोस्तों की तरह वह भी कई महीनों के लिए ओझल रहते हैं। फिर एक दिन अचानक निदा के घर के नीचे, हनुमान मंदिर के पास मिल जाते हैं। वह अब खार डांडा में ही रहते थे। दूसरे दिन वह सवेरे निदा से मिलने आते हैं और अपने नए बिजनेस के लिए निदा से मशविरा करते हैं। वह कहीं एक मंदिर बनाना चाहते हैं।

रहमत अली भाई और मंदिर! निदा को यह अजीब लगा लेकिन रहमत भाई की सोच अलग थी। वह बताते हैं कि हनुमान मंदिर के मौजूदा पुजारी प्रदीप महाराज ने जब जगह तलाश करके इस मंदिर का प्लान बनाया था तो उन्होंने इसी शर्त पर फ़ाइनेंस दिया था कि मंदिर से जो आमदनी होगी उसमें उनकी आधी हिस्सेदारी होगी। प्रदीप महाराज शुरू में समझौते पर राज़ी था लेकिन जैसे ही मंदिर चल निकलता है, उसके मन में बेईमानी आ जाती है और वह पार्टनरशिप ख़त्म कर देता है।

वह जवाब देते हैं, पैसा कहां जाने वाला था। अफ़सोस तो इस बात का है, प्रदीप की बेईमानी ने मुझसे मेरे बचपन का दोस्त छीन लिया। हम दोनों ने एक साथ ज़िंदगी शुरू की। मिल-जुल के दुःख-सुख के दिन गुज़ारे थे...बोलते-बोलते उनकी आंखें भीग जाती हैं। वह निदा से मदद के ख़्वाहिशमंद हैं। उन्हें यू.पी.

के किसी जानकार ब्राह्मण लड़के का इंतज़ार था। उसको लेकर वह कहीं मुनासिब जगह पर एक राम मंदिर बनाना चाहते थे और अपने दोस्त को दिखाना चाहते थे कि वह उसके बग़ैर भी मुम्बई में कोई कामयाब धंधा कर सकता है—

मंदिरों मस्जिदों की दुनिया में
मुझको पहचानते कहां हैं लोग
रोज़ मैं चांद बन के आता हूं
दिन में सूरज-सा जगमगाता हूं
खनखनाता हूं मां के गहनों में
हंसता रहता हूं छुप के बहनों में
मैं ही!
मज़दूर के पसीने में
मैं ही
बरसात के महीने में

मेरी तस्वीर आंख का आंसू
मेरी तहरीर
जिस्म का जादू

मंदिरों मस्जिदों की दुनिया में
मुझको पहचानते नहीं जब लोग
मैं!
ज़मीनों को बेज़िया[1] करके
आसमानों में लौट जाता हूं
मैं ख़ुदा बन के
क़हर ढाता हूं।

---

1. बिना रौशनी

कम्पाउंड का पीपल का पेड़ अब अपनी उम्र के लिहाज़ से काफ़ी बूढ़ा हो चुका है। उसका घनाव भी ज़्यादा हो गया है और जहां खड़ा है वहां उसके बदन का घेर फैलकर दीवार तोड़कर बाहर निकलने लगा है। उसके इस फैलाव से बिल्डिंग वाले फ़िक्रमंद हैं। दीवार की मरम्मत के लिए पीपल को काटने की ज़रूरत है। इमारत की कमेटी की मीटिंग होती है। उसमें पेड़ को यहां से हटाने और दीवार को पहली हालत में लाने की तज्वीज़ पास की जाती है। मीटिंग में शामिल बिल्डिंग के फ़्लैट के मालिकों में किसी को निदा और इस पेड़ की दोस्ती का ज्ञान नहीं था। ग्वालियर के नीम और इमली के बाद यह उसका तीसरा पेड़ दोस्त था। पेड़ों को दोस्त बनाने के लिए उनके साथ कुछ अच्छे-बुरे दिन बिताने पड़ते हैं। जब वे एक-दूसरे को अच्छी तरह जान जाते हैं तो दूर तक साथ निभाते हैं। नीम और इमली उसके बचपन के बुजुर्ग थे। ग्वालियर छोड़ते समय वे उसे विदा करने स्टेशन तक आए थे। गाड़ी के चलने तक वह रेल की खिड़की से लगे उदास खड़े रहे और देर तक हाथ हिलाते रहे। निदा इन्हें अपने साथ मुंबई ले जाना चाहता था लेकिन उसके पास उस समय एक ही टिकट के रुपए थे। उसे मजबूरन अकेला मुम्बई आना पड़ा। वह सोचता था, वे भी उससे दूर होकर चैन से नहीं रहेंगे। और किसी न किसी दिन उससे मिलने मुम्बई ज़रूर आएंगे। लेकिन उन्हें अपनी ज़मीन, आसमान और आबो-हवा निदा से ज़्यादा अज़ीज़ थे। पेड़ जहां होते हैं हमेशा के लिए वहीं के होते हैं। जिस मिट्टी से फूटते हैं, उसी में मिट्टी बन जाते हैं। निदा ख़ुद ही उनसे मिलने जाता रहा। यह सिलसिला उन दोनों पेड़ों की ज़िंदगी तक जारी रहा। वे अब जहां थे, वहां नहीं हैं। उनकी ज़मीनों पर एक बड़ी-सी होटल बन चुकी है। निदा जब भी उधर जाता है। उसी होटल के किसी कमरे में ठहरता है और वे जो अब नहीं हैं, उनके होने को महसूस करता है।

उन पेड़ों की चिड़ियां, तोते, कबूतर और कौवे न जाने अब कहां होंगे? तिनका-तिनका जोड़ के फिर से कहीं आशियाने बना रहे होंगे। वे पहले की तरह एक ही परिवार के सदस्यों की तरह एक ही पेड़ में होंगे। कहते हैं, परिंदों में सोचने-समझने की क्षमता नहीं होती। इसलिए शायद उन्हें अपने पेड़ों से बिछड़ने

का दुःख भी नहीं होता होगा लेकिन इनसान जिस माहौल में रचा-बसा होता है, उसे आसानी से नहीं भूलता।

होटल के फ़र्श की मनों मिट्टी के नीचे नीम की डाल से एक कौवा आकर मुंडेर पर बैठता है और स्कूल जाने के लिए तैयार होकर नाश्ता करते पप्पू की रकाबी में से पूरा बिस्किट लेकर चला जाता है। पप्पू हैरत से उसे देखता है और गुस्से में इंगलिश मीडियम में सीखी हुई गालियां देता है, बास्टर्ड, सन ऑफ़ विच...क़मर तल्अत सेहन में गीले वालों को तौलिए से झटकती हुई मुड़ती है। ''बदमाश किसे गालियां दे रहा है? बहुत बिगड़ गया है। जो मुंह में आता है, वह बोल देता है।'' ''हां, बोलूंगा और बोलूंगा!'' पप्पू कहता है।

''बोलेगा तो मार भी खाएगा, समझा! साहिबा के लाड़ ने बदतमीज़ कर दिया है तुझे।''

''हां, कर दिया है। तुम कौन होती हो!'' पप्पू गुस्से में बोलता है।

क़मर तल्अत आगे बढ़कर सिर पर हल्का-सा चपत लगाती है और मुस्कुराते हुए कहती है, ''मैं ये होती हूं...'' पप्पू रोने लगता है। पप्पू के रोने की आवाज़ को सुनकर, हाथ की सिंगर मशीन पर चादर के कोने सीती हुई जमील फ़ातिमा दालान से सेहन में आती हैं और उसे गोद में उठाती हैं। ''क्या बात है पप्पू? क्यों रो रहा है?''

पप्पू बिसूरते हुए कहता है, ''मेरा बिस्किट कौवा ले गया। उसे कुछ नहीं और मुझे मारा इन्होंने...!''

''किसने मारा मेरे बेटे को?'' जमील फ़ातिमा उसके आंसू पोंछते हुए पूछती हैं। ''क़मर आंटी ने मारा।'' पप्पू क़मर तल्अत की तरफ़ इशारा करके कहता है।

जमील फ़ातिमा क़मर तल्अत पर बरसना शुरू कर देती हैं। मुर्तज़ा हसन दुआ डिबाइवी अंदर से काली सर्ज की शेरवानी और अलीगढ़ी कट पाजामा पहने बाहर निकलते हैं। पप्पू को रोज़ाना सुबह इंगलिश मीडियम स्कूल में ले जाने की ज़िम्मेदारी उन्हीं की है। जमील फ़ातिमा पप्पू को बहलाती हैं और क़मर और कौवे को सज़ा देने के वादे के साथ उसे चूमते हुए रुख़्सत करती हैं। मुर्तज़ा हसन अपने बेंत को हवा में उठाते हैं और मुंडेर पर बिस्किट खाते कौवे को उड़ाते हैं। कौवा आधा बिस्किट नीचे फेंककर उड़ जाता है जिसे देखकर पप्पू खुशी से तालियां बजाता है।

पप्पू महल्ले के एक क़साई का पहलौटी का बेटा है। उसके बाप का नाम सैदू है। शादी के तीन बरस तक यह पैदा नहीं हुआ तो बाप को अपनी बीवी की ज़रख़ेज़ी पर शक होने लगा। इस शक ने दूसरे निकाह की शरई इजाज़त का इस्तेमाल करना चाहा तो जमील फ़ातिमा पप्पू की माँ को कई स्थानीय दरगाहों और दूर-पास के तावीज़-गंडों वालों के पास ले जाने लगीं। उनमें से किसी दरगाह

या तावीज़ के असर से चौथे साल यह नमूदार हो गए। उसकी माँ ने पैदा होते ही उसे जमील फ़ातिमा के हवाले कर दिया। जमील फ़ातिमा ही उसकी सब कुछ थीं। उसका रिश्ता अपनी माँ से सिर्फ़ दूध तक सीमित था। सुबह से रात तक वह जमील फ़ातिमा के घर का खिलौना था जिससे वह और उनके पाँच छोटे-बड़े लड़के मुस्तफ़ा हसन, मुक़्तदा हसन, मुज्तबा हसन, मुब्तदा हसन, तस्लीम फ़ाज़ली और तीन लड़कियां क़मर तल्अत, सैयदा और जावेद बारी-बारी खेलते थे। जमील फ़ातिमा आठ बच्चों की परवरिश के बाद भी ममता का एक बड़ा हिस्सा अपने अंदर बचाए हुए थीं जिसका अकेला हक़दार अब पप्पू था। पप्पू क़साई के घर जरूर पैदा हुआ है लेकिन बड़ा होकर वह गोश्त का धंधा नहीं करेगा, यह जमील फ़ातिमा ने तय कर लिया था। जमील फ़ातिमा के अपने बच्चे पब्लिक स्कूलों में पढ़ते थे लेकिन पप्पू के लिए उन्होंने चर्च के इंगलिश मीडियम स्कूल का चुनाव किया था। उसके जूते, मोज़े और यूनिफ़ार्म वही ख़रीदकर लाती थीं और हर रोज़ नमाज़ के बाद पहले उसे तैयार करके स्कूल रवाना करती थीं फिर किसी दूसरे काम से हाथ लगाती थीं। पप्पू का अपने घर जाना क़रीब-क़रीब बंद हो गया था। उसके दूसरे बहन-भाई उसे साहिबा का ही बेटा समझते थे और उसी तरह उससे पेश आते थे। उसकी माँ अपनी बिरादरी के किसी उत्सव या शोक के अवसर पर ले जाने के लिए आज़ाद नहीं थी। इसके लिए जमील फ़ातिमा की इजाज़त की ज़रूरत होती थी। जमील फ़ातिमा इस इजाज़त में काफ़ी कंजूसी से काम लेती थीं। उनका ख़याल है जिस घर में वह पैदा हुआ है, उस घर के या ऐसे ही घरों के दूसरे लोगों से ज़्यादा मेल-जोल पप्पू के अच्छे संस्कारों पर असर डाल सकता है। पप्पू का बाप सैदू भी जमील फ़ातिमा वर्गीय व्यवहार को स्वीकार करके पप्पू के साथ बहुत शिष्टाचार से पेश आता था। पप्पू का उसकी गोश्त की दुकान पर जाना मना था। लेकिन आते-जाते कभी इत्तिफ़ाक़ से वह अपने किसी भाई या बहन को देखकर वहां रुक जाता तो सैदू फ़ौरन बोल पड़ता, "बड़े साहब तुम यहां कैसे? तुम्हारी साहिबा ने देख लिया तो आफ़त आ जाएगी। भैया मैं क़साई हूं और तुम साहिबा और बाबू जी के बेटे हो। यहां नहीं आया करो बड़े साहब!"

1963-64 ई. में पप्पू आठ साल का हो जाता है। गोरा-चिट्टा अंग्रेज़ी बोलता हुआ ज़मील फ़ातिमा का नया बेटा। वह शाम को पाबंदी से उसे पढ़ाती थीं। उसे अच्छी तरह पढ़ाने के लिए उन्होंने मास्टर रियाज़ जयपुरी से अपनी भूली हुई इंगलिश को दोबारा ताज़ा करना भी शुरू कर दिया था। पप्पू का चर्च के स्कूल में आख़िरी साल था। इसके बाद उसे मिशनरी के बड़े स्कूल में दाख़िल कराना था। इसके बाद उसे कालेज जाना था। कालेज के बाद मेडिकल में भर्ती होना था। इसके बाद...!

महल्ले की एक बाज़ार की तरफ़ खुलती खिड़की गली के नुक्कड़ पर दुपट्टों

और साड़ियों को नए-नए रंगों में सजाने वाले एक रंगरेज़ का दिन दहाड़े क़त्ल हो जाता है। इधर-उधर कई घर लुटते हैं। छोटे-बड़े घर इलाक़ों के बड़े घरों में इकट्ठा होना शुरू हो जाते हैं। पप्पू की माँ ज़मील फ़ातिमा की इजाज़त के बिना अपना घर छोड़कर शहर के किसी सुरक्षित इलाक़े में अपने दूसरे बच्चों के साथ पप्पू को भी ले जाती है और ज़मील फ़ातिमा अपने लड़के-लड़कियों के साथ कराची रुख़्सत हो जाती हैं...कराची जाकर भी वह पप्पू से दूर नहीं होतीं। शुरू में वह उसे अपने पास बुलाने की कोशिश करती हैं। जब यह संभव नहीं होता तो वह पाबंदी से उसके पालन-पोषण और शिक्षा-दीक्षा को लेकर अपनी हिदायतें पप्पू के मां-बाप को लिखकर भेजती रहती हैं। लेकिन उन हिदायतों पर अमल करना उनकी हैसियत से बहुत ज़्यादा था। एक साल में ही पप्पू स्कूल छोड़कर घर बैठ जाता है और फिर बाप के साथ उसके कारोबार में हाथ बंटाने लगता है।

पप्पू अब बड़ा हो गया है। वह अब ग्वालियर में गोश्त की एक मशहूर दुकान का मालिक है। उसे अब जब भी जमील फ़ातिमा की याद ज़्यादा सताने लगती है तो बिना सूचना के वह निदा के पास मुम्बई आ जाता है और दो-चार दिन यों ही गुज़ार कर वापस चला जाता है। हिन्दुस्तान में निदा के क़रीबी रिश्ते में, निदा की मां के उस बेटे के अलावा और कोई नहीं है। पप्पू के दो बेटे हैं। निदा छोटे बेटे को अपने साथ मुम्बई में रखना चाहता है। मालती भी इस निर्णय से सहमत है। निदा जमील फ़ातिमा के अधूरे सपने को इस बच्चे में पूरा करने का आरजूमंद है। लेकिन उसकी मां बच्चे को अपने से दूर करने के लिए राज़ी नहीं होती। पप्पू एक बार उसे छोड़ने के इरादे से यहां लाता भी है लेकिन पप्पू के वापस लौटते समय वह हंसते-हंसते अचानक रोने लगता है और मजबूरन बाप को उसे वापस ले जाना पड़ता है—

देखा हुआ-सा कुछ है तो सोचा हुआ-सा कुछ
हर वक्त मेरे साथ है उलझा हुआ-सा कुछ
होता है यूं भी रास्ता खुलता नहीं कहीं
जंगल-सा फैल जाता है खोया हुआ-सा कुछ
साहिल की गीली रेत पर बच्चों के खेल-सा
हर वक्त मुझमें बसता बिखरता हुआ-सा कुछ
फ़ुर्सत ने आज घर को सजाया कुछ इस तरह
हर शै से मुस्कुराता है रोया हुआ-सा कुछ
धुंधली-सी एक याद किसी क़ब्र का दिया
और मेरे आस-पास चमकता हुआ-सा कुछ

निदा के प्रतिरोध के बावजूद कम्पाउंड का पीपल का पेड़ कट चुका है।

ग्वालियर के नीम और इमली अपनी ज़मीन छोड़कर कहीं और नहीं जाना चाहते थे, इसलिए होटल की कुल्हाड़ी का शिकार हुए और उसे यह जहां है वहां के बजाय कहीं और क्यों नहीं है। इसलिए सज़ा का पात्र ठहराया गया। उस पेड़ के कटने से निदा की सुबह का वह आधा घंटा सूना हो गया है जो रोज़ उसके नीचे खड़ा होकर अलग-अलग दिशाओं में यात्रा करता था। निदा के कई अहम फ़ैसलों में उसकी साझेदारी भी रही है। वह निदा की उन बातों का भी राज़दार था जिन्हें वह क़रीब से क़रीब दोस्त को भी सुनाने से डरता था। उसे यह भी मालूम था निदा के अपने-आपसे सम्बन्ध शुरू से खिंचे-खिंचे हैं।

वह अपने साथ रहता ज़रूर है लेकिन आपको ज़्यादा पसंद नहीं करता। इसीलिए अपने अकेलेपन को वह हर वक्त ग़ैर-ज़रूरी आवाज़ों से आबाद रखता है। उसकी एक अजीब उलझन है। वह जैसा है उससे भिन्न अपने-आपको देखना और दिखाना चाहता है और चूंकि ऐसा संभव नहीं है, इसलिए वह अपने-आपसे नाराज़ है। इस नाराज़गी ने उसे बरसों से आईने से दूर कर रखा है, उस पेड़ को यह भी पता था, वह जिसके साथ जब तक रहता है, उसके साथ नहीं होता। वहां-जहां होता है, वहां नहीं होता। जहां नहीं होता, वहां होता है। उसकी पसंद और नापसंद भी इसी लिहाज़ से एक-दूसरे से उलझी हुई हैं। वह जिसे पसंद करता है, उसे नापसंद करता है और जो उसे नापसंद है, उसे पसंद करने की वजह तलाश करता रहता है। पाई हुई चीज़ को खोना और खोकर उसे फिर तलाश करना उसकी हमेशा की आदत है।

उस पेड़ के नीचे तीस मिनट के छोटे-से अंतराल में वह एक साथ कई दिशाओं में हज़ारों मील का फ़ासला तय करता था। उन फ़ासलों में वर्तमान, अतीत और भविष्य एक साथ यात्रा करते थे। कभी वह इराक़ में किसी दम तोड़ते फ़ौजी के साथ दम तोड़ रहा होता था। कभी न्यूयार्क के किसी एक 'गे क्लब' में औरत को औरत और मर्द को मर्द से बग़लगीर होते देख रहा होता था। कभी रथयात्रा की फैलाई हुई दहशत में मायूस अज़ानों को सुन रहा होता था। कभी बांग्ला देश के सैलाब में टूटते-फूटते मकानों और दुकानों को देख रहा होता था। कभी कोई लड़की सड़क पर सामने से आती और गुज़र जाती लेकिन निदा और पीपल कुछ देर फिर भी उसे अपने से दूर नहीं जाने देते थे। उसके बारे में देर तक बातें करते रहते थे।

निदा सोचता है, यह पेड़ जहां था वहां ही क्यों था? कहीं और भी हो सकता था। वह अपने सवाल का खुद जवाब देता है। जवाब से फिर सवाल उभरता है। मगर यह पेड़ के वश में कहां? कौन कहां पैदा होना चाहता है, यह पैदा होने वाले की मंशा के बजाय पैदा करने वाले के हाथ में है। पैदाइश की तरह मौत पर भी उसी का क़ब्ज़ा है। अगर उसके वश में होता तो वह भी बिल्डिंग की दीवार

के पास उगने के बजाय किसी मंदिर के पास की ज़मीन का चुनाव करता, श्रद्धालुओं की श्रद्धा का प्रतीक बनता। जैसे रहमत अली भाई के पैसों से बने हुए हनुमान मंदिर पर छाया करता पीपल का छतनार पेड़।

निदा की गैलरी के सामने का मौलश्री का पेड़ भी गिराया जा चुका है। मछेरों के देवता विट्ठल के मंदिर में बरसों फूल चढ़ाने के बावजूद देवता को प्रसन्न नहीं कर सका। जब मंदिर के ट्रस्ट के मेम्बरों ने मंदिर के अहाते को फैलाने और उस पर दो मंज़िलें और चढ़ाने का प्लान बनाया तो भगवान की अनुमति से पहले उसे ही काट गिराया। उस पेड़ के कट जाने से निदा के किचन की खिड़की पर ठीक नौ बजे आने वाले उसके चार कौवे दोस्त भी कई दिनों से लापता हैं।

मुम्बई से धीरे-धीरे पेड़, परिंदे, चौपाए और घरों के आंगन और खेल के मैदान अदृश्य होते जा रहे हैं। समन्दर को भी लगातार डरा-धमकाकर उसकी ज़मीन को हथियाया जा रहा है, और उस पर इमारतों का जंगल बसाया जा रहा है। अलग-अलग तरह के पुराने बंगले एक जैसे चेहरों के फ़्लैटों में तब्दील हो रहे हैं जिनकी पहचान नामों के बजाय नम्बरों से की जाती है। हांगकांग के चीन में शामिल होने की बात चल रही है। वहां बसे व्यापारी वर्ग के हिन्दुस्तानियों को चीन की साम्यवादी नीतियों से ख़तरा है। इस ख़तरे ने मुम्बई में ज़मीन के भाव ज़रूरत से ज़्यादा बढ़ा दिए हैं। गवर्नमेंट और बिल्डर्स के गुप्त समझौतों ने मुम्बई के रक़बे को दूर-दूर तक फैला दिया है। सिनेमाघरों को तोड़कर बिजनेस कांप्लैक्सों में तब्दील किया जा रहा है। विदेशी पूंजी ने हर बड़े शहर को बाज़ार बना दिया है। आदमी के पैरों में पहिए और सिरों पर पंखे लग चुके हैं। वह बिना इरादे के चल रहा है और बिना मर्ज़ी के उड़ रहा है। ख्याति का सम्बन्ध अब प्रतिभा से नहीं विज्ञापन से रह गया है। सियासतें देशभक्ति से अलग होकर दौलतों के पीछे भाग रही हैं।

व्यावसायिक संस्कृति ने धर्मों को पवित्र किताबों और इमारतों से निकालकर दूकानों की वस्तु में ढाल दिया है। रामायण के राम और गीता के कृष्ण टी.वी. सीरियल में अदाकारी दिखा रहे हैं। क़ुर्आनी आयतों के रखवाले ख़ुदा और रसूल के नामों से अपना-अपना व्यापार सजा रहे हैं। मुहम्मदिया रेस्तराँ, अल्हम्द जनरल स्टोर। मुट्ठी भर लोग बेशुमार लोगों को अपने फ़ायदों के लिए इस्तेमाल कर रहे हैं। अवामी बेचैनियां दिन-ब-दिन बढ़ती जा रही हैं जिनके डर से हर पार्टी और समुदाय का नेता अपने इर्द-गिर्द कई-कई अंगरक्षकों को अपने साथ रखने पर मजबूर है।

अमीरी और बहुत अमीरी और ग़रीबी और बहुत ग़रीबी के रोज़-ब-रोज़ बढ़ते फ़ासलों ने मुम्बई के वातावरण को भयाक्रांत कर दिया है। यह भय मुम्बई का चरित्र बनता जा रहा है। निदा जब से मुम्बई में आया है तब से डालियों पर खिलने वाले फूलों की गिनती लगातार कम होती जा रही है और उनकी नक़ल के प्लास्टिक

के रंग-बिरंगे फूलों से कमरे ज़्यादा सजाए जा रहे हैं।

हवा के तेज़ झोंके से कटे हुए मौलश्री के पेड़ से बहुत सारे फूल मंदिर की तरफ़ खुलने वाली निदा की गैलरी में आकर गिरते हैं। निदा की छोटी बहन की बड़ी-बड़ी ग़िलाफ़ी आंखों और गुलाबी रेशम जैसी रंगत वाली पांच साल की बेटी अपनी उम्र की पहली नमाज़ पढ़ रही है। उसकी माँ नमाज़ की आयतें दोहरा रही है और वह आयतों के मुताबिक़ रुकू[1] और सज्दे के लिए कभी घुटनों पर हाथ रख के झुकती है। कभी माथे से जानमाज़ को छूती है। अरबी शब्दों के सस्वर उच्चारण में उसके हाथों की बहुत-सी चूड़ियों और पैरों की पाज़ेब के घुंघरू की खनक भी शामिल होती है। वह दाईं तरफ़ सलाम फेरते हुए गैलरी की तरफ़ देखती है। शायद नमाज़ पढ़ते हुए उसने फूलों की ख़ामोश आहटों को सुन लिया था। माँ के टोकने पर वह गैलरी से नज़र हटाकर सलाम के लिए जल्दी-जल्दी दाएं-बाएं मुंह फेरती है और फिर उठकर भागती हुई गैलरी में पहुंच जाती है। उसकी माँ जावेद मसर्रत जानमाज़ का कोना मोड़ती है। आज मारिया की पांचवीं सालगिरह का दिन है! वह अपने छोटे खनकते हाथों से गैलरी में बिखरे हुए गुलाबी डंठलों के बर्फ़ जैसे मौलश्री के फूलों को एक जगह समेटकर मौलश्री के पेड़ से बातें करने लगती है!

''तुम बहुत अच्छे हो। तुम्हारे फूल भी बहुत अच्छे हैं। मैं जानती हूं तुम्हें। पता है तुमने मेरी सालगिरह पर जो फूल दिए हैं, उन सबको मैं कराची ले जाऊंगी''...मारिया की माँ दुपट्टे से अपनी हंसी रोकते हुए उससे पूछती है—

''किससे बातें कर रही हो बड़ी बी?''

''इन से...'' वह सामने सैकड़ों फूलों से हंसते हुए पेड़ की तरफ़ इशारा करते हुए जवाब देती है। ''मामू ने अभी तक मेरी सालगिरह पर कुछ नहीं दिया। इन्होंने तो इतने सारे फूल भेजे हैं मेरे लिए।''

''अच्छा जी! मेरे भाई का मुक़ाबला तुम इस दरख़्त से करती हो। यह तुम्हारा कौन लगता है?''

''तुम इन्हें भाई बना लो तो ये भी मामू हो जाएंगे।'' मारिया मासूमी से कहती है।

''नोज[2], मैं इस पेड़ को भाई क्यों बनाऊं? अल्लाह ने मुझे पांच भाई दिए हैं।'' जावेद उसे चिढ़ाते हुए कहती है।

''तुम नहीं बनाओ, मैं तो मामू बना चुकी हूं। अब मेरे दो मामू हैं, एक शाइर मामू, एक फूलों वाले मामू।'' इस रिश्ते की जानकारी शायद मौलश्री के पेड़ को भी हो चुकी थी। मारिया जब तक निदा के घर में रही, वह हर सुबह बिला

---

1. नमाज़ में घुटनों पर हाथ रखकर झुकना 2. ख़ुदा न करे

नाग़ा उसके लिए फूल भेजता रहा और मारिया भी उससे अपनी, अपनी सहेलियों और कराची में छोड़ी हुई गुड़ियों की बातें करती रही। दो हफ़्तों के बाद मारिया अपनी माँ के साथ चली जाती है। जाते वक्त वह पेड़ को सलाम करती है और गैलरी में भेजे हुए उसके फूलों को चुनकर अपने साथ ले जाती है...

निदा के ड्राइंग रूम में रखी मारिया अपनी तस्वीर से निकलकर बाहर आती है। वह अब काफ़ी बड़ी हो चुकी है। तस्वीर में वह पांच साल की थी। कराची में गुलशन इक़बाल में एक फ़्लैट में वह सोलहवां साल पूरा करके सतरहवें साल से गुज़र रही है।...निदा उसे उसके फूलों वाले मामू की दुर्घटना पर शोक संवेदना भरा ख़त लिखता है। हर ख़त की तरह उस ख़त का जवाब भी वह फ़ौरन लिखकर भेजती है। उस ख़त में हिन्द और पाक के आपसी तनाव की ख़बरें हैं जो पाकिस्तान के अख़बारों में बढ़ा-चढ़ाकर छपी हैं और इन ख़बरों से पैदा हुए भय और आतंक के माहौल का ज़्यादा उल्लेख है। लेकिन हिन्दुस्तान के एक मंदिर के पास जो उसका एक फूलों वाला मामू था और अब जो कट चुका है, उसके बारे में कुछ नहीं लिखती। वह अब बड़ी हो चुकी है, उम्र के साथ उसके रिश्तों की स्थितियां भी बदल गई थीं। वह अब फूलों से बातें नहीं करती, इन्हें अपने बालों में लगाती है—

चाक करके मेरे सीने का कंवल
उड़ गए
पेड़, समन्दर, आकाश
मेरी बेनूर सदाओं के असीर
अब कोई देव
न पत्थर
न चिराग़
बंद कमरा है निगाहें मेरी
अब न बादल न हवाएं मेरी
खो गईं चारों दिशाएं मेरी
बुझ गया दर्द के माथे पे चमकता तारा
अब न महकार
न दस्तार
न क़िस्सा
न खुमार
वक्त की आंख है ख़ाली, कोई मीज़ान नहीं
अब किसी रंग की पहचान नहीं।

जब ज़िंदगी को ज़्यादा भगाती है तो वक्त के एहसास को ग़ायब कर देती है। भागने वाला जब भागते-भागते थक कर कहीं बैठता है और मुड़ के पीछे देखता है तो उसे हैरत होती है कि इतनी जल्दी इतना सारा वक्त कैसे गुज़र गया? फिर वह अपनी आंखों पर चश्मा दुरुस्त करके ग़ौर से देखता है तो उसे सब कुछ बदला-बदला नज़र आता है। यह सब कुछ बदला हुआ न निदा को पहचानता है, न वह उसे जानता है। वह अपनी ही दुनिया में अजनबी बन जाता है।

कुछ इस सच्चाई को स्वीकार कर लेते हैं लेकिन उन्हीं के साथ ऐसे भी होते हैं जो गुज़रे हुए वक्त को बंदरिया के मरे हुए बच्चे की तरह ख़ुद से अलग नहीं कर पाते और हर नई ख़ूबी में कोई न कोई ख़ामी तलाश करते रहते हैं। आदमी की पसंद और नापसंद पर उसके युग की छाप होती है। इस बात को टैक्सी या आटो रिक्शा के टेपरिकार्डों में बजने वाले फ़िल्मी गानों के चयन में भी देखा जा सकता है। कोई सहगल का फ़ेन होता है, कोई तल्अत मेहमूद की आवाज़ में झूम रहा है, उसे सराहता है। कोई मुहम्मद रफ़ी को सुनता-सुनाता है। कोई इन सबको छोड़कर तेज़ रिदम के नई आवाज़ों के गाने बजाता है।

मेडिकल साइंस की तरक्क़ी ने एक ही युग में कई नस्लों को एक-दूसरे का हमसफ़र बना दिया है। हालात की तेज़ रफ़्तारी ने एक दुनिया को कई दुनियाओं में बांट दिया है। हर दुनिया के भूगोल और जलवायु उम्रों के लिहाज़ से अलग-अलग हैं। पहले की तरह सच्चाइयां सामूहिक नहीं हैं, व्यक्तिपरक हो गई हैं। स्वभावों के अंतर्विरोध ज़िंदगी के एक हर क्षेत्र में प्रकट हैं।

निदा का एक गाना भप्पी लहरी के साथ रिकार्ड होता है। वह घर में गाना सुनता है तो उसे उसका म्यूज़िक ज़्यादा पुरशोर महसूस होता है। उसे जिस क़िस्म का धीमा और मीठे सुरों का संगीत पसंद है, यह उसका बिल्कुल उलट है। उसे यह गीत अच्छा नहीं लगता। लेकिन उसी फ़ास्ट म्यूज़िक पर पास बैठा हुआ पड़ोस का एक पांच साल का सिंधी लड़का आप ही आप झूम-झूम कर तालियां बजाता है और जब गाना ख़त्म हो जाता है तो उसे फिर से सुनने की ज़िद करता है। निदा अपने टेपरिकार्ड से कैसेट निकालकर उस बच्चे के हवाले कर देता है जिसे वह घर ले जाकर कई बार बजाता है और निदा के बूढ़े होते टेस्ट का मज़ाक़ उड़ाता है।

निदा को बच्चों से बहुत लगाव है। बच्चे भी उसके बहुत जल्दी दोस्त बन जाते हैं। वह अब तक जहां-जहां रहा था, उन बिल्डिंगों के अक्सर बच्चों से उसकी दोस्ती रही है। बच्चे बड़े होकर उसे भूलते जाते हैं लेकिन उनके साथ जो वक्त गुज़रता है, वह निदा की स्मृति में सुरक्षित रहता है। यह सिंधी लड़का निदा के घर के सामने रहता है। उसके घर का नाम रमेश है लेकिन निदा उसे पाण्डु पुकारता है। गोल-मटोल यह बच्चा निदा से इतनी बार 'पाण्डु' सुनता है कि अपने असली

नाम को भूल जाता है। एक बार उसकी मां शिकायत के रूप में कहती भी है–

"आपने जब से उसे पाण्डु कहना शुरू किया है, यह अपने नाम से जवाब ही नहीं देता।"

पाण्डु निदा से बहुत हिल गया है। उसका ज़्यादा वक़्त निदा के घर में गुज़रता है। वह जब भी अपने घर से निदा के यहां आता है, निदा उसे पास बुलाकर कड़ाक कह के उसकी चड्डी उतार देता है। पहली बार जब उसके साथ ऐसा हुआ था तो वह बिसूर के रोने लगा था लेकिन टॉफ़ी मिलते ही वह हादसे को भूल जाता है। फिर जब-जब उसके साथ इस तरह 'कड़ाक' होता है तो वह मुस्कुराकर टाफ़ी के लिए हाथ फैला देता। कहीं महीनों इस तरह टाफ़ियां लेकर वह थोड़ा समझदार हो जाता है। एक दिन वह आता है तो दरवाज़े से ही अपने हाथ में छुपी एक टॉफ़ी दिखाते हुए कहता है, "अंकल, आज मैं नहीं तुम कड़ाक होगे।" उसके इस अचानक जुम्ले से निदा को लगता है, रमेश बड़ा हो गया है। बच्चे देखते-देखते ऊंचे-पूरे हो जाते हैं। बच्चे बड़े होते जाते हैं, उसी हिसाब से उनके साथ खेलने वाले छोटे होते जाते हैं। उम्र के साथ आदमी के भावबोध में प्रौढ़ता आती जाती है। कुछ लोग इस प्रौढ़ता के साथ-साथ बचपन की निश्छलता को भी बनाए रखते हैं। मीर और फ़िराक़ साहित्य में इसकी जीवंत मिसालें हैं। मीर के पलकें झपकते लहजे और फ़िराक़ के सौंदर्यबोध में सदियों बूढ़ी दुनिया अपने नएपन को नहीं खोती। फ़िराक़ का शे'र है–

हज़ार बार ज़माना इधर से गुज़रा है
नई-नई सी है कुछ तेरी रहगुज़र फिर भी

मुम्बई के एक इलाक़े फ़ोर्ट की एक बरसाती रात में एक भीगे हुए पेड़ की ओट से एक नौजवान निकलकर निदा से कोई पता पूछता है। वह 'अंकल' कहकर निदा को सम्बोधित करता है तो अचानक उसे ध्यान आता है, न जाने कितने बरसों से वह अपने लिए लापता था। उस एक क्षण में बीस साल का लम्बा अरसा गुज़र जाता है। उस एक क्षण में समाहित बीस साल जीने के बाद जब वह वर्तमान के दूसरे क्षण में वापस आता है तो उसे लगता है, मौत जो कोसों दूर थी अब उसकी आहटों से रास्तों के ख़ामोश कोने-अंतरे भर गए हैं। चलते रास्तों में जब भी सन्नाटे आते हैं, उनकी गूंज सुनाई देती है। उस वक्त वह ऐसे ही सन्नाटे से गुज़र रहा होता है। उसे बारी-बारी वे दोस्त याद आते हैं जो वक्त के बहाव से कटकर यादों के फ़्रेमों में तस्वीर बन चुके हैं।

हसन नईम महफ़िल में अपनी नई ग़ज़ल सुना रहे हैं। ग़ज़ल का हर मिसरा होठों से बाहर आने से पहले एलान करता है, पहला ख़ुदा-ए-ग़ज़ल मीर तक़ी 'मीर', दूसरा बाबा-ए-ग़ज़ल मिर्ज़ा ग़ालिब, तीसरा दाना-ए-ग़ज़ल हसन नईम। बाक़ी सब ऐन, नून। इनकी वजह से मुम्बई की अदबी महफ़िलों में नोंक-झोंक की तहज़ीब ज़िंदा है। इन्हें अपनी ग़ज़ल से दीवानगी की हद तक इश्क है। निदा की उनसे पहली मुलाक़ात मुम्बई में हुई थी। उस वक्त वह फ़ारिन सर्विस में थे और अमेरिका से हिन्दुस्तान आए थे। उनकी ग़ज़ल की दाद देने वालों में उन दिनों ज़ोय अंसारी और बाक़र मेहदी के साथ मजरूह और कैफ़ी भी शामिल थे। इस दाद से आश्वस्त होकर वह दिल्ली में अपना घर-बार छोड़कर मुम्बई में हमेशा के लिए बस गए तो उनको सराहने वालों की गिनती धीरे-धीरे कम होती गई। लेकिन इसके बावजूद न उन्हें अपने अकेलेपन का ग़म हुआ, न अपनी ग़ज़ल पर उनका भरोसा कम हुआ—

कुछ उसूलों का नशा था, कुछ मुक़द्दस ख़्वाब थे
हर ज़माने में शहादत के यही असबाब थे

निदा जब भी दिल्ली जाता है, उसके प्रोग्राम में कुमार पाशी से भी एक

मुलाक़ात शामिल होती थी। पाशी से उसकी आत्मीयता ग्वालियर के दिनों से थी। उसने निदा की शुरुआती शाइरी पर एक संक्षिप्त-सा लेख लिखा था जो 'तख़्लीक़' में छपा था। वह निदा से मिलने ग्वालियर आया था। उसे किसी होटल में ठहराने और ग्वालियर की मशहूर देसी शराब 'आशा' पिलाने का इंतज़ाम निदा अपने एक स्थानीय दोस्त सरफ़राज़ से कराता है। सरफ़राज़ को शे'र कहना नहीं आता था लेकिन शाइर बनने का शौक़ था। वह रोज़ निदा से अपने लिए शे'र कहलवाता था और स्थानीय हिन्दी अख़बारों में छपवाता था। इसके बदले में वह निदा की पान-सिगरेट से तवाज़ो करता रहता था। शाम को कुमार पाशी, निदा और सरफ़राज़ नशे की तरंग में नई सड़क से गुज़रते हैं। निदा और पाशी बातों में मगन थे कि अचानक एक ज़ोर की आवाज़ होती है। निदा मुड़ के देखता है सरफ़राज का चेहरा सिर से निकलते ताज़ा खून से तर-बतर था और उसके पास एक लुंगी-बनियान पहने दुबला-पतला अधेड़ आदमी खड़ा था। यह सरफ़राज़ का बाप था जो मोची महल्ले में दर्जी का काम करता था। सरफ़राज़ कुमार पाशी की मेहमाननवाज़ी की ख़ातिर बाप की ग़ैर-मौजूदगी में सिलाई की मशीन किसी साहूकार के यहां गिरवी रखकर सौ रुपए का बंदोबस्त करता है और लकड़ी की खड़ाऊं से लहू-लुहान होता है। इस घटना के बाद वह कई दिन के बाद कई दिन के लिए ग़ायब हो जाता है।

दिल्ली के इर्विन हास्पिटल के एक गवर्नमेंट क्वार्टर पर निदा दस्तक देता है। पाशी घर में नहीं था। उसकी अर्द्धांगिनी चंद्रकांता निदा को पहचान कर ज़िद करके अंदर बुलाती है और आम पत्नियों की तरह घर को लेकर पाशी की ग़ैर-ज़िम्मेदारियों की शिकायत करती है।

भाई साहब! लड़कियां बड़ी होती जा रही हैं, मगर इन्हें कोई फ़िक्र ही नहीं है। वह शिकायत के रूप में कहती है। चाय पीते हुए निदा जवाब में कहता है, "भाभी, इन्हीं ग़ैर-ज़िम्मेदारियों की वजह से ही शायद वह साहबे उस्लूब जदीद शाइर हैं।"

"मगर उनकी शाइरी से परिवार का कितना नुक़सान होता है!" वह व्यंग्य में ज़ोर देकर कहती है।

"आपको परिवार के नुक़सान की पड़ी है, इस शाइरी से उर्दू का कितना नुक़सान हो रहा है, इसके बारे में भी सोचिए।" निदा के मज़ाक़ पर वह गुस्सा भूलकर हंसने लगती है। पाशी घर में दाख़िल होते हुए निदा का जुम्ला सुन चुका है। वह अपने विशिष्ट अंदाज़ में बोलता है, "हुज़ूर मज़ाक़ में चाहे कुछ कह लो, जब संजीदगी से सोचोगे तो यही बोलोगे।"

हर सिन्फ़-ए-सुख़न को पाशी जी इक तर्ज़ नई दी है हमने
हर इक से अलग हर इक से जुदा हर शे'र में अक्स अपना ही तो है

दूसरों के लिए वहीद अख़्तर के मुंह पर हमेशा एक ही लफ़्ज़ रहता है—'जाहिल'। जब दूसरा लफ़्ज़ इस्तेमाल करते हैं तो 'अहमक़' कहते हैं। इन दो लफ़्ज़ों से उनके बेशतर बुज़ुर्ग और समकालीन नवाज़े जा चुके हैं। अच्छे शाइर, अच्छे आलोचक। ईरान से हिन्दुस्तान आते हुए जहाज़ की दुर्घटना में पत्नी की मौत ने ज़िंदगी के साथ उनके रिश्ते की नुअय्यत बदल दी है। इस दुर्घटना के एवज़ अमेरिका से हासिल हुई दौलत उनके रहन-सहन को धनी लोगों की तरह तो बना देती है लेकिन अकेलेपन को सलीक़े से बरतने का शऊर छीन लेती है। रात-दिन की मुसलसल शराब से गुर्दों की बीमारी का शिकार होते हैं और घर पर ही डाइलेसिस की मशीन लगाकर अपना इलाज़ खुद करते हैं। उनकी बीमारी की ख़बर सुनकर निदा दिल्ली से उन्हें देखने अलीगढ़ जाता है। वह अपने नए बड़े-से घर के एक कमरे में शराब का गिलास सामने रखे अपनी बीमारी को बहलाते नज़र आते हैं। और कुछ दिन के बाद पत्नी के पीछे-पीछे वक़्त से पहले दुनिया छोड़ जाते हैं।

ठहरी है तो इक चेहरे पर ठहरी रही बरसों
भटकी है तो ये आंख भटकती ही रही है

मख़्दूम के बाद हैदराबाद में आधुनिक लबो-लहजे को क्लासिकी अनुशासन के साथ अपनाने वालों में शाज़ तमकनत अपने समकालीनों में सबसे ज़्यादा नुमायां है। खुश लिबास, खुश मिज़ाज। अख़्तर शीरानी, फ़िराक़, फ़ैज़ और अख़्तर-उल-ईमान से प्रभाव ग्रहण करते हुए उन्होंने अपनी आवाज़ को भरोसेमंद बनाया है। मिसरों की तराश-ख़राश और स्त्री-पुरुष सम्बन्धों की रूमानी अभिव्यक्ति उनकी शाइरी की मुख्य पहचान है। आधुनिकता को वह उसी हद तक अपनाते हैं जिस हद तक पाठकीय अभिरुचि का सम्मान करते हैं। शाज़ को अपना कलाम गायकों से सुनने का बड़ा शौक़ है। इस शौक़ ने उनके शब्द-भंडार में कहीं-कहीं हलके-फुलके शब्दों को भी भर दिया है। शाज़ ने शे'री ज़रूरत के लिए एक प्रेमिका ज़रूर तलाश की थी। लेकिन अपना दृष्टि-केंद्र हमेशा वह खुद रहते थे। उन्होंने अपने ज़ेहन में अपनी जो तस्वीर बना ली थी, उसे हर जगह अपने साथ लिए फिरते थे। जब कोई इस तस्वीर के बजाय उनसे मिलने की कोशिश करता था तो वह नाराज़ हो जाते थे और इस ग़म को शराब से बहलाते हैं। यह शराबनोशी धीरे-धीरे शे'रगोई की तरह उनकी आदत बन जाती है। वह नशे में अक्सर अपना एक शे'र बार-बार दोहराते हैं—

मेरा ज़मीर बहुत है मिरी सज़ा के लिए
तू दोस्त है तो नसीहत न कर ख़ुदा के लिए

दिल्ली में कनाट प्लेस की एक इमारत की पांचवीं मंज़िल की छत पर अमीक़ हनफ़ी, मेहमूद हाशमी, ज़ुबैर रज़्वी और दूसरे दोस्त जमा हैं। निदा अपनी कोई नई नज़्म सुनाता है जिसकी दाद अमीक़ हनफ़ी इस तरह देते हैं कि उन तमाम काग़ज़ों को, जिन पर उनकी रचनाएं लिखी हुई हैं, पांचवीं मंज़िल से नीचे फेंक देते हैं।

एक बार कोटा (राजस्थान) के एक मुशाइरे के बाद, मुशाइरे में अपनी हूटिंग से नाराज़ होकर अमीक़ निदा के कमरे में आते हैं और बुलंद आवाज़ में एलान फ़रमाते हैं, ''आइंदा मैं भी स्टेज से हास्य की शाइरी सुनाऊंगा और इंशा अल्लाह तुमसे ज़्यादा कामयाब होकर दिखाऊंगा।'' अमीक़ हनफ़ी बहुत सुपठ थे। हिन्दी, उर्दू, संस्कृत और अंग्रेज़ी से एक ही साथ निकट के परिचय ने उनकी शाइरी में न केवल विषयों की विविधता पैदा कर दी थी, उसमें भाषिक प्रयोगों के विस्तार की संभावनाएं भी जगा दी थीं। वह भावों के संतुलन से ज़्यादा अन्वेषण के शाइर थे। अमीक़ हनफ़ी आधुनिक धारा की शाइरी में नई संभावनाओं की खोज के प्रतीक थे–

यूं हुआ है चाक मलबूसे यक़ीं सिलता नहीं
फेंक देना भी है मुश्किल दूसरा मिलता नहीं

दिल्ली कॉफ़ी हाउस में बानी अपनी ग़ज़लों से ज़्यादा अपने गूंजदार क़हक़हों के लिए मशहूर था। उसके क़हक़हे दोपहर के जंगलों की तरह गुंजान और वहशियाना होते थे। वह हंसता था तो लगता है एक जंगल टुकड़े-टुकड़े होकर बिखर रहा है। कॉफ़ी हाउस में अपने दोस्तों को कॉफ़ी पिलाने और दूसरों के शे'र सुनने और अपने नए शे'र सुनाने का वक़्त वह हर शाम घर से तय करके चलता था। वह जब भी मिलता था किसी त्वरा में डूबा होता था। बात करते-करते वह अचानक घड़ी देखकर खड़ा हो जाता था और बाहर आकर कनाट प्लेस के सर्किल का एक बेमक़सद-सा चक्कर काटकर ग़ायब हो जाता था। बानी की ग़ज़ल उसकी शारीरिक बनावट की तरह अपनी मज़बूत काठी और ख़ुशलिबासी से पहचानी जाती है। उसके पास कहने को तो ज़्यादा नहीं है मगर जो वह उसका अपना है। उसकी ग़ज़ल अंतर्वस्तु और रूप के पिष्टपेषण से दूर है और उसकी दुनिया परिधि के लिहाज़ से छोटी ज़रूर है लेकिन उसके चित्रांकन में उसने जो रंग इस्तेमाल किए हैं, वे सजावटी होते हुए भी बहुत व्यंजकता लिये हुए हैं। बानी के सम्पादन में माहनामा 'तख़्लीक़' का जदीद नज़्म नम्बर हिन्दुस्तान में जदीद शाइरी के शुरुआती दिनों की एक अहम घटना है।

वह टूटते हुए रिश्तों का हर्फ़-ए-आख़िर था
कि चुप-सी लग गई दोनों को बात करते हुए

वहीद अख़्तर और शाज़ के साथ अज़ीज़ क़ैसी भी सुलेमान उरेब के मशहूर माहनामा 'सबा' के नए लिखने वालों में थे। हिन्दुस्तान में मेहमूद अयाज़ के 'सौग़ात' से पहले जदीद शाइरी की प्रतिरोधात्मक आवाज़ें इसी रिसाले ने मशहूर की थीं। अज़ीज़ क़ैसी नस्ल से पठान थे। उनकी नफ़रतों और मुहब्बतों में अतिवाद का रंग ज़्यादा था। किसी से ख़ुश होते थे तो उसे सात ख़ून मुआफ़ फ़रमा देते थे। नाराज़ होते थे तो मामूली बात पर भी हाथ उठा देते थे। 'नए क्लासिक' जो मराठवाड़ा यूनिवर्सिटी ने प्रकाशित की थी, उसमें अज़ीज़ क़ैसी के बारे में लिखा है–

"क़ैसी के यहां क्लासिकी रुजूहान, तरक़्क़ी पसंद मिज़ाज और जदीद एहसास ने मिलकर एक ऐसे लहजे को जनम दिया है जो इल्हामी किताबों के लहजे के क़रीब है।"

क़ैसी शाइरी के साथ आलोचनात्मक गद्य और फ़िक्शन भी लिखते थे। उनकी शाइरी निजी रंग के बग़ैर नई-पुरानी कई शैलियों से सुसज्जित है। प्रगतिशील दृष्टिकोण के तहत मानवीय मूल्यों के प्रति आस्था उनकी शाइरी का मूल स्वभाव है–

अज़ल[1] दर्द है और अबद[2] दर्द है
दर्द ही इब्तिदा है दर्द ही अपनी हद है
मगर कौन है जो मिरा सूरा-ए-दिल सुने

1. अनादि काल 2. नित्यता, हमेशगी

बरसात तेज़ हो गई है। निदा पेड़ के नीचे से निकलकर भागता है और एक दूकान के सायबान तले पनाह लेता है। वह ब्रायलर चिकन की दूकान है। दूकान में चारों तरफ़ लकड़ी के चौखटे दीवारों में जड़े हैं। हर चौखटे में ऊपर नीचे कई ख़ाने हैं। हर ख़ाने में अलग-अलग वज़न के छोटे-बड़े चिकन बंद हैं। एक ग्राहक आता है और उसके आते ही एक हाथ उनमें से किसी एक ख़ाने का दरवाज़ा खोलकर अंदर दाख़िल हो जाता है। ख़ाने का चुनाव एक संयोग मात्र है। यह संयोग उसको दूसरे ख़ाने में भी दाख़िल कर सकता था। हाथ के अंदर जाते ही उस ख़ाने में बंद मुर्ग़े-मुर्ग़ियों में हलचल होती है। वह उस हाथ की फैलती सिकुड़ती उंगलियों से बचकर इधर-उधर होने लगते हैं। पंजे छलांग भरते हैं, पर फड़फड़ाते हैं। बिना आंखों के उस हाथ की गिरफ़्त में जो आता है, वही बाहर निकाल लिया जाता है। जालीदार ख़ानों में क़ैद परिंदे अपनी पथराई आंखों से उस हाथ की गिरफ़्त में अपने साथी को देखते हैं और फिर ख़ामोश होकर घूमने लगते हैं। उन सारे मुर्ग़े और मुर्ग़ियों को बारी-बारी उस हाथ की ज़द में आना और ग्रेनाइट के काले पत्थर पर कलमा सुनते हुए क़साई के हाथों हलाल होना है। सुबह के नौ बजे से रात के नौ बजे तक चाँदी की अंगूठी वाला यह हाथ अपने काम में जुटा रहता है। उससे बचकर भागना नामुमकिन था। कोई पहले उसके शिकंजे में आता है, कोई बाद में। कोई सूरज डूबने तक दाना चुगने और पानी पीने के लिए आज़ाद है। कोई दूकान के बंद होने तक जाली से बाहर का नज़ारा करता है। ये ख़ाने कभी ख़ाली नहीं होते। जितने ख़ाली होते हैं, उतने ही फिर से भर दिए जाते हैं। उन आवाज़ों और परों की फड़फड़ाहटों से दूकान की फ़ज़ा दिन-रात आबाद रहती है। ठीक नौ बजे दूकानदार दूकान का शटर गिराने के लिए उठता है। निदा को लगता है, अब रात भर के लिए बाक़ी के परिंदे सुरक्षित हैं। मगर दूकानदार के उठते ही एक और ग्राहक आ जाता है और दिन भर का व्यस्त हाथ फिर से कई ख़ानों में से किसी एक ख़ाने का इत्तिफ़ाक़ बन जाता है और यह इत्तिफ़ाक़ ग्रेनाइड के काले पत्थर पर कुछ देर तड़प कर ख़ामोश हो जाता है।

पानी के थमते ही निदा तेज़ क़दमों से सड़क को क्रास करता है। लेकिन

फुटपाथ पर पहुंचते ही वह अचानक घबराकर खड़ा हो जाता है। उसे लगता है, क़साई का हाथ उसके जिस्म से निकलकर उसका पीछा कर रहा है। वह पीछे मुड़कर देखता है और अपनी इस मूर्खतापूर्ण सोच पर हंसकर बस की तलाश में आगे बढ़ जाता है। बस के लम्बे क्यू में यही संदेह उसे फिर घेर लेता है। मगर इस बार वह एक हाथ कई हाथों में तब्दील होकर क्यू के हर मुसाफ़िर के बराबर खड़ा नज़र आता है।

बस आती है और इंजन की तेज़ रौशनी में फिर से सब कुछ साफ़ दिखाई देने लगता है। क़साई का हाथ फिर से क़साई के पास पहुंच जाता है। निदा इस वक़्त अपने घर से काफ़ी दूर है लेकिन उसे मालूम है बस उसे कहां तक ले जाएगी और वह जहां उतरेगा, वहां से उसका घर किस तरफ़ है?

उसके अंदर अचानक एक भय जागता है। वह सोचता है, उसकी याददाश्त का टेप अगर चलते-चलते कभी अचानक बेआवाज़ हो गया तो क्या होगा? अपना नाम हो या घर का पता, इसी के सहारे तो उसे अपने होने का एहसास हर वक़्त याद रहता है। इसी की वजह से उसका रिश्ता अतीत और वर्तमान से बना हुआ है। इसी याददाश्त के टेप में वह ज़बान है जो वह बोलता है। इसी में वह ख़्वाब हैं जो उसके हम सफ़र हैं, इसी में वे रिश्ते-नाते और मस्ले हैं, जो उसका व्यक्तित्व हैं। इनसानी ज़िंदगी भी छोटे-बड़े कल-पुर्ज़ों से बनी एक मशीन ही है। इतने सारे पुर्ज़ों में न जाने कब कौन काम करना छोड़ दे और आदमी चलते-चलते जो है, उससे कुछ और हो जाए। इन निरर्थक विचारों को ख़ुद से दूर करने के लिए वह बस में बैठे हुए मुसाफ़िरों को देखने लगता है।

उनमें हरेक के चेहरे की बनावट और पहनावे एक-दूसरे से भिन्न हैं। उन चेहरों और पहनावों से वह उन इलाक़ों के बारे में सोचता है जो अपने अलग-अलग रंगों से पहचाने जाते हैं। राजस्थान के गहरे सुर्ख़ रंग, गुजरात के हल्के पीले रंग, पंजाब के शोख़ गुलाबी और काले रंग। इन रंगों में निदा का भी अपना रंग है! इस रंग से ही उसका दूसरे रंगों से रिश्ता है—

ये ज़िंदगी
आज जो तुम्हारे
बदन की छोटी-बड़ी नसों में
मचल रही है
तुम्हारे पैरों से चल रही है
तुम्हारी आवाज़ में
गले से निकल रही है
तुम्हारे लफ़्ज़ों में ढल रही है

ये ज़िंदगी
जाने कितनी सदियों से
यूं ही शक्लें बदल रही है
बदलती शक्लों बदलते जिस्मों में
चलता फिरता ये इक शरारा
जो इस घड़ी नाम है तुम्हारा
उसी से सारी चहल-पहल है
उसी से रौशन है हर नज़ारा
सितारे तोड़ो या घर बसाओ
अलम उठाओ या सर झुकाओ
तुम्हारी आंखों की रौशनी तक है खेल सारा
ये खेल
होगा नहीं दोबारा...

जमील फ़ातिमा के मरने में अभी पांच साल बाक़ी हैं। उम्र ने उन्हें काफ़ी कमज़ोर और बूढ़ा कर दिया है लेकिन उनके इरादे और ख़्वाब अब भी पहले जैसे हैं। उनका एक बेटा सऊदी अरब में किंग हास्पिटल में डॉक्टर है। मुब्दिता हसन फ़ाज़ली। उसकी आमदनी अच्छी ख़ासी है। वह हर साल कराची आता है और जमील फ़ातिमा के नाम के एकाउंट में डालर जमा करता रहता है। उनके आने-जाने के लिए उसने एक इम्पोर्टेड कार भी ख़रीद कर दे दी है। उनका दूसरा बेटा पाकिस्तान के शिपिंग कार्पोरेशन में आला ओहदे पर है, नाम है मुस्तफ़ा हसन। उसकी तनख़्वाह भी हर महीने उनका बैंक बेलेंस बढ़ा रही है। तीसरा बेटा शाइर है। अच्छे तरन्नुम में मुशाइरे पढ़ता है। नाम है सबा फ़ाज़ली। सबसे छोटा तस्लीम फ़ाज़ली पाकिस्तान फ़िल्म इंडस्ट्री में नग़मानिगार है। वह मुस्तफ़ा हसन के बाद घर में सबसे लाडला है। वह जो कमाता है, उसे ख़ुद उड़ाता है। जब भी कराची से लाहौर आता है, वह जमील फ़ातिमा या मुर्तुज़ा हसन से कुछ न कुछ लेकर जाता है। इन पांच सालों में जमील फ़ातिमा के सारे काम नाम-ब-नाम उनके ज़ेहन में दर्ज हैं। बड़े लड़के और बड़ी लड़की की शादी करनी है। उनके लिए मुनासिब ख़ानदानों की तलाश जारी है। नाज़िमाबाद में एक कई कमरों का बंगला बनवाया। इस बंगले में सब एक साथ रहेंगे। एक बार मुम्बई में निदा से मिलने आना है। इसके बाद हज के लिए जाना है। इसी के साथ होने वाली शादियों की तैयारियां हैं। गहनों की ख़रीदारी, लिबासों की सिलाई-कढ़ाई। कुछ दिनों से लाहौर के अख़बारों में तस्लीम फ़ाज़ली के किसी एक्ट्रेस से प्रेम-सम्बन्धों की ख़बरें छप रही थीं। इन ख़बरों से वह परेशान होती हैं और उनके तयशुदा कामों में एक नई व्यस्तता और बढ़ जाती है। वह वक़्त निकालकर लाहौर भी जाएंगी और उस एक्ट्रेस से अपने बेटे को दूर करके ख़ानदानी रिवायत की हिफ़ाज़त फ़रमाएंगी। उन्हें अपने-आप पर भरोसा है। घर में अब तक जो होता रहा है वह देर-सवेर उन्हीं के मंसूबों के मुताबिक़ हुआ था। वह जब भी जिस काम का बीड़ा उठाती हैं, ख़ुदा के करम से उसे पूरा कर दिखाती हैं।

बंगले का निर्माण शुरू हो चुका है। वह रोज़ नाश्ता करके लियाक़ताबाद

के अपने पुराने घर से कार में बैंक जाती हैं और वहां से रुपए लेकर वापस नाज़िमाबाद आती हैं। शाम तक वह वहीं रहती हैं। हाथ में छतरी लिए वह दिन भर इधर से उधर घूमती रहती हैं। फ़र्शों के संगमरमर, मेहराबों के डिज़ाइन, बंगले के बाग़ का फ़व्वारा और उसमें पेड़-पौधों का चयन उन्हीं की पसंद से होता था। घर में किसी और को दख़लंदाज़ी की इजाज़त नहीं थी।

बंगले के निर्माण के दौरान कई मज़दूरों से उनकी दोस्ती हो जाती है। वह मकान के निर्माण कार्य के साथ उनकी निजी घरेलू समस्याओं को भी हल करती रहती हैं। उनमें से कुछ तीज़-त्योहारों में लियाक़ताबाद भी आते रहते हैं। एक मज़दूर का बेमां का बच्चा रफ़ीक़ उनसे काफ़ी हिल गया है। पहली बीवी के मरने के बाद उसके बाप ने दूसरी शादी कर ली थी। सौतेली मां का व्यवहार उसके साथ कुछ अच्छा नहीं था। जमील फ़ातिमा को जब इसका पता चलता है तो वह उसे अपने साथ रख लेती हैं। रफ़ीक़ को उन्होंने स्कूल में दाख़िल कर दिया है। फ़ुर्सत के समय में वह घर के छोटे-मोटे काम भी करता है। महीने में एक-दो बार अब वह रफ़ीक़ के स्कूल भी जाने लगी थीं। यह पता लगाने कि उसकी पढ़ाई ठीक से हो रही है या नहीं!

लतीफ़ कारपेंटर की बीमारी से भी वह परेशान हैं। एक दिन दरवाज़े के लिए आरी से लकड़ी चीरते हुए वह चक्कर खा के गिर जाता है। जमील फ़तिमा यह देखकर घबरा उठती हैं। उनको घबराहट देखकर दूसरे मज़दूर उन्हें तसल्ली देते हुए कहते हैं, "माँ जी आप क्यों फ़िक्र करती हैं, ऐसे चक्कर उसे अक्सर आते हैं। कुछ देर में ठीक हो जाएगा।" लेकिन जमील फ़ातिमा को उन पर यक़ीन नहीं आता। वह अपना काम छोड़कर कार में उसे सरकारी हास्पिटल ले जाती हैं। हास्पिटल में डॉक्टर उसका मुआयना करते हैं और कुछ दिन उसे हास्पिटल में रखते हैं। लतीफ़ मियां का इलाज हो रहा है। वह साफ़-सुथरे बिस्तर पर आराम से हैं लेकिन जमील फ़ातिमा को उनकी बीमारी काफ़ी महंगी पड़ती है। लतीफ़ मियां अपने घर में अकेले कमाने वाले हैं। उनकी बीवी रोज़ाना उनकी बेकाम की मज़दूरी वसूल करने आ जाती है। इसके अलावा डॉक्टर ने उनके मरज़ के लिए जो दवाइयां सुझाई थीं वे कम ही दुकानों पर उपलब्ध थीं। वह जिस दुकान में जाती हैं, दुकानदार नुस्ख़ा देखकर किसी दूसरी दुकान का पता बता देता है। जमील फ़ातिमा की फ़िक्र से घर के दूसरे लोग भी फिक्रमंद हैं। दवाइयां महंगी भी हैं और नायाब भी, उनके लिए वह कभी लाहौर में तस्लीम को फ़ोन करती हैं, कभी सऊदी अरब में डॉक्टर फ़ाज़ली से बात करती हैं। जब तक दवाइयां नहीं आ जातीं, उन्हें चैन नहीं होता। मकान बनने तक उनका मेल-जोल का दायरा काफ़ी बढ़ जाता है। अपने इस रवैये से वह ख़ुद भी परेशान होती हैं और अपने साथ घर के दूसरे लोगों को भी परेशान करती हैं।

नए मकान में पहुंचने के बाद बेटे-बेटियों की शादियों का वक़्त आ जाता है। जिस घर से वह बहू लाती हैं, उसी के बड़े भाई से अपनी बेटियां ब्याहती हैं। शादी के उत्सवों में रिश्तेदारों की तादाद कम होती है। मकान बनाने वाले मज़दूरों और मज़दूरिनों की गिनती ज़्यादा होती है। दूल्हा-दुल्हन के जोड़ों के साथ उनके लिए भी नए कपड़े बनाए जाते हैं। शादियों से फ़ारिग़ होकर पहले वह लाहौर जाती हैं और वहां से अकेली मुम्बई आती हैं। मुम्बई में उनके दो बेटे हैं—सबा फ़ाज़ली और निदा फ़ाज़ली। सबा निदा से पहले मुम्बई में थे। फ़िल्म इंडस्ट्री से जुड़े हुए थे। मुम्बई में एक फ़िल्म भी प्रोड्यूस कर चुके हैं। फ़िल्म नाकाम होती है लेकिन फ़िल्म की हीरोइन से इश्क़ शुरू हो जाता है। जमील फ़ातिमा की ख़ानदानी रिवायत इस इश्क़ के भी आड़े आती है और उन्हें समझा-बुझाकर अपने साथ ले जाने पर राज़ी कर लेती है। निदा पहले की तरह इस बार भी उनके साथ नहीं जाता। मुम्बई के मुख़्तसर क़याम के दौरान वह निदा के कई दोस्तों से भी मिलती हैं और उनसे उसे समझाने को कहती हैं लेकिन निदा ख़ुद अपने-आपको नहीं समझा पाता। जमील फ़ातिमा अपने निधन से एक महीने पहले अपने बनाए नए मकान में पहुंच जाती हैं। उन्होंने अपने ज़िम्मे जो काम तय किए थे, उनमें एक को छोड़ के बाक़ी सब पूरे हो चुके हैं। सिर्फ़ निदा उनके साथ नहीं था। लेकिन इस ग़म ने भी उन्हें नाउम्मीद नहीं किया। उन्हें ख़ुदा की ज़ात पर भरोसा है कि वह उनकी दूसरी गुज़ारिशों की तरह यह आरज़ू भी एक न एक दिन पूरी कर देगा। एक महीने की छोटी-सी मुद्दत में उन्होंने अगले कई सालों के काम सोच लिए हैं। उन कई कामों में एक ज़रूरी काम अपनी बेटी क़मर तल्अत को लेकर अगले साल हिन्दुस्तान आना भी था। क़मर तल्अत शादी के तीन-चार साल बाद भी माँ बनने से मेहरूम थी। इस समस्या का हल उसके पति की माँ अपने बेटे की दूसरी शादी में सोचने लगी थी। जमील इसे रोकने के लिए क़मर तल्अत को ग्वालियर की किसी दरगाह की ज़ियारत को ले जाना चाहती हैं जिसकी बरकत से पप्पू की माँ की गोद भरी थी। लेकिन ऐसा नहीं होता। वह दूसरे बहुत-से सपनों की तरह यह इच्छा भी अधूरी छोड़कर चल बसती हैं—

अगर क़ब्रिस्तान में अलग-अलग कत्बे न हों
तो हर क़ब्र में
एक ही ग़म सोया होता है
किसी बेटी की माँ
किसी बहन का भाई
किसी आशिक़ की मेहबूबा
तुम किसी भी क़ब्र पर फ़ातिहा पढ़कर चले जाओ

निदा जब पहली बार कराची जाता है तो एयरपोर्ट से सीधा जमील फ़ातिमा की क़ब्र पर फ़ातिहा पढ़ने जाता है। दूसरी बार जितने दिन वह वहां ठहरता है, हर रोज़ क़ब्रिस्तान जाने का इरादा करता है लेकिन दोस्तों और रिश्तेदारों से मिलने-जुलने में ही सारा वक़्त निकल जाता है। वहां जाने की नौबत नहीं आती। तीसरी बार वह न वहां जाने के बारे में सोचता है, न कोई उससे वहां चलने को कहता है। जमील फ़ातिमा अब कभी-कभार बातचीत में शामिल होने आती हैं, फिर वापस गुमशुदा क़ब्र में चली जाती हैं।

जमील फ़ातिमा की एक मौसेरी बहन दिल्ली में हैं। वह कुछ दिन के लिए किसी काम से मुम्बई आती हैं। वह फ़ोन करके निदा को चम्बूर के पांजरापोल के इलाक़े में बुलाती हैं। निदा उनसे कई सालों बाद मिलता है। वह निदा को देखते ही रोने लगती हैं, ''कमबख़्त तू जमील बाजी से भले ही दूर रहा हो लेकिन वह मरने के बाद भी तेरे साथ ही रहती हैं। वही मुस्कुराहट, वही आंखें, वही नक़्शा। अब कैसे भागेगा तू उनसे। वह तुझसे बाहर नहीं, ख़ुद तुझमें हैं।''

निदा ने अब से पहले अपने बारे में इस तरह नहीं सोचा था। वह ख़ुद से क़रीब होकर जब ग़ौर करता है तो उसे महसूस होता है सिर्फ़ ऊपरी रंग-रूप से ही उसकी माँ उसके साथ नहीं है, उसकी आदतें, उसकी सोच के तरीक़े, उसका मिज़ाज और पसंद-नापसंद के पैमाने भी थोड़ी-बहुत कमी-बेशी के साथ वैसे ही हैं। एक ही वजूद में वह कुछ जमील फ़ातिमा है। कुछ मुर्तुज़ा हसन है। उन दोनों के दरम्यान वह कहां है? इस सवाल का जवाब वह अपने-आप को 'मीर' के मिसरे से देता है–

नाहक़ हम मजबूरों पर यह तोहमत है मुख़्तारी की!

इसके बाद वह बाहर और भीतर के विरोधाभासों में अपने-आप को तलाश करता है। उसे याद आता है, वह जैसा पहले था, वैसा अब नहीं है। शुरू में वह मां-बाप से जितना दूर था, अब उतना ही क़रीब है। उम्र के साथ आदमी अपनी मां और बाप ख़ुद बन जाता है। देरिदा ने इस बुनियादी परिर्वतन के संदर्भ में एक जगह लिखा है, ''शायद मैं बूढ़ा हो रहा हूं क्योंकि मैं धीरे-धीरे अपनी वंशानुगत यहूदी आस्थाओं के करीब होता जा रहा हूं...'' निदा अब उम्र की उस मंज़िल में है, जब आदमी बाहर का फ़ासला तय करके वापस घर में लौटता है–

नई-नई आंखें हों तो हर मंज़र अच्छा लगता है
कुछ दिन शहर में घूमे लेकिन अब घर अच्छा लगता है

दोपहर के भोजन का वक़्त है। निदा अपनी लिखने की मेज़ से खाने की मेज़ पर पहुंचता है और जो सामने रख दिया जाता है। ख़ामोशी से ख़ाने लगता है। निदा बिना बोले सामने बैठी मालती से कहता है–

"मैं जब से अपने घर वालों से जुदा हुआ हूं, मैंने जब भी खाया है कम या ज़्यादा खाया है। कभी अच्छी तरह तृप्त होकर नहीं खाया। पेट भर जाता है, मगर भूख नहीं मिटती।"

मालती बग़ैर बोले निदा से कहती है–

"मैंने अपनी माँ से एक से एक बढ़िया पकवान सीखे हैं। मेरी माँ बहुत अच्छा खाना बनाती थीं। उनके हाथ का स्वाद सारे राजकोट (गुजरात) में मशहूर था।"

निदा बिना बोले कहता है–

"मसूर की दाल में लहसुन का बघार, अरहर में सूखी कैरी की खटाई और सरसों के तेल में नई फ़सल के छोटे आलू और हरी मैथी का ज़ायक़ा बहुत ख़ुशगवार होता है। साहिबा ऐसे ही बनाती थीं।"

मालती बिना बोले निदा से कहती है–

"मैं जो भी बनाती हूं, तुम्हें पसंद ही नहीं आता। इसलिए मैंने वक़्त ख़राब करना छोड़ दिया है।"

निदा बिना बोले मालती से कहता है–

"कतरी प्याज़, बारीक हरी मिर्च और ज़ीरा वाली तली हुई बेसन की रोटी खाये उसे कई साल हो गए हैं। साहिबा के हाथ की वो रोटियां, पोदीना, हरी मिर्च और कैत की चटनी के साथ सात समन्दर पार चली गई हैं। उन्हें खाने के लिए मुझे मुम्बई से कराची के एक इलाक़े गुलशन इक़बाल में क़मर तल्अत के पास जाना पड़ता है।"

मालती बिना बोले निदा से कहती है–

"मैं जब से तुम्हारे यहां आई हूं, अपने घर की रसोई भूलती जा रही हूं। तुम्हारे मिज़ाज के नमक-मिर्च ने मेरा ज़ायक़ा भी खराब कर दिया है।"

निदा इन दिनों बिना बोले ज़्यादा बोलता है। यह मौन वार्तालाप उसके अंदर लगातार चलता रहता है। शब्दों से वह सिर्फ़ वही बोलता है जो दूसरे उससे सुनना चाहते हैं।

कुछ तबीयत ही मिली थी ऐसी चैन से जीने की सूरत न हुई
जिसको चाहा उसे अपना न सके जो मिला उससे मुहब्बत न हुई

निदा के घर में मालती का एक लकड़ी का मंदिर है। उसमें गणेश की मूर्ति के साथ उसकी मां की चौखटाबंद तस्वीर भी रखी है। वह रोज़ सुबह पूजा करते समय गणेश के साथ उस तस्वीर के शीशे पर भी रोली लगाती है। माँ मरने के बाद भी उसकी उपासना में शामिल है। उसी तरह जैसे जमील फ़ातिमा निदा के वजूद का हिस्सा है...

रहमत भाई दूध से जल चुके हैं, इसलिए छाछ को भी फूंक कर पीते हैं। हनुमान मंदिर के पुजारी प्रदीप की वादाख़िलाफ़ी ने उन्हें ज़्यादा दूरंदेश बना दिया है, जब हमवतन दोस्त धोखा दे सकता है तो दूसरों का क्या भरोसा? वह धंधा करना चाहते लेकिन सोच-समझकर। दूसरा मंदिर बनवाने का विचार अब उनके मन से निकल चुका है। ऐसा नहीं है कि इसके लिए उन्होंने कोशिश न की हो। अपने में वह अपने एक पंडित दोस्त के कर्मकांडी बेटे को भी मुम्बई आने के लिए तैयार कर चुके हैं। लेन-देन सब तय हो चुका था। वह भी अपने रहमत चाचा के साथ काम करने से खुश था। लेकिन काफ़ी दौड़-धूप के बाद भी कोई उपयुक्त पूजास्थल नहीं मिलता और भी किसी दूसरे रोज़गार की खोज में लग जाते हैं। उन्हीं दिनों एक दिन उनकी मुलाक़ात निदा के यहां अनिल वाजपेयी से होती है। अनिल काफ़ी तेज़ और बातूनी है। दो-चार मुलाक़ातों में ही वह रहमत भाई को शीशे में उतार लेता है। रहमत भाई के फ़ाइनेंस और अनिल के डायरेक्शन में जैन मंदिरों पर एक डाक्यूमेंटरी का प्लान बनता है। डाक्यूमेंटरी के बिकने के बाद रहमत भाई की रक़म चौगुनी हो जाएगी। इसमें उनका नाम फ़िल्म निर्माता के रूप में होगा। फिर नया फ़्लैट, नई कार, नई शान। फिर वह प्रदीप को बताएंगे कि मुम्बई में कैसे पैसा कमाया जाता है। अनिल ने उन्हें इतने ख़्वाबों से लाद दिया है कि उन्हें अब अपना पैसा भी ख़ुद पर बोझ लगने लगता है। वह होने वाले फ़ायदे के नशे में अनिल को अपनी पूंजी के स्याह-सफ़ेद का मालिक बना देते हैं।

अनिल की निदा से पहली मुलाक़ात बांद्रा के सेंट जोंस स्कूल के सामने एक पान की दूकान पर हुई थी। जहां उसका लड़का नवीं क्लास का स्टूडेंट है वह हर रोज़ उसे दिन में एक बार देखने के लिए वहां आकर खड़ा रहता था उसके बेटे का नाम शहाब है। अनिल उसे देखकर आवाज़ देता है लेकिन शहाब उसकी आवाज़ सुनते ही स्कूल के अंदर भाग जाता था। अनिल का बेटा मुसलमान था। उसकी माँ और रिश्तेदारों ने उसे हिन्दू बाप से दूर रहने की सीख दी है। अनिल का यह पुराना ग़म शराब की महफ़िल में अक्सर नए आंसुओं में झलकता है। इन आंसुओं की हमदर्दी में निदा एक बार ज़रीना से उसके घर में मिलता

है। वह खोई-खोई बावली-सी महसूस होती है। सवाल कुछ होता है, जवाब कुछ देती है। निदा को जो अपने साथ यहां लाता है, वह बताता है वह पहले ऐसी नहीं थी। उसमें यह परिवर्तन चंद साल में ही आया है। अब रात-दिन नमाज़ पढ़ती है और दिन में कई-कई बार नहाती है। उसके बेटे की देखभाल भी ममेरे भाई के ज़िम्मे है। अनिल वाजपेयी जब बुंदेलखंड के किसी इलाक़े से मुम्बई में रोज़गार की तलाश में आया था, उस वक़्त ज़रीना नेशनल कालेज में बी.ए. के आख़िरी साल की छात्रा थी। उसकी गिनती कालेज की ज़हीन छात्राओं में थी। पढ़ाई के अलावा कालेज के ड्रामों और दूसरे फ़ंक्शनों में बढ़-चढ़कर हिस्सा लेती थी। अनिल की मुम्बई में पहली नौकरी ज़रीना के बाप के जनरल स्टोर में सेल्समैन की हैसियत से होती है। ज़रीना का बाप काफ़ी दिनों बीमार होकर घर में आराम करता है। उसकी ग़ैर मौजूदगी में ज़रीना का दूकान में आना-जाना बढ़ जाता है। ज़रीना जिस उम्र में थी, उसमें भावनाओं में बहकर ऐसा साहसिक क़दम उठाने में देर नहीं लगती। बाप के स्वस्थ होने तक ज़रीना अनिल के साथ इतनी दूर निकल चुकी होती है कि बाप की बूढ़ी नज़र उस तक नहीं पहुंच पाती। वह दिन-ब-दिन आगे ही बढ़ती जाती है। उसकी रफ़्तार पर पाबंदियां लगाई जाती हैं तो बग़ावतें सिर उठाती हैं। ज़रीना अपने बाप की इकलौती बेटी है। बड़ी जायदाद और मोटे बैंक बैलेंस की अकेली वारिस। अनिल उसके बाप के आग्रह पर अपना नाम बदलने को तैयार हो जाता है और उसके बाद वह असलम बनकर ज़रीना के घर में शिफ़्ट् हो जाता है। ज़रीना के बाप के निधन के बाद वह एक फ़लाप फ़िल्म बनाकर पहले दुकान को ठिकाने लगाता है। फिर पहली फ़िल्म के नुक़सान को दूसरी फ़िल्म से भरपाई करने के लिए बरसों की जमा की हुई ज़रीना के बाप की कमाई को उड़ाता है। फ़िल्मसाज़ी में नाक़ाम होने के बाद असलम तरक़्क़ी का दूसरा रास्ता अपनाता है। और भारतीय जनता पार्टी में शामिल हो जाता है, और चुनाव लड़ता है। वह असलम से दोबारा अनिल वाजपेयी बनकर सुबह-शाम क़रीब के मंदिर जाने लगता है। माथे पर टीका लगाने लगता है। चारों तरफ़ मुसलमानों से घिरे एक पुराने जोहरे मुसलमान घर में असलम का यह अचानक परिवर्तन चर्चा का विषय बनता है। ज़रीना कुछ दिनों तक इस तमाशे की ख़ामोश तमाशाई बनी रहती है। फिर अपनी कम उम्री की भूल को आठ साल के बेटे की माँ की पुख़्ता उम्र से सुधारने का फ़ैसला कर लेती है। इस मुश्किल फ़ैसले को आसान बनाने में उसके रिश्तेदार सरगर्म थे। अनिल इस मसले को भी तिजारती सूझ-बूझ से हल कर लेता है। उस फ़्लैट में उसके साथ अब नाइट क्लब की डांसर रहती है। अनिल ने कई साल पहले उसे अपनी एक फ़िल्म में हीरोइन बनाने का वादा किया था। फ़िल्म तो अब तक नहीं बनी लेकिन वादे ने डांसर की कमाई में अनिल को स्थायी साझेदार ज़रूर बना दिया है।

डाक्यूमेंटरी में रहमत भाई की सारी पूंजी ख़र्च हो जाती है लेकिन वह अभी पूरा होने से कोसों दूर है। रहमत भाई उसे पूरा करने के लिए इधर-उधर से उधार उठाते हैं। पत्नी के गहने दांव पर लगाते हैं, फिर भी बात नहीं बन पाती है। जब अनिल को उनके कंगाल होने का यक़ीन हो जाता है तो वह उनसे कतराने लगता है। कई दिन की तलाश के बाद एक दिन वह उन्हें सेंट जोंस स्कूल के साम्ने की पान की दुकान के पास सिगरेट फूंकता मिल जाता है। वह सीधे उसके साम्ने खड़े होकर बोलते हैं।

"अनिल मैं बहुत परेशान हूं। मेरे पास जो कुछ था, वह सब तुम्हें दे चुका हूं। अब मुझे तुम्हारे साथ काम नहीं करना। मेरी रक़म मुझे वापस कर दो।"

"तुमने पैसा अपनी मर्ज़ी से डाक्यूमेंटरी में लगाया है, मुझे उधार नहीं दिया है जो मैं वापस कर दूं।" अनिल कहता है।

"तुम बेईमान हो। मैंने अपनी मर्ज़ी से पैसा नहीं लगाया है। तुमने मुझे बेवकूफ़ बनाया है।" रहमत भाई चीख़ते हुए कहते हैं।

अनिल रहमत भाई के गुस्से को देखते हुए थोड़ा नर्म होकर कहता है, "अरे रहमत भाई नाराज़ क्यों होते हो? तुम्हारा पैसा कहीं नहीं जाने वाला। घर आ जाना और सब हिसाब कर लेना।" इस बात के तीन दिन बाद अली एक दुर्घटना के शिकार होकर मरने वाले हैं। कई मंसूबे कई सालों पर फैले हुए हैं लेकिन मोहलत सिर्फ़ तीन दिन की है जिससे वह बेख़बर हैं। इस बेख़बरी में वह अपने बेटे के बारे में सोचते हैं। वह अभी ग्यारह बरस का है। चार साल में वह सेकेंड्री का इम्तिहान पास कर लेगा। यह भी उन्होंने सोच लिया है। एक फ़िल्म के डायरेक्टर से वह उसके बारे में बात कर चुके थे। उसने उनसे वादा किया था कि वह शिक्षा पूरी होने के बाद उसे अपने साथ असिस्टेंट डायरेक्टर रख लेगा। वह अनिल के साथ जिस क्षेत्र में नाकाम हुए हैं, वह उसमें बहुत नाम कमाएगा। वह यह भी सोचते हैं कि जिस मकान में पिछले कई साल से रहते हैं, उसके इर्द-गिर्द का माहौल अच्छा नहीं है। पिछले दंगों में उन्होंने यहां बड़े भय और त्रास का अनुभव किया था। इस मकान को बेचकर जो रक़म हाथ आएगी उसके एक चौथाई में वह मीरा रोड या यारी रोड के मुस्लिम इलाक़े में मौजूदा मकान से बड़ा मकान ख़रीद लेंगे। उन्हें दर्ज़ी का काम आता है। दो-तीन मशीनें लगा लेंगे। बाक़ी के पैसों से कोई दूकान खोल लेंगे। अनिल की बेईमानी से वह वाक़िफ़ हो चुके थे।

उसके लिए भी वह अपने ज़ेहन में प्लान बना चुके थे। अगर वह उनकी रक़म लौटाने में आना-कानी करता है तो वह बीस फ़ीसदी के कमीशन में यह केस माहम के किसी भाई को दे देंगे।...तीन लाख में साठ हज़ार का चूना लगेगा लेकिन रक़म के डूबने से बच जाएंगे। इस मिलने वाली रक़म को इधर-उधर गंवाने के बजाय वह यू.टी.आई. की मासिक स्कीम में जमा करेंगे। हर महीने कुछ न

कुछ घर में आता रहेगा और पूंजी भी सुरक्षित रहेगी। मकान को बेचने के लिए वह बांद्रा के एक एजेंट से बात करते हैं। फिर बैंक से पैसा लेकर पत्नी के गहने वापस लाते हैं। पत्नी गहनों की वापसी पर बहुत ख़ुश है। आज तीसरा दिन है। वह नहा-धोकर खाना खाते हैं और आख़िरी बार घर से निकलते हैं। अनिल के घर उसके कहने के मुताबिक़ वह दो बार जा चुके हैं लेकिन हर बार उसके घर में डांसर लड़की अनिल के घर पर न होने की सूचना देती थी। तीसरी बार वह फिर उसके घर जाने वाले हैं। इस बार भी वह नहीं मिला तो वह उससे पैसा निकलवाने का वही तरीक़ा इस्तेमाल करने वाले हैं जो उन्होंने पहले सोच रखा है। तीसरे दिन वह अनिल के घर में अनिल से मिलते हैं और उसे आख़िरी चेलैंज देकर स्टोर पर वापस लौटते हैं। रास्ते में उन्हें प्रदीप मिलता है। उसे देखकर वह बेध्यानी में स्कूटर रोकते हैं और फिर उसे थोड़ी देर घूर कर आगे बढ़ जाते हैं। वह एक क्षण में उसे अपना हमवतन दोस्त समझते हैं लेकिन दूसरे क्षण मंदिर में उसकी बेईमानी को याद करके उससे मुंह फेर लेते हैं...वह सोचते हैं, उससे वह अब उसी वक़्त मिलेंगे जब उनके हालात उससे बेहतर हो जाएंगे। लेकिन जोगेश्वरी हाईवे पर वह ट्रक की दुर्घटना उनके इंतज़ार में है जिसके बाद सब कुछ ख़त्म होने वाला है। उनका स्कूटर क़ुदरत की घड़ी के मुताबिक़ ठीक वक़्त पर सामने आते ट्रक से टकराता है और वह दो-तीन दिन अपनी टूटी हड्डियों का असहनीय दर्द भुगत कर बेहोशी के आलम में ही गुज़र जाते हैं। उनके आख़िर वक़्त में रहमत अली की पत्नी और बेटे के साथ प्रदीप भी उनके सिरहाने होता है। रहमत अली के बाद वह उनके घर की देख-भाल करता है और उनकी ज़िंदगी में जिस साझेदारी को वह ख़त्म कर चुका था, उसे उनकी पत्नी और बेटे के साथ फिर से बहाल कर देता है–

नींद के गहरे अंधेरे ग़ार से फिर
रौशनी फूटी
खुला आकाश
रस्ते जगमगाए
ओस में भीगी हवा की आहटो से
आशियाने में परिंदे चहचहाए
फिर मिली बेनूर आंखों को बसारत[1]
फिर मिली बेसौत[2] कानों को समाअत[3]
फिर मिली बेजान सांसों को हरारत
खोल कर खिड़की!

---

1. दृष्टि 2. बिना आवाजों वाले 3. श्रवण शक्ति

मुअज़्ज़न[1] की सदा पर
ज़िंदगी ने फिर नया सपना लिखा है
जश्न का परचम उठाए
फिर नया सूरज उगा है
एक दिन फिर और जीने को मिला है।

---

1. अज़ान देने वाला

कमाल अमरोही रज़िया सुल्तान बना रहे हैं। उन्होंने इस फ़िल्म में आख़िरी दो गाने लिखवाने के लिए निदा को याद किया है। इस फ़िल्म के गाने जाँ निसार अख़्तर लिख रहे थे। लेकिन अपने बहुत-से दूसरे कामों की तरह इस फ़िल्म के गीत भी वह पूरे नहीं कर पाए। कमाल साहब ने यों तो नख़्शब से लेकर साहिर लुधियानवी तक सभी के साथ काम किया है। लेकिन अपने मिज़ाज से जो शाइर उन्हें पसंद थे उनमें जाँ निसार अख़्तर और कैफ़ भोपाली थे। जाँ निसार अख़्तर के निधन के बाद इस सूची में निदा का नाम भी शामिल कर लिया जाता है। कमाल अमरोही के दिन के सारे काम उनकी अपनी जेब घड़ी से तय होते थे जो हमेशा दूसरी घड़ियों से पंद्रह मिनट आगे होती थी। इस अंतर को लेकर उनके अपने तर्क थे।

"साहब वक़्त तेज़क़दम है और सुस्तक़दम है। अपनी घड़ी को मुक़र्ररा वक़्त से आगे करके मैंने एक तो अपनी सुस्त रफ़्तारी को वक़्त का हमक़दम बना लिया है। दूसरी बात यह कि मुझे जहां भी बुलाया जाता है, आम घड़ियों के वक़्त से बुलाया जाता है और मैं अपने वक़्त से जाता हूं। इसलिए किसी आयोजन में पांच-दस मिनट से ज़्यादा देर नहीं होती।"

निदा अपनी घड़ी के हिसाब से उनसे मिलने कमालिस्तान पहुंचता है और बराबर आधा घंटा उनके जागने का इंतज़ार करता है। वह दोपहर के खाने के बाद एक घंटे आराम के आदी थे। इस नींद से जागने के बाद वह फ़ौरन किसी से मिलना पसंद नहीं करते। आंख खुलते ही पहले वह अपने गुम्बदनुमा कमरे में बिस्तर के सामने की कुर्सी पर किसी हसीना की मुस्कुराहट का दीदार फ़रमाते थे फिर इतज़ार करने वाले लोगों को अंदर बुलाते थे। यह हसीना और मुस्कुराहट बारी-बारी अपना चेहरा और लिबास बदलती रहती थी। हर तीसरे-चौथे दिन चेहरों की तब्दीली के पीछे उनके तर्क थे।

"साहब, एक चेहरे को बार-बार लगातार देखने से एक तो हुस्न की कशिश कम होती है। दूसरे देखने वाले की बीनाई भी कमज़ोर होती है। एकरूपता को ख़ुदा भी पसंद नहीं करता। इसीलिए हर दौर में दुनिया पहले से जुदा दिखाई देती है।"

दोपहर की इस अल्पकालिक सौंदर्य-उपासना के लिए चार अच्छे चेहरे-मुहरे की कम उम्र की लड़कियों का वेतन डायरेक्शन के ख़र्चों में शामिल था। निदा जब अंदर प्रवेश करता है तो कमाल साहब अकेले नहीं होते। उनके चार-पांच असिस्टेंट भी उनके साथ थे। वे सब अमरोहा के थे। बरसों साथ रहने के कारण वे कमाल साहब के हममिज़ाज हो गए थे। कमाल साहब हंसते हैं तो सब एक साथ हंसते हैं। बोलते-बोलते जब वे ख़ामोश होते हैं तो आधे-अधूरे जुमले हवा में झूलते हुए छोड़कर चुप हो जाते हैं। कमाल साहब की हर बात को ध्यान से सुनना और फिर सिर हिलाकर उनसे सहमति जताना भी उनके फ़र्ज़ों में शामिल था। उनमें से कोई अपनी राय के लिए आज़ाद नहीं था। कमाल साहब की कोई बात या ख़्याल उस वक़्त तक दुरुस्त होता है जब तक वह ख़ुद उसका खंडन नहीं करते। निदा के अंदर आने के वक़्त वे चाँदी की एक जड़ाऊ डिबिचा से पान निकालकर, सोने की सलाई से उसमें कत्था-चूना लगाते हैं और उसे मुंह में रख अपने अतीत का प्रसंग दोहराते हैं।

''साहब, उस वक़्त सोहराब मोदी का डंका बज रहा था। मैं उन्हें एक तारीख़ी कहानी सुनाने गया था, तो साहब जैसे ही मैं उनके सामने पेश किया गया तो वो मेरी कमउम्री को देखकर हैरत में पड़ गए। उनकी ख़ामोशी को तोड़ते हुए मैंने कहा, 'सोहराब मैं देखने की नहीं सुनने की शै हूं।' इस एक जुमले से वो इतना मुतास्सिर हुए कि मेरी काहनी सुने बग़ैर उन्होंने मुझे फ़िल्म 'पुकार' के लिए संवाद लेखक की हैसियत से रख लिया।'' इस प्रसंग के बाद वह हंसते हैं। रिवायत के मुताबिक़ उनके साथ सारे असिस्टेंट भी हंसते हैं। फिर अचानक ख़ामोश होकर निदा से मुख़ातिब होते हैं।

''निदा साहब आपको मैंने इसलिए ज़हमत दी है कि मुझे 'रज़िया सुल्तान' के आख़िरी दो गीत और रिकार्ड करने हैं। इनके लिए मुझे गीतकार नहीं मुकम्मल शाइर की ज़रूरत है और आपकी-सलाहियत से मैं वाक़िफ़ हूं। इसीलिए याद किया है।''

''शुक्रिया! मैं कोशिश करूंगा कि आपको मे'यार को मुत्मइन कर सकूं।'' निदा जवाब में कहता है।

''जी! लेकिन अदबी शाइरी और फ़िल्मी शाइरी में फ़र्क है। 'रज़िया सुल्तान' में नग़मे तहरीर करने के लिए मेरे मिज़ाज की पहचान लाज़िमी है। जाँ निसार अख़्तर बहुत ख़ूबियों के शाइर थे। वो मेरे मिज़ाज को पहचान गए थे। वो अल्लाह को प्यारे हो गए...'' कमाल साहब अपने ख़ास अंदाज़ और आवाज़ में समझाते हैं।

निदा मुस्कुराते हुए कहता है, ''आपके मिज़ाज के पहचान की शर्त उन्हें काफ़ी महंगी पड़ी...मैं कोशिश करूंगा ज़िंदा रहते हुए इस ज़िम्मेदारी को निभाऊं।''

इस बात पर कमाल साहब नहीं हंसते। उनके असिस्टेंट हंसते हैं। लेकिन हंसते-हंसते कमाल साहब की संजीदगी को देखकर फ़ौरन ख़ामोश भी हो जाते हैं। इसी दौरान 'रज़िया सुल्तान' की आर्ट डायरेक्टर शमीम दो पेंटिंगें लेकर आती हैं। इनमें बहुत-से ज़ेवरात पहने ऊंट नज़र आते हैं। जब ये तस्वीरें कमाल साहब के सामने रखी जाती हैं तो वह इनकी लम्बाई-चौड़ाई देखकर भड़क उठते हैं।

''यह क्या बना लाई हैं आप? रज़िया सुल्तान मल्का-ए-हिन्दुस्तान के ऊंट और इतने छोटे! हर काम में मुक़ाम और मर्तबे का एहतराम ज़रूरी है। ले जाइए इन्हें और रज़िया सुल्तान के लिहाज़ से उनकी सवारी की लम्बाई-चौड़ाई तय कीजिए। इनके ज़ेवरों की चित्रकारी में भी मल्का की महानता का ध्यान रखिए...''

'रज़िया सुल्तान' में धर्मेंद्र हीरो है। वह इसमें हब्शी ग़ुलाम का रोल कर रहा है। वह जब भी सेट पर आता है, मेकअप मैन उसके गोरे रंग पर स्याही पोत देता है। कमाल साहब एक शाट की तैयारी में पूरा दिन लगा देते हैं। कभी पूरे दिन की मेहनत के बाद भी शाट मुकम्मल नहीं हो पाता और दिन भर अपनी रुस्याही का अज़ाब झेलता रहता है। लोगों की ज़बानी सुना है कि वह उसकी रुस्याही के ज़रिए ही मीना कुमारी से उसकी आशनाई का बदला ले रहे थे।

कमाल साहब अपने लड़के और लड़की से अलग अपनी तीसरी बीवी के साथ रहते हैं। यह बीवी उनकी बेटी की उम्र से भी एक-दो साल छोटी है। उसकी छवि कहीं-कहीं मीना कुमारी से मिलती है। वह कमाल साहब के पास अदाकारी के लिए आई थी लेकिन छवि के मेल का यह संयोग उसे उनकी घरवाली की ज़िम्मेदारी सौंप देता है। कमाल साहब अब जिस महफ़िल में बुलाए जाते हैं, नई बेगम को भी अपने साथ लाते हैं। ऐसी ही एक महफ़िल में निदा कमाल साहब का परिचय सुरेंद्र प्रकाश से कराता है। सुरेंद्र प्रकाश उन्हें ख़ुश करने के लिए बड़ी विनम्रता से पूछता है—

''हुज़ूर चाय नोश फ़रमाइएगा...''

''क्या हर्ज है?'' कमाल साहब मुस्कुराते हुए कहते हैं।

सुरेंद्र लपककर भाई दास के टी-स्टाल से दो गर्म चाय के गिलास उठा लाता है। एक कमाल को देता है और दूसरा उनके साथ खड़ी मीना कुमारी की छवि वाली लड़की को थमा देता है। वह जैसे ही गिलास हाथ में लेती है तो बेसाख़्ता बोल पड़ती है, ''हाय अल्लाह बहुत गर्म है!''

सुरेंद्र प्रकाश यह जुमला सुनकर अपनी जेब से रूमाल निकालकर पेश करता है।

बीवी की ताईद में कमाल साहब भी फरमाते हैं, ''वाक़ई बहुत गर्म है।''

इस बार कमाल साहब के जुम्ले के जवाब में सुरेंद्र बिना यह जाने कि उनके साथ जो लड़की है, वह कोई अदाकारा नहीं बल्कि उनकी नई बीवी है। लड़की

की तरफ़ इशारा करते हुए कहता है—

"वो तो कम उम्र हैं हुज़ूर, आपकी बुज़ुर्गी तो गर्म और सर्द की सरहद पार कर चुकी है।"

कमाल साहब इस व्यंग्य को हास-परिहास में बदलते हुए निदा को सम्बोधित करके जोश के दो मिसरे सुनाते हैं—

आईने में ये मैं तो नहीं हूँ हे जोश
बूढ़ा सा कोई और नज़र आता है

वह मिसरे सुनाकर क़हक़हा लगाते हैं और उनके क़हक़हे को एक साथ दोहराते हैं। निदा सुरेंद्र प्रकाश के इस आचरण पर बाद में जब उसे बुरा-भला कहता है तो वह एक छोटा-सा जवाब देकर ख़ामोश हो जाता है, "यार मैं क्या करूं, मेरे मुंह पर जब कोई बात आ जाती है तो वो रोके नहीं रुकती।"

'रज़िया सुल्तान' कमाल साहब की आख़िरी फ़िल्म है। इसके बाद भी वह एक फ़िल्म का प्लान बनाते हैं। तीन गाने भी रिकार्ड होते हैं लेकिन उनकी दिन-ब-दिन ख़राब होती सेहत उसे शुरू नहीं होने देती। उनके दोनों बेटे और बेटी भी उनकी फ़िल्म साज़ी से सहमत नहीं थे। वे जब बार-बार उन्हें उनके बुढ़ापे का एहसास दिलाते थे तो वाक़ई बूढ़े हो जाते थे। बूढ़ा होने के बाद पहले वह जवान बीवी को तलाक़ देकर उसे अपने किसी हम सफ़र से शादी करने के लिए आज़ाद करते हैं। उसके नए जीवनसाथी के चुनाव में कमाल साहब की पसंद भी शामिल होती है। बीवी को बेटी की तरह विदा करने के बाद वह वसीयत तैयार करते हैं और फिर अपनी कार और फ़्लैट की चाबियां पूर्व पत्नी के हवाले करके अपने बेटों के घर चले जाते हैं। बरसों की दबी-घुटी बीमारियां, फ़िल्मी दृश्यों को काट-छांट और कमालिस्तान की साज-सज्जा और महफ़िल आराइयों में व्यस्त रहने वाले कमाल साहब को बिस्तर पर देखकर, एक साथ घेर लेती हैं। वह जानी-अनजानी उन कई बीमारियों के हुजूम में ज़िंदगी की आख़िरी लड़ाई लड़ रहे हैं। इस बीमारी में भी उनकी मुस्कुराहट और आवाज़ की निजता पहले की तरह बरक़रार है। वह शुरू से ख़ुशपोशी और ख़ुश आरायशी के आदमी रहे हैं। आईने से उनकी दोस्ती हमेशा की मानिंद अब भी क़ायम थी। सामने दीवार पर कलेंडर को देखकर अचानक उन्हें ध्यान आता है कि काफ़ी अरसे से वह बिस्तर पर हैं। इस ख़याल के साथ ही उनका हाथ अपने चेहरे पर बढ़ती हुई दाढ़ी पर फिरने लगता है। वह अपने आपको देखने के लिए आईना तलब करते। मगर उसमें वह जैसे नज़र आते हैं, उसे पंसद नहीं करते।

"नहीं साहब, ये तो कमाल अमरोही नहीं है।" वह ख़ुद को देखते हुए कहते हैं और सिरहाने बैठी अपनी बेटी से हज्जाम बुलाने की फ़रमाइश करते हैं। हज्जाम

आता है और शेव करता है। वह दोबारा आईना देखते हैं और अपने ही अक्स से मुस्कुराते हुए कहते हैं–

"जी हां, इन्हें हम जानते हैं। आदाब अर्ज़, कमाल अमरोही साहब!" एक लम्बे सफ़र की दास्तान के ये अंतिम शब्द थे–

चिड़िया ने उड़ के कहा मेरा है आकाश।
बोला शिकरा डाल से यूं ही होता काश॥

आदमी आता है और चला जाता है। अपने हिस्से की अच्छाई-बुराई से ज़िंदगी भर जो जुटता है, अपनी पसंद और मिज़ाज से उसे सजाता है। मेज़ की जगह कुर्सियों के डिज़ाइन, पर्दों के रंग, ड्राइंग रूम की बैठक, तोहफ़ों और इनामों की तरतीब सब कुछ दूसरे हाथों की तब्दीलियों के लिए छोड़ जाता है और ख़ुद दीवार पर तस्वीर बनकर मुस्कुराता रहता है। कमाल अमरोही बोलते ज़्यादा थे, सुनते कम थे। निदा जब उनसे मिला था, वह सुनने के दौर से गुज़र कर बोलने के वृत्त में घिर चुके थे। हर आदमी के पास बातों की थोड़ी-सी पूंजी होती है जिसे वह नए-नए शब्दों में बार-बार दोहराता है। मरने के बाद भी उनकी तस्वीर इस आदत से पीछा नहीं छुड़ा सकी थी। घरवाले इन बातों को कई बार सुन चुके होते हैं। इसलिए तस्वीर उनके लिए ख़ामोश हो जाती है। घरवालों से वह पहले ही से खिन्न थे क्योंकि उन्होंने उनकी ज़िंदगी में ही अपने कानों को दूसरी आवाज़ों पर लगा दिया था। इसलिए अब वह निदा या ऐसे ही किसी दूसरे आज्ञाकारी श्रोता का दीवार पर टंगे इंतज़ार करते रहते थे और फिर बोलना शुरू कर देते थे–

''साहब, खाना पकाना और खिलाना बड़े शायस्ता फ़न हैं। इन फ़नों की फ़नकारी यूं ही हाथ नहीं आती। इसमें कई नस्लों के तज्रुबे शामिल होते हैं। पहले बावर्ची विरासत से महारत हासिल करते थे। आज तो हर काम ट्रेनिंग से होता है। यही वजह है हाथों से स्वाद ग़ायब हो गया है।''

''उड़द की दाल जो हमने अमरोहा में खाई है, वह मुम्बई में कभी नसीब नहीं हुई। बनती भी बड़े एहतिराम से थी। छिलकों की उड़द की दाल को मटके के ठंडे पानी से धोया जाता था। धोने के बाद तांबे के क़लई शुदा तश्ले में भिगोया जाता था। फिर बारीक मलमल से ढंककर छत की खुली हवा में रखा जाता था। रात भर भीगने के बाद दाल से छिलके अलग हो जाते थे तो उन्हें पानी से निथारा जाता था। फिर छलनी में रखकर छींके में कुछ देर टांगा जाता था। जब दाल करेरी होकर साफ़-शफ़्फ़ाफ और फूल कर कबूतर के अंडों की तरह बड़ी हो जाती तो लकड़ी की धीमी आंच में मिट्टी की हंडिया में पकाई जाती। बारीक अदरक, हरा धनिया और अंगारों जैसी छोटी मिर्चों के साथ, बाद में घर में बने असली घी में

ज़ीरे का बघार...इस तरह तैयार होकर दाल दस्तरख़्वान पर आती तो देखते ही भूख बढ़ जाती...ज़ायक़ा ऐसा कि बकरे का गोश्त और मुर्ग़ का सालन भी उसके सामने बेवक़्अत नज़र आते। पकाना हो या खाना दोनों में शौक़ो-ज़ौक़ होना जरूरी है।''

''साहब, 'महल' अपने ढंग की पहली और आख़िरी फ़िल्म थी। इस फ़िल्म की कामयाबी में इसके थीम सांग का बहुत बड़ा हाथ था। फ़िल्म शुरू हो चुकी थी। लेकिन यह गाना कैसा हो? यह समझ में नहीं आ रहा था। नख़्शब ने कई मुखड़े लिखे। अपनी जगह वो सब अच्छे थे। मगर मैं जैसा चाहता था, उनमें से कोई वैसा नहीं था। यह भी सच है मैं जो चाहता था, वह मेरे ज़ेहन में भी साफ़ नहीं था। नख़्शब कई बार झुंझलाए भी, नाराज़ भी हुए लेकिन मैं भी मजबूर था। मुझे यह तो मालूम था कि मधुबाला को क्या गाना है? लेकिन लफ़्ज़ों में इसकी शक्ल क्या होगी, इसका इल्म मुझे नहीं था। मैं भी परेशान था, नख़्शब भी परेशान थे, और गाना रिकार्ड करना था! मधुबाला बहुत हसीन ख़ातून थीं। ख़ुदा ने उन्हें बड़ी एहतियात से बनाया था। मीर तक़ी 'मीर' ने शायद उन्हीं जैसी किसी हसीना को देखकर कहा था—

'मीर' उन नीमबाज़ आंखों में
सारी मस्ती शराब जैसी है

''तो साहब एक दिन मैंने उन्हें घर पर बुलाया और लगातार दो-तीन घंटे उन्हें देखता रहा। मुस्कुराते हुए, चलते हुए, आंखों से बोलते हुए, हाथों से सोचते हुए, पैरों से ज़मीन पर कुछ खोजते हुए! उनके जाने के बाद सोचा तो बड़ी अच्छी नींद आई। हुस्न का भी नशा होता है...मगर कुछ ही देर बाद अचानक नींद खुल गई। और मेरे होठों से लफ़्ज़ निकलने लगे...'आएगा, आएगा, आएगा आने वाला' इन लफ़्जों के मिलते ही मैं फ़ौरन दूसरे कमरे में गया जहां नख़्शब सोए हुए थे। उन्हें जगाकर मैंने जैसे ही ये लफ़्ज सुनाए तो वो उछल पड़े और बाक़ी का गीत उन्होंने पूरा कर दिया। यह गीत दरअस्ल मधुबाला के हुस्न की देन है। लेकिन उन्होंने अपने हुस्न की क़द्र नहीं की और एक मस्ख़रे से शादी करके ख़ुदा की इनायत की तौहीन की। इसीलिए ख़ुदा ने उन्हें जल्दी अपने पास बुला लिया।''

''साहब, दौलतो-शोहरत अच्छे-अच्छों का दिमाग़ ख़राब कर देती है। इनके होते हुए भी इनसान, इनसान रहे, इसके लिए बड़ी तहज़ीब की ज़रूरत होती है। जिस्म में विरासत का ख़ून होना चाहिए। महजबीं का ताल्लुक़ मामूली घराने से था जिस पर उनकी फ़नकारी ने नक़ाब डाल दिया था। उनकी आवाज़ और अदाकारी लाजवाब थी। उनके माँ-बाप स्टेज पर नाच-गाकर गुज़ारा करते थे। महजबीं को मीना कुमारी मैंने बनाया। लेकिन उनमें जो ख़ून था, उसे मैं बदल नहीं पाया। यह मुमकिन भी नहीं था। इस ख़ून ने रंग दिखाया और वो वक़्त से पहले रुख़्सत

हो गईं। उनकी अदाकारी और आवाज़ क़ुदरत की नैमतें थीं। लेकिन वो पांव, जिनकी तारीफ़ में मशहूर संवाद है 'आपके पांव बहुत खूबसूरत हैं, इन्हें ज़मीन पर न रखिए, मैले हो जाएंगे', महजबीं के नहीं थे। यह संवाद उन पैरों की बख़्शीश है जिन्हें मैंने चंदेरी के एक कोठे पर देखा था। वह एक ख़ूबसूरत रक़्क़ासा थीं। रक़्स के दौरान उनके पांव बिजलियों की मानिंद कौंधते थे। वो मेरा पहला इश्क़ था। इसके बाद तो उम्र 'है जुस्तजू कि ख़ूब से है ख़ूबतर कहां', ने ज़िंदगी भर परेशान रखा और कई इश्क़ किए। मैं आशिक़ी में आशिक़ कम हुआ, मेहबूब ज़्यादा बना।''

निदा जाता तो था जॉन से मिलने, लेकिन वहां पहुंचते ही वह तस्वीर उसे घेर लेती थी। और बार-बार पहले की सुनी वही बातें दोहराती रहती जो निदा की स्मृति में सुरक्षित थीं।

कमाल अमरोही की मृत्यु पर शोक संवेदना व्यक्त करने के लिए जोन एलिया कराची से मुम्बई आए हुए थे। एक संग्रह एक दो साल पहले प्रकाशित हुआ था। इसमें मुशाइरों की शोख़ियों के साथ अच्छी ग़ज़लें भी शामिल हैं। शाइरी शुरू करने से किताब के प्रकाशन तक जो भी लिखा था, वह बिना किसी चुनाव के 'शायद' के हवाले कर दिया। भाषा और अभिव्यक्ति पर अधिकार उन्हें विरासत में मिला है। जल्दी-जल्दी लिखने की कला भी रईस अमरोहवी जैसी है। लेकिन उनके इस संग्रह में गुणवत्ता के बजाय आकार और कलेवर को ज़्यादा महत्त्व मिल गया है और इसीलिए यह किताब वक़्त से पहले खो गई। बाज़ार में जागती रही, जागने वालों के लिए सो गई। न जोन एलिया ने आपको ढंग से पहचाना और न पाठकों ने उन्हें जानने की तरह जाना। मुशाइरे में पढ़ने का अंदाज़ पॉप सिंगर जैसा है। बैठ के पढ़ते हैं तो बैठे-बैठे चारों दिशाओं का सफर करते हैं। कभी सिर को पांव के अंगूठे से लगाते हैं कभी छाती पीट कर शे'र में प्रभाव पैदा करते हैं। खड़े होकर शे'र सुनाते हैं तो बिरजू महाराज जैसे कथक के भाव दिखाते हैं और तमाशा बनकर महफ़िल को तमाशा बनाते हैं। शराब कम पीते हैं, नशे का एहसास ज़्यादा जगाते हैं। इस सबके बावजूद जब शे'र मुशाइरे में नहीं जागता तो श्रोताओं से ऐसी गुफ़्तगू फ़रमाते हैं कि लोग उनके शे'रों के बजाय उनके चेहरे के उतार-चढ़ाव और बालों के बिखराव पर तालियां बजाते हैं। जोन को खुश करने के लिए इतना काफ़ी है। वह इसे अपनी कामयाबी समझते हैं।

समग्रता में जोन एलिया की शाइरी का मिज़ाज रूमानवी है जिसे वह शे'र में भाषा की नाटकीयता और आंतरिक संकेतात्मकता से प्रभावशाली बनाते हैं। वह एक साथ अमरोहा और कराची में रहने की कोशिश करते हैं। कराची में रहते हुए वह अमरोहा को याद करते हैं और जब अमरोहा में होते हैं तो कुछ दिन कराची के लिए आंसू बहाते हैं। वह विभाजित उपमहाद्वीप का एक चलता-फिरता शोक गीत हैं। साझी संस्कृति का यह बँटवारा उनका दर्द है जो उनकी शाइरी में जहां-तहां

झलकता है। दर्द बनकर कसकता है। उन्होंने अपने अमरोहा से जिस वक़्त हिजरत की थी उस वक़्त उनका शहर उनकी तरह काफ़ी जवान और चौंचाल था। अब जब वह आधी सदी से ज़्यादा अरसा गुज़ारकर बालों में ख़िज़ाब लगाने लगे हैं, उनके शहर के भी अब न मुंह में दांत हैं, न पेट में आंत है। एक बार वह काफी अरसे के बाद अपने बिछड़े हुए अमरोहा से मिलने आए हैं।

गाड़ी से उतरते ही प्लेटफ़ॉर्म पर लेटकर जमीन से माथा टकराने लगे। उन्हें इस हालत में देखकर अच्छी-ख़ासी भीड़ जुड़ गई, और जोन अपनी धुन में दोनों हाथों से ज़मीन से धूल समेटकर अपने बालों में डालते रहे और 'हाय अमरोहा, मेरे अमरोहा' कहकर आंसू बहाते रहे।

मुश्किल से उठाकर आगे बढ़ाए गए। एक ने कमर में हाथ डाला, दूसरे ने बाजू थामा। मगर जैसे ही स्टेशन से बाहर आए, फ़ौरन आज़ाद होकर कभी किसी पेड़ से लिपटकर ज़ार-ज़ार रोते थे। कभी किसी पुराने मकान को देखकर भावुक हो उठते थे। दो-चार दिन अमरोहा में ठहरकर अपने अमरोहा को ढूंढ़ते हैं। जब वह दूर-पास कहीं नहीं मिलता तो घबराकर दिल्ली आ जाते हैं। छोड़ा हुआ शहर कुछ दिन जाने वाले का इंतज़ार करता है। बाद में वह भी उठकर कहीं और चला जाता है। जोन का ख़ूबसूरत शे'र है—

नज़र पे बार हो जाते हैं मंज़र
जहां रहियो, वहां अक्सर न रहियो

नास्टैल्जिया सर्जनात्मक मन की बड़ी कुव्वत होती है। लेकिन जब यह निजी होता है तो इकहरा हो जाता है। अच्छे साहित्य में निजी यादें सभ्यता और संस्कृति और उनके लम्बे इतिहास से रिश्ता जोड़कर देश-काल के दायरों से मुक्त होती हैं। हमारे साहित्य का एक बड़ा हिस्सा थाती से वंचित है। वर्तमान से असंतोष और अतीत के संरक्षण के संकीर्ण रवैये ने भाषा की व्यंजनाशक्ति को भी परिमित कर दिया है। अख़्तर शीरानी लाहौर में बैठकर टोंक के किसी हमवतन से मिलकर पुरानी यादों का (ओ देस से आने वाले बता किस हाल में हैं याराने वतन) मातम करते हैं और इंतज़ार हुसैन बुलंदशहर के एक छोटे-से अपने पचास साल पुराने क़स्बे डिबाई का ग़म दोहराते हैं। टोंक ज़मीनी रक़बे के लिहाज़ से डिबाई से काफ़ी बड़ा है। लेकिन सर्जनात्मकता के एतिबार से वह अख़्तर शीरानी के टोंक से ज़्यादा व्यापक और तहदार लगता है। क़ुर्रतुलैन और इंतज़ार ने अपने-अपने ग़मों के हवाले से पूरे समाज का मर्सिया लिखा है जबकि अख़्तर ने अपनी सलमा और रेहाना की तरह अपने टोंक को भी महज़ इकहरे रंगों से रचा है। शब्द रचनाकार की शख़्सियत के साथ छोटे बड़े होते हैं। शख़्सियत जैसी होती है, वैसा ही शब्दों का प्रतिबिंब होता है। पाब्लो नेरूदा ने अपने आत्मकथ्य में अपनी रचना प्रक्रिया से

बहस करते हुए लिखा है—

"शैली सिर्फ़ व्यक्ति तक ही सीमित नहीं होती, उसमें वह सब कुछ शामिल होता है जो उसके इर्द-गिर्द है। अगर वे हवाएं जिनमें वह सांस लेता है, उसकी कविता में नहीं सरसरातीं तो वह कविता मुर्दा होती है क्योंकि बिना सांस के कोई ज़िंदगी मुमकिन नहीं।"

जोन एलिया ने अपनी प्रकृतिदत्त प्रतिभा से वह काम नहीं लिया जिसकी उनसे अपेक्षा थी। उनके बोहेमियन मिज़ाज ने उन्हें अपनी तन्हाइयों का हमसफ़र तो बना दिया लेकिन उन तन्हाइयों को अपने समय के उतार-चढ़ाव से आबाद नहीं होने दिया। मुमकिन है वह यहूदा अमीख़ाई के शब्दों में अपने बचाव में कहें—

"मेरी विरासत की तोहमत का मुझे क्यों क़ुसूरवार ठहराया जाए।"

या 'मीर' का वह मशहूर मिसरा दोहराएं—

'नाहक हम मजबूरों पर ये तोहमत है मुख़्तारी की'

उनकी शाइरी का वैचारिक दायरा सीमित सही लेकिन लहजे के अनौपचारिक तेवर और गंगा-जमनी शे'री ज़बान की बेसाख़्तगी ने उनमें एक क़िस्म की निजी लटक पैदा की है। जोन को पढ़ते या सुनते वक़्त, मत्ले से मक़्ते तक पूरी ग़ज़ल के साथ रहना ज़रूरी है। वह सामने के शे'र कहते-कहते कब कोई अच्छा शे'र निकाल लें, इसका पता पाठक या श्रोता को उसी वक़्त चलता है जब वह शे'र सामने आता है। ज़रा-सी भूल-चूक से उनका श्रोता अच्छे शे'र से मेहरूम हो सकता है। जोन एलिया कराची में बहुत लोकप्रिय शाइर हैं। उनके संग्रह के कई एडीशन छप चुके हैं। उनकी ज़मीनें अक्सर शाइरों को आकर्षक महसूस होती हैं। उनकी बेपरवाई और आज़ादख़याली से बुज़ुर्ग लोग भले ही नाख़ुश हों, नए लिखने वाले उनसे क़रीब भी हैं और उनके प्रशंसक भी।

हस्बमामूल सूरज डूबते ही फ़ोन की घंटी बजती है और रिसीवर उठाते ही जानी-पहचानी आवाज़ सुनाई देती है। "जानी, शाम हो गई। सारी चहल-पहल खो गई। जल्दी यहां आओ और मुझे यहां के मातमी माहौल से बाहर ले जाओ।" यह आवाज़ जोन एलिया की होती है। निदा उनके लिए एक अच्छी महफ़िल सजाता है। ओसवाल गेस्ट हाउस में शहर के कई उद्योगपति जमा होते हैं। जोन होश तक किसी से हाथ मिलाते हैं, किसी से बतियाते हैं, किसी को देखकर मुस्कुराते हैं। लेकिन जैसे ही शराब शबाब पर आती है, वह सोफ़े से उतरकर फ़र्श पर बैठ जाते हैं और फिर पांव फैलाकर लेट जाते हैं। कुछ देर ख़ामोशी से छत को देखते हैं। फिर अचानक ज़ोर से चिल्लाते हैं—

"हिन्दुओ, तुम पर लानत है। तुमने तुझे पाकिस्तान में मरने के लिए भेज

दिया और खुद यहां रहकर ऐश की ज़िंदगी बिता रहे हो। जानी तुमने यह मेरे साथ बड़ी नाइंसाफ़ी की है। इसे मैं मुआफ़ नहीं करूंगा।''

इतना कहकर उनकी आंखें भीग जाती हैं और वे फिर से बोलने लगते हैं, ''जानी, मुझे यहां बुला लो और वहां के जहन्नुम से बचा लो, बचा लो।'' अपनी भावुकता में वह भूल जाते हैं, जहन्नुम एक नहीं दोनों हैं। उद्योगपति जो शाइरी सुनने और उससे लुत्फ़ लेने आए थे, जोन की मदहोशी से घबराकर एक-दूसरे को देखते हैं और फिर एक-एक करके चले जाते हैं। सबके चले जाने के बाद दो-चार नौकरों की मदद से उन्हें उठाया गया, नीचे लाया गया और फिर इसी तरह घर पहुंचाया गया। गेस्ट हाउस से घर तक पांच मिनट के पैदल सफ़र के दौरान वह बेहोशी के आलम में बार-बार एक जुमले को दोहराते रहे, ''जानी, मैं बहुत अकेला हूं, बहुत तनहा हूं।'' जोन आजकल कराची में अपनी बीवी से अलग होकर अकेली ज़िंदगी जी रहा है और इसी जुदाई में बेहिसाब पी रहा है।

बेनाम-सा ये दर्द ठहर क्यूं नहीं जाता
जो बीत गया है वो गुज़र क्यूं नहीं जाता

सब कुछ तो है क्या ढूंढ़ती रहती हैं निगाहें
क्या बात है मैं वक़्त पे घर क्यूं नहीं जाता

वह एक ही चेहरा तो नहीं सारे जहां में
जो दूर है वो दिल से उतर क्यूं नहीं जाता

मैं अपनी ही उलझी हुई राहों का तमाशा
जाते हैं जिधर सब मैं उधर क्यूं नहीं जाता

वो ख़्वाब जो बरसों से न चेहरा न बदन है
वो ख़्वाब हवाओं में बिखर क्यूं नहीं जाता

बहुत आगे गए चलने को कुछ तैयार बैठे हैं
ग़नीमत है जो हमसूरत यहां दो-चार बैठे हैं

मुम्बई जैसी आज है, पहले ऐसी नहीं थी। उर्दू शाइरी और कथा-साहित्य की पिछले पचास साल की तारीख़ शहर के अलग-अलग इलाकों में चलती-फिरती नज़र आती थी। उनमें से ज़्यादा का ताल्लुक़ फ़िल्म इंडस्ट्री से था। फ़िल्मों में अदीब और शाइर की कामयाबी रमी के खेल की तरह होती है जिसको जब तक अच्छे पत्ते मिलते रहते हैं। हर फ़िल्म कामयाब होने के लिए बनाई जाती है। मगर इसकी कामयाबी का आख़िरी फ़ैसला रिलीज़ होने के बाद तमाशाई ही सुनाते हैं। और जब कोई फ़िल्म कामयाब हो जाती है तो उससे जुड़े हुए तमाम लोग इस कामयाबी का फ़ायदा उठाते हैं। अदीबों और शाइरों में जो कामयाब होते हैं उन्हें कामयाबी मिलती रहती है। यहां न कामयाबी का कोई फ़ार्मूला होता है, न नाकामी की वजह प्रेमचंद हों या 'जोश', सरदार हों या क़ुर्रतुलैन हैदर, यहां अपनी क़िस्मत आज़मा चुके हैं और नाकाम होकर अदब को अपना चुके हैं।

वक़्त दिनों, महीनों और सालों में गुज़रता है। लेकिन जब गुज़र जाता है तो लम्हों में सिमट जाता है। एक-एक पल में हज़ारों चाँद-सूरज समा जाते हैं। सारा गुज़रा हुआ, जिसे गुज़रे हुए काफ़ी अरसा गुज़र चुका होता है, अभी हाल का देखा हुआ दृश्य महसूस होता है।

कृश्नचंदर खार में एक बंगलेनुमा फ़्लैट में रहते हैं। वह कभी-कभी अदबी जलसों या महफ़िलों में नज़र आते हैं। उनके नाम के साथ हर जगह 'एशिया का महान कथाकार' का परिचयात्मक ख़िताब जोड़ा जाता है। यह उपाधि उनके नाम के लिए किसकी देन है, यह तो नहीं मालूम लेकिन कृश्न जी के कथा-साहित्य को पढ़ने से इस बात का एहसास ज़रूर होता है कि अच्छे क़सीदे के लिए अतिशयोक्ति ज़रूरी होती है। यह तरक़्क़ी पसंदी का वह दौर था जब एक-दूसरे को महान बनाने के लिए शिष्टाचार के शब्दकोश में नित नए शब्दों का इज़ाफ़ा किया जा रहा था।

एशिया उस वक़्त तक दुनिया का एक पिछड़ा हुआ हिस्सा था। जर्मन, फ्रांस, इंगलैंड, रूस और अमेरिका की तरह इंडोनेशिया, मलेशिया, कोरिया, चीन, कोलंबिया, जापान वग़ैरह हमारे साहित्यिक बोध में शामिल नहीं थे और अब भी नहीं हैं। इसके अलावा उपमहाद्वीप की क्षेत्रीय साहित्यिक संस्कृतियों से भी हमारा सम्बन्ध न होने के बराबर था। तकषी शिव शंकर पिल्लै, सुब्रमण्यम भारती, बशीर बाइकम, मास्ती वग़ैरह से हम अपरिचित थे। लेकिन इस अपरिचय के बावजूद उन्हें (कृश्नचंदर) एशिया का महान कथाकार बना दिया दिया था।

कृश्नचंदर के गद्य में बातूनीपन ज़रूर है लेकिन चेहरे-मोहरे से देखने योग्य भी है। उनके ललित गद्य ने उनके पाठक वर्ग को अपेक्षाकृत विस्तृत किया है। इस दायरे को और बड़ा करने के लिए उन्होंने न सिर्फ़ उर्दू के साथ हिन्दी लिपि में भी छपना शुरू किया बल्कि अपने क़लम की रफ़्तार भी तेज़ की और अपने मे'यार से भी समझौता किया। फ़िल्म इंडस्ट्री में नाकाम होने के बाद उन्होंने साहित्य को आजीविका का साधन बना लिया है। बाज़ार में उनका मुक़ाबला अब बेदी, मंटो या इस्मत से नहीं, अवामी पसंद के राइटर गुलशन नंदा से था।

कृश्नचंदर के छोटे भाई महेंद्रनाथ ने जो ख़ुद भी मशहूर कहानीकार थे, मुम्बई की कहानियों की एक किताब खुद एडिट करके फ़िल्म राइटर्स एसोसिएशन के लिए प्रकाशित की थी। इसमें कृश्नचंदर, इस्मत, धर्मवीर भारती के अलावा और भी कई अच्छे कहानीकार शामिल थे। मगर उसके मुखपृष्ठ पर गुलशन नंदा का नाम दिया गया था क्योंकि बाज़ार में वह सबसे ज़्यादा बिकने वाले लेखक थे।

आज़ाद मैदान में किताबों की पहली नुमाइश में एक बोर्ड लगा था जिस पर लिखा था—'रवींद्रनाथ टैगोर और गुलशन नंदा Sold in Lakhs.' कृश्नचंदर काफ़ी पढ़े-लिखे आदमी हैं। ख़ुशतर गरामी के ज़माने के 'बीसवीं सदी' में उनकी कहानियों के साथ कृश्नचंदर एम.ए. लिखा जाता था। उनके घर की लाइब्रेरी देखकर अंदाज़ा होता है, वह जितना लिखते हैं, उतना पढ़ते भी हैं। वह इस पढ़ाई से दूसरी की बेख़बरी से फ़ायदा भी उठाते हैं। एक शाम को लिंकिंग रोड बांद्रा में वह निदा को शापिंग करते नज़र आते हैं। वह निदा की बदहाली और गुस्ताखाना मिज़ाज के बावजूद उसकी शाइरी के बारे में दूसरे तरक़्क़ी पसंदों की तुलना में बेहतर राय रखते हैं। यों भी वह निंदा से बचाव और प्रशंसा में उदारता के क़ायल हैं। जाँ निसार अख़्तर के क़तए और रुबाइयों के संग्रह 'घर-आंगन' की भूमिका में जाँ निसार अख़्तर की शाइरी की घरेलू फ़ज़ा से बहस करते हुए वह एक जगह लिखते हैं—

"जदीद शाइरों में निदा फ़ाज़ली ने इस तरफ़ तवज्जो दी है। मगर विषयों की विविधता के बजाय यहां ख़्वाब की परछाइयां हैं और यह विषय भी अलग हटकर है। शाइर अपने घर की तलाश में, कंक्रीट के कड़े घेरों में अपने आंगन की सौंधी मिट्टी को ढूंढ़ता है और शहर की सड़कों पर अपने गांव की गलियों के मोड़ याद

करता है। यह एक ऐसी तलाश के अधूरेपन की ट्रेजेडी है जो उदासी में डूबकर लिखी गई है।''

निदा कृश्न जी से ज़रा बेतकल्लुफ़ है। वह उनके हाथ में गुलशन नंदा के कई नावल देखकर पूछ बैठता है—

''कृश्न जी 'कालू भंगी', 'दो फ़र्लांग लम्बी संड़क' और 'आधा घंटे का ख़ुदा' जैसी बेशतर ख़ूबसूरत कहानियां लिखने के बाद आपके साथ ये किताबें किसलिए? गुलशन नंदा ने तो आपकी किताबें पढ़कर लिखना सीखा। आपको इन किताबों में क्या मिलेगा?''

''पता नहीं क्या मिलेगा लेकिन मैं इन्हें पढ़ना चाहता हूं।'' वह सादगी से जवाब देते हैं।

''लेकिन क्यों? इनमें आप जैसे मशहूर और बड़े अफ़साना निगार के लिए है ही क्या जो पढ़ेंगे? ये तो लोकल ट्रेनों में मूंगफली बेचने वाले लड़कों की ज़बान में 'टाइम पास' क़िस्म की किताबें हैं।''

कृश्न जी मुस्कुराते हुए बोले, ''देखो मियां कामयाबी या शोहरत बिला वजह किसी को नहीं मिलती। इसकी कोई साइंसी वजह ज़रूर होती है। मेरे सोचने का तरीक़ा अलग है। मेरी किताबें हज़ारों में बिकती हैं जबकि गुलशन की किताबें हिन्दी और उर्दू में एक साथ लाखों में बिकती हैं। वो किसलिए? मैं इनको पढ़कर उस राज़ से वाक़िफ़ होना चाहता हूं, जो इनकी मक़्बूलियत का कारण है। कोई वजह इस मक़्बूलियत की ज़रूर होगी।''

दलील माक़ूल थी। निदा ख़ामोश हो गया। लेकिन कृश्न जी की ज़बानी यह सुनकर उसे ताज्जुब ज़रूर हुआ। कुछ दिनों के बाद एक शाम को कृश्न जी यों ही फिर मिल गए। निदा के ज़ेहन में उनसे पिछली मुलाक़ात ताज़ा थी। उसने उन्हें देखते ही पूछा—

''कृश्न जी पिछली बार आप जब मिले थे तो आपके साथ कुछ किताबें थीं। क्या वो आपने पढ़ीं। उनकी मक़्बूलियत का राज़ मालूम हुआ?''

''हाँ जी...पढ़ तो लीं। पढ़ने के बाद वह वजह भी समझ में आ गई जो उन किताबों की मक़्बूलियत का सबब है। लेकिन उनकी तरह लिखना आसान नहीं है! काफ़ी मेहनत का काम है।''

''वह कैसे?'' निदा उनसे पूछता है।

''भई, उनके यहां गहरी फ़िक्र या समाजी चेतना जैसी कोई चीज़ नहीं। वह पढ़ने वाले को अपनी अक़्ल के इस्तेमाल की ज़हमत से भी दूर रखते हैं। हाँ, एक बात ज़रूर है। वह जैसा भी लिखते हैं, उसे शब्दों में तस्वीरों की तरह दिखाते हैं। यह फ़िल्मी मंज़र नामे का ढंग है। वह लिखते ही नहीं उसे दिखाने की कोशिश भी करते हैं।''

"आपने भी कई फ़िल्में लिखी हैं, देखी हैं, आपके लिए इस तरह लिखना कौन-सा मुश्किल है?"

"कहने और करने में फ़र्क है निदा फ़ाज़ली! जब आगे-पीछे दूसरी गाड़ियां हों तो कार को रिवर्स गियर में नहीं चलाया जा सकता। मैं जब भी इस तरह लिखना की कोशिश करता हूं, दो-चार सफ़हों के बाद ही मेरा कृश्नचंदर मुझ पर सवार हो जाता है। और फिर मेरा क़लम मेरे अख़्तियार में नहीं रहता। उन जैसा लिखना मेरे लिए मुमकिन नहीं है। कृश्नचंदर गुलशन नंदा की नक़ल कर सकता है लेकिन पूरे तौर पर गुलशन नहीं बन सकता। मैंने जो पढ़ा-लिखा है, उसे भुलाना अब मुमकिन नहीं है।"

कृश्नचंदर अपने दौर में अपने समकालीनों में ज़्यादा मशहूर और लोकप्रिय राइटर थे। हिन्दी और उर्दू के प्रकाशक उनके आगे-पीछे फिरते थे। इस लोकप्रियता की साख को बरक़रार रखने के लिए वह पाबंदी से रोज़ाना लिखते थे। दफ़्तर के मुलाज़िम की तरह वह तयशुदा वक़्त पर क़लम उठाते थे और मुक़र्रर किए गए वक़्त तक उसका साथ निभाते थे। उनकी लिखाई घड़ी के मुताबिक़ होती थी। लेखन अब उनकी एक अभिरुचि भी था और पैसे की ज़रूरत भी था। इन दो विरोधाभासपूर्ण रवैयों ने उन्हें काफ़ी तेज़ रफ़्तार बना दिया था। पहले जब उनकी कोई किताब आती थी महफ़िलों और रिसालों में बहस का विषय बनती थी। बाद में इनकी तादाद इतनी ज़्यादा होने लगी कि ख़ुद उन्हें इन सबके नाम मुश्किल से याद आते थे। वह अपने अकेले क़लम से दो घरों का भरण-पोषण करते थे। एक घर वह जो सलमा सिद्दीक़ी और उनके पहले पति से उनके बेटे और कृश्नचंदर का साझा घर था, और दूसरा वह जिसमें अब सिर्फ़ उनकी पहली पत्नी और उनके बच्चे रहते थे। पहले घर में कृश्न जी मुसलमान थे और दूसरे घर में पहले की तरह हिन्दू थे। वह अपने युग में सेक्युलरिज़्म की ज़िंदा अलामत थे। यही धार्मिक सहिष्णुता उनकी कहानी-कला का एक गुण भी है। आधे हिन्दू, आधे मुसलमान। दूसरी शादी के लिए उन्होंने मुस्लिम पर्सनल लॉ में पनाह ली थी। एक जनश्रुति है कि कबीर दास जी का सम्बन्ध भी समाज के दोनों संप्रदायों से था। वह जिसकी इबादत करते थे, उसे रहीम और राम दोनों नामों से पुकारते थे। मृत्यु के बाद उनके इस रहस्य को लेकर मतभेद खड़े हो गए। कोई उन्हें अपने विश्वासों के मुताबिक़ दफ़न करना चाहता था और कोई दाह-संस्कार करना चाहता था। कबीर की आध्यात्मिक शक्ति ने इस विभेद को मेल-जोल में ऐसे बदला कि वह अपने पार्थिव शरीर पर पड़ी चादर के अंदर जिस्म से फूल बन गए। दोनों संप्रदायों ने अपने-अपने धर्मों के मुताबिक़ उन फूलों को आपस में बाँटकर आधों को दफ़न कर दिया, बाक़ी को जला दिया...

कृश्नचंदर अध्यात्म पर भौतिकता को तरजीह देते थे। वह कम्युनिस्ट थे।

अंदर-बाहर से इसलिए जैसे थे, मरने के बाद वैसे ही रहे। और आग को सौंप दिए गए। आक्टोवियो पाज़ ने 'उदयपुर में एक दिन' शीर्षक से एक नज़्म लिखी है। इसकी अंतिम पंक्तियां यों हैं—

आसमान हमें मिटाता है
पानी हमें जलाता है
मेरी आंखें खुलती हैं
और मैं देखता हूं
आज रात बहुत सारे दरख़्तों का जनम हुआ है

कृश्न जी अपने युग में एक लीजेंड बन चुके थे। अब उनकी रचनाएं अदबी रिसालों में नज़र नहीं आतीं। बाज़ार में बेची-ख़रीदी जाती हैं। उनकी महानता की सामाजिक स्वीकृति के रूप में उनके जीवन में ही एक शानदार जश्न मनाया गया और एक बड़ी रक़म की थैली भी उन्हें भेंट की गई। इस आयोजन में उद्घाटन वक्तव्य इंदिरा गांधी ने दिया। और साहिर लुधियानवी ने कृश्न जी की प्रशंसा में एक नज़्म पढ़ी। नज़्म का पहला मिसरा था—

'कृष्ण ने वादा किया था कि वो फिर आएंगे'

इस नज़्म में उस अंतःकथा की तरफ़ संकेत है जिसके अनुसार जब-जब धरती पर पाप और दुःख बढ़ते हैं, भगवान कृष्ण नए अवतार में प्रकट होकर समाज को सुधारने की नई दिशा दिखाते हैं। यह नज़्म दरअस्ल जाँ निसार अख़्तर ने कही थी। मगर उनके किसी संग्रह में यह शामिल नहीं है। कृश्न चंदर की महानता अब किसी अदबी महफ़िल में शरीक होने में आड़े आती है। वह अब बड़े फ़ंक्शनों में ही दूर का जल्वा बनकर दिखाई देते हैं। किताबों की भूमिकाएं लिखते हैं, जल्सों में तक़रीरें फ़रमाते हैं और अपने घर में हिन्दी-उर्दू के समयुगीन लेखक और शाइरों की महफ़िलें सजाते हैं। जिनके रिपोर्ताज सलमा सिद्दीक़ी क़लमबंद करतो हैं और धर्मवीर भारती इन्हें मोटी-मोटी सुर्ख़ियों के साथ 'धर्मयुग' में छापते हैं।

कृश्नचंदर के बरअक्स राजिंदर सिंह बेदी को साहित्य की स्थानीय चहल-पहल से दूर नहीं होने देते। वह हर महफ़िल में कसी सरदार पगड़ी, रंगी हुई दाढ़ी और नए-नए लतीफ़ों के साथ मिलते हैं। उनके लिखने की रफ़्तार कृश्न जी से कम है। कृश्न क़लम बरदाश्ता लिखते हैं। उनकी रचना और क़लम के बीच वक़्त आड़े नहीं आता। एक बार लिखकर दोबारा देखने की न उनके पास फ़ुर्सत है, न उन्हें इसकी आदत है। हज़रत जी ग़मगीन देहलवी की हम्द का एक मत्ला है—

हम्द है मैंने जो कलाम किया
मैंने यूं हम्द को तमाम किया

बेदी के लिखने का तरीक़ा अलग है। वह क़लम की स्याही और काग़ज़ का जी खोलकर इस्तेमाल करते हैं। वह थम-थमकर लिखते हैं। वह एक ही रचना को कई बार लिखकर मुत्मइन होते हैं। उनकी कहानियों में जुम्ले सिर्फ़ चुस्त और तहदार ही नहीं होते बल्कि नज़्म के मिसरों की तरह हर जुम्ला कहानी के लिए ज़रूरी भी होता है। किताबत या छपाई की थोड़ी-सी कमी-बेशी भी उसमें टेढ़ापन पैदा कर देती है।

कहते हैं मशहूर नावल मादाम बावेरी को फ़्लाबेयर ने कई बार तराश ख़राश की प्रक्रिया से गुजार कर पब्लिशर के हवाले किया था। जब यह नावल प्रकाशित हुआ तो इसे फ्रांसीसी साहित्य के इतिहास में एक अहम साहित्यिक घटना क़रार दिया गया। उस युग के प्रामाणिक आलोचकों ने इसकी अहमियत को स्वीकार किया। लेकिन फ़्लाबेयर की ख़ुद की राय इसके बारे में दूसरों से भिन्न थी। उसने कहा था, ''काश मेरे पास इतनी दौलत होती कि मैं किताब की सारी कापियां ख़रीद सकता और इसे नए सिरे से दोबारा लिखकर प्रकाशित कराता।''

राजिंदर सिंह बेदी भी अपनी रचनाओं को ख़ुद से दूर रखकर देखने के क़ायल हैं। उनकी रचना-प्रक्रिया के दौरान रचनाकार के साथ एक निर्मम आलोचक भी हमेशा मौजूद रहता है। वह साहित्य के बाज़ार से ज़्यादा अपने मे'यार पर भरोसा करते हैं। इसलिए उनकी कला एक सतत विकास की कला है। बेदी ने इनसानी रिश्तों की पेचीदगियों को जिस अंतर्दृष्टि के साथ व्यापक सांस्कृतिक परिदृश्य में जाना-पहचाना है, वह उर्दू कथा-साहित्य में नई मंज़िल का सुराग़ है।

मुम्बई में बेदी से निदा की पहली मुलाक़ात ताड़देव में उनके फ़िल्म ऑफ़िस में हुई थी। 'लफ़्ज़ों के पुल' के बाद निदा की दूसरी किताब 'मुलाक़ातें' के नाम से हाल ही में न्यू राइटर्स पब्लिकेशन की संस्था से प्रकाशित हुई थी। यह संस्था निदा ने इब्राहीम नज़ीर के सहयोग से क़ायम की थी। इस संस्था की प्रकाशन-योजना काफ़ी लम्बी-चौड़ी थी। लेकिन हालात ने वक़्त से पहले इसे बंद कर दिया। 'मुलाक़ातें' जब छपकर बाज़ार में आई तो संस्था की तरफ़ से भिंडी बाज़ार और कुर्ला में बड़े-बड़े पोस्टर चस्पाँ किए गए। इन पोस्टरों में जो इबारत दर्ज थी, वह यों थी—

''हो सकता है इन मुलाक़ातों में कुछ चेहरे आपके परिचित होते हुए भी आपकी पहचान में न आएं। यह भी मुमकिन है, आपको कभी दूर से देखे हुए इन चेहरों को क़रीब से देखने का मौक़ा न मिला हो।''

इन चेहरों में कुछ नई धारा के लेखकों के साथ सरदार जाफ़री

अख़्तर-उल-ईमान, ख़्वाजा अहमद अब्बास, जाँ निसार अख़्तर, साहिर लुधियानवी और कैफ़ी आज़मी जैसे मशहूर नाम भी शामिल हैं। इस किताब ने इसमें शामिल बेशतर लेखकों और शाइरों को रचनाकार (निदा) का विरोधी बना दिया। मुहम्मद हसन ने अपने रिसाले 'अस्री-अदब' के एक अंक में किसी नाम से एक समीक्षा छापी जिसमें तरक़्क़ी पसंद लेखकों के सम्बन्ध में निदा फ़ाज़ली के धृष्टतापूर्ण और प्रतिक्रियावादी रवैये की भर्त्सना की गई। इस किताब के बारे में आम राय भी अच्छी नहीं थी। निदा काम की तलाश में अपने एक दोस्त जगदीश सधाना की मार्फ़त बेदी से मिलता है और परिचय के तौर पर अपनी नई किताब उन्हें पेश करता है। बेदी इसके बारे में पहले से सुन चुके थे। दूसरों की तरह उनकी तंज़िया मुस्कुराहट निदा के पागल होने की तस्दीक़ करती है।

निदा ने उन्हें जब अपनी ज़रूरत बताई तो उन्होंने मुंह में नई गिलोरी रखते हुए संजीदगी से कहा, "देखो भाई मैं जो फ़िल्म 'दस्तक' के नाम से बना रहा हूं, वह अभी दस तक ही है, बारह तक नहीं पहुंची है। यानी वो तीन-चौथाई बन चुकी है। इसमें गीत मदन मोहन के साथ मजरूह लिख रहे हैं और संवाद और पटकथा मेरे हैं। तुम्हारे लिए इसमें एक ही काम निकल सकता है। अभी-अभी इसमें मैंने एक सीन लिखा है, इसमें तुम्हें एक रोल दिया जा सकता है।" निदा रोल के शब्द से चौंकते हुए उन्हें देखता है। वह अपनी बात को आगे बढ़ाते हैं।

"यह सीन एक पागलख़ाने का है। इसमें कई पागल किरदार हैं। अगर तुम चाहो तो उनमें से एक तुम भी हो सकते हो।" निदा को बात ज़्यादा बुरी नहीं लगी। हर किसी से ऐसी बातें बार-बार सुनने से उनका पैनापन अब कुंद हो चुका था। उसने सिर्फ़ इतना कहा, "बेदी साहब, पागल होने और पागल की एक्टिंग करने में बहुत फ़र्क़ है। मैं इस काम के लिए शायद मौजूं नहीं हूं। आपको फ़ुर्सत मिले तो इस किताब को ज़रूर पढ़िए। मेरे लिए आपकी राय की ज़्यादा अहमियत है।"

निदा ने बेदी की पेशकश स्वीकार नहीं की लेकिन बेदी ने निदा की किताब पढ़ने की फ़ुर्सत भी निकाली और एक अदबी महफ़िल में अपनी राय का इजहार भी किया। बेदी की राय उनके दीगर समकालीनों से अलग भी है, और उसमें नए लिखने वालों के साथ उनके रवैये की अभिव्यक्ति भी है। तस्दीक़ सहाबरी ने उनकी राय को अपनी किताब 'बहस-ओ-तक़रार' में यों क़लमबंद किया है—

"हमारे एक अदीब हैं निदा फ़ाज़ली, उन्होंने 'मुलाक़ातें' लिखी है। यह किताब मेरी नज़र से गुज़री है। मुझे बहुत ही शगुफ़्तगी का एहसास हुआ कि जिस तरह से आम तरीक़े से लिखा जाता है, वह उससे अलग है। शब्द वही हैं, वही कल्पना, वही ग्रामर लेकिन अपनी शख़्सियत के ज़ोर से इतना ख़ूबसूरत शगुफ़्ता तासीर पैदा किया है, क्लासिकियत से वाक़िफ़ होना ज़रूरी है। नई चीजों में

क्लासिकियत आ जाती है तो बड़ी उम्दा बात है।''

वे निदा की आर्थिक तंगी के दिन थे। न रहने की कोई मुनासिब जगह, न खाने-पीने का कोई ढंग का इंतज़ाम। सुबह से शाम तक इधर-उधर भटकना और रात को देर से उस बिस्तर तक पहुंचना जो लेटते ही किराए का तक़ाज़ा शुरू कर देता था। ऐसी विरोधी हालात में ये चंद अनुकूल वाक्य उसके आत्मविश्वास को बहाल करने में काफ़ी मददगार साबित होते हैं। उगते हुए पौधों को समय पर मुनासिब मिट्टी, पानी और हवा न मिले तो वे मुरझा जाते हैं।

बेदी और कृश्न एक ही शहर में रहते हुए एक-दूसरे से कम ही मिलते हैं। दोनों की एक-दूसरे से कई शिकायतें हैं। फ़र्क़ सिर्फ़ इतना है कि कृश्न जी इन शिकायतों को साहित्य और ज़िंदगी से जोड़कर तरक़्क़ी पसंदी का मसला बनाकर अपनी महफ़िलों में बार-बार दोहराते हैं और बेदी उन्हें शब्दों का रूप देकर ख़ुद भी हंसते हैं और दूसरों को भी हंसाते हैं। बेदी, कृश्न के साहित्य पर ख़ुद राय देने में एहतियात बरतते हैं। लेकिन मुम्बई के वे नए-पुराने लेखक जो उनकी यशाकांक्षा और प्रगतिशीलता पर आपत्ति जताते थे, उन्हें अपना हममिज़ाज ज़रूर समझते थे। उनके इन हममिज़ाजों में मधुसूदन और बाक़र मेहदी भी शामिल थे।

बेदी का अपनी कहानियों के पात्रों से रिश्ता घर के लोगों जैसा होता है। वह लिखते समय भी उनके दुःख-सुख में शरीक रहते हैं और जब कहानी सुनाते हैं तो उन्हीं के साथ ही कभी हंसते हैं और कभी ज़ार-ज़ार रोते हैं। बेदी के पास अपने समकालीनों के मुक़ाबले में सबसे ज़्यादा आंसुओं का ज़खीरा था। इस ज़खीरे को उन्होंने अपने पात्रों पर इस तरह ख़र्च किया कि जब ख़ुद पर रोने का समय आया तो उनके पास कोई आंसू नहीं था। जब आंसू ख़त्म हो जाते हैं तो आदमी हंसना भी भूल जाता है। ऐसी ही हालत में एक दिन खार में अपने घर के सामने बेदी तनहा खड़े नज़र आते हैं। निदा को उन्हें पहचानने में थोड़ा समय लगता है। लम्बी बीमारी ने उनके सिर से पगड़ी और दाढ़ी से ख़िज़ाब छीन लिया था। निदा को देखते ही उन्होंने कहा—

''यार बहुत अकेला महसूस करता हूं। सारे दोस्त ग़ायब हो गए हैं। कोई मिलने नहीं आता। वक़्त हो तो कुछ देर मेरे साथ बैठो।''

निदा उनके साथ दूसरी मंज़िल में उनके कमरे में जाता है। बेदी ख़ामोश है। निदा उस ख़ामोशी में कभी चारों तरफ़ शेल्फ़ों में रखी किताबों के नाम पढ़ता है। कभी मेज़ पर आधे लिखे काग़ज़ पर रखे हुए खुले क़लम को देखता है। कभी हाथ में माला लिये गुरु नानक की तस्वीर के नीचे बैठे हुए बेदी को देखता है। अचानक उसे महसूस होता है बहुत सारे क़हक़हे उद्दंड बच्चों की तरह घर में घुस आए हैं। ज़िंदगी से भरपूर इन उजले-उजले क़हक़हों में गुरु नानक की आंखें अंग्रेज़ी, उर्दू, पंजाबी और हिन्दी की किताबें, दीवार पर टंगी पगड़ी सब शामिल हो जाते

हैं। इनके साथ ही अपनी तस्वीर से निकलकर पहले के बेदी भी, जब वह तंदुरुस्त थे, जब वह पान खाते थे, और सिगरेट पर सिगरेट सुलगाते थे, बात-बात पर क़हक़हे लगाते थे, शरीक हो जाते हैं। बेदी हंस रहे हैं और हर हंसी के साथ वह अपना लिबास और वक़्त भी बदलते जाते हैं। हर लिबास के साथ उनके क़हक़हों का अंतराल और सरदार जाफ़री के त्रैमासिक 'गुफ़्तगू' के लिए अपनी नई कहानी पोस्ट करके वह फ़ोन पर ताकीद करते हैं, ''सरदार तुम्हारे कहने पर मैंने एक कहानी तुम्हें भेज तो दी है लेकिन मेरी ख़्वाहिश है कि तुम इसे गुफ़्तगू के गुफ़्त के हिस्से में छापो, इसके दूसरे हिस्से में इस्तेमाल न करो। इसके लिए तुम्हें और बहुत-से मिल जाएंगे...'' क़हक़हा...

अपनी फ़िल्म 'गर्म कोट' के फ़्लॉप हो जाने के बाद बेदी नई फ़िल्म का प्लान बनाते हैं और उन दिनों के कामयाब हीरो भारत भूषण को साइन करने उनके घर जाते हैं। घंटी बजाने पर दरवाज़ा खुलता है। बेदी पूछते हैं, ''भारत जी हैं?'' दरवाज़ा खोलने वाला कहता है, ''वो तो यहां से शिफ़्ट हो गए जी...'' बेदी मुस्कुराते हुए उससे कहते हैं, ''कमाल है गर्मकोट मेरी फ़्लॉप हुई और शिफ़्ट इन्हें होना पड़ा।'' क़हक़हा...

अख़्तरुल ईमान के पास एक बड़ा-सा अल्सेशियन कुत्ता है जिसके साथ वह सुबह और शाम पाबंदी से बैंड स्टैंड पर चहलक़दमी के लिए निकलते हैं। बेदी उनसे फ़ोन पर पूछते हैं, ''अख़्तर मैं शाम को तुम्हारे घर आना चाहता हूं। यह बताओ तुम्हारा कुत्ता तुम्हें टहलाकर कब वापस लाता है?'' क़हक़हा...

बेदी मुसलसल क़हक़हों से थक कर अपनी बीमारी के साथ निदा के सामने फिर से अपनी मौजूदा सूरत में बैठ जाते हैं। कई पलों की ख़ामोशी के बाद वह वीरान आंखों से निदा से पूछते हैं, ''आजकल क्या कर रहे हो? कोई काम मिला तुम्हें?'' निदा जवाब में कहता है, ''काम तो मिला लेकिन अब तक जितनी फ़िल्में रिलीज़ हुईं उनमें से कोई चलने की तरह नहीं चली...'' बेदी धीरे से कहते हैं, ''अच्छा है। जो फ़िल्मों में चल जाता है, अदब से निकल जाता है।'' यह वाक्य बोलने के बाद वह किताबों की शेल्फ़ के उस हिस्से की तरफ़ देखने लगे जहां उनकी किताबें सिलसिलेवार रखी हुई हैं। 'दाना-ओ-दाम', 'ग्रहण', 'एक बाप बिकाऊ है', 'दस्तक', 'एक चादर मैली-सी'...किताबें देखते-देखते उनकी नज़र मेज़ पर अधलिखे काग़ज़ पर पड़ती है और इसके साथ ही वह कहते हैं, ''मैं एक ऐसे आदमी की तलाश में हूं जो मेरे साथ बैठ सके, मैं बोलूं और वह उसे लिख सके और मेरी सारी अधूरी कहानियां पूरी कर सके।''

वो-जो
फटे-पुराने जूते गांठ रहा है

वो भी मैं हूं
वो जो
घर-घर धूप की चांदी बांट रहा है
वो भी मैं हूं
वो जो
उड़ते परों से अंबर पाट रहा है
वो भी मैं हूं
वो जो
हरी-भरी शाख़ों को काट रहा है
वो भी मैं हूं
        सूरज चांद निगाहें मेरी
        साल महीने राहें मेरी
कल भी मुझमें
आज भी मुझमें
चारों ओर दिशाएं मेरी
अपने-अपने आकारों में
जो भी चाहे भर ले मुझको
जिसमें जितना समा सकूं मैं
उतना अपना कर ले मुझको
        हर चेहरा है मेरा चेहरा
        बे चेहरा इक दरपन हूं मैं
        पल-पल रूप बदलने वाली
        मिट्टी हूं मैं
        जीवन हूं मैं

बेदी की रिहाइशगाह अब एक क्लब का रूप ले चुकी है। इस जुए के क्लब की देखभाल उनकी बहू करती है। बेदी की सारी किताबें एक स्थानीय लाइब्रेरी में स्थानांतरित कर दी गई हैं।

मुम्बई के साहित्यिक माहौल में राही मासूम रज़ा के आगमन की ख़बर की गूंज है। यगाना पर उनकी आलोचना की अहम किताब, तिलिस्म होशरुबा पर उनका शोध प्रबंध, उनके 'मैं एक फेरीवाला' और 'अजनबी रास्ते', 'दो शे'री मज्मूए' और उसके साथ 'आधा गांव' जिसे हिन्दी के चंद बेहतरीन उपन्यासों में शामिल होने का गौरव प्राप्त है; उनकी साहित्यिक पहचान के विश्वसनीय आधार हैं। उनका यह उपन्यास कई यूनिवर्सिटियों में हिन्दी पाठ्यक्रम में भी शामिल है। बलवंत सिंह के उपन्यास 'दो अकाल गढ़' की तरह इससे भी उर्दू वाले कम परिचित हैं। अगर यह उर्दू में प्रकाशित हुआ होता तो उर्दू के गिनती के उपन्यासों की सूची में एक का और इज़ाफ़ा होता। राही ख़ुशशक्ल, ख़ुश लिबास और ख़ुश मिज़ाज इनसान थे।

एक ज़माने में वह मुशाइरे के लोकप्रिय शाइर भी थे। जिस महफ़िल में होते अपनी सरस बातों से पुरुषों से ज़्यादा स्त्रियों का ध्यान खींचते थे। यों तो 'दाग़' की तरह उनके नामा-ए-आमाल[1] में कई पर्दानशीनों के नाम हैं। लेकिन उनका आख़िरी इश्क जिसके लिए उन्हें अलीगढ़ छोड़ना पड़ा और जो उम्र भर उनका हम सफ़र रहा, उसने मौखिक अनुबंध के तहत उन पर कई पाबंदियां लगा दी थीं। राही जब मुम्बई आए थे तो उन पाबंदियों के कड़े घेरे में थे। वह न अब मुशायरों में कलाम सुना सकते थे और न साहित्यिक गोष्ठियों में अपनी बातचीत का जादू जगा सकते थे। जिन लोगों को इस गुप्त एजेंडे का पता नहीं था, वे उनसे मिलने जाते हैं, उन्हें आमंत्रित करते हैं। लेकिन हर बार मायूस होते हैं। वह अब जिस राह के राही हैं उसकी मंज़िल फ़िल्म इंडस्ट्री है। भारत भूषण के बड़े भाई फ़िल्म निर्माता आर. चंद्रा उनके सरपरस्तों में थे। यह वही आर. चंद्रा हैं जिन्होंने 'मेघ मल्हार' बनाई थी। और जिसकी नाकामी की वजह से भारत भूषण को अपने लम्बे-चौड़े बंगले से शिफ़्ट होकर बांद्रा लिंकिंग रोड के फ़्लैट में बसेरा करना पड़ा। फ़िल्म इंडस्ट्री में ऐसे उतार-चढ़ाव रोज़ के तमाशे हैं।

---

1. कर्मों का लेखा-जोखा

बाबू राव और भगवान की फ़िल्मों की एक ज़माने में बड़ी धूम थी। निदा के विद्यार्थी जीवन में छात्र-छात्राएं इस जोड़ी के बहुत आशिक़ थे। कालेज से छूटना और भगवान दादा की कामेडी और बाबू राव की मारपीट से भरपूर फ़िल्मों के मैटिनी शो देखना उन दिनों रोज़ का मामूल था। इस जोड़ी के बाबू राव की लाश को चेम्बूर में चंदे से आग के सुपुर्द किया गया और भगवान दादा जो एक ज़माने में पूरे स्टूडियो के मालिक थे, अब दादर में एक ख़ोली में रहते हैं।

एक ज़माना था जब डांसर कुक्कू फ़िल्म के तमाशबीनों के दिलों की धड़कन थी। उसका डांस फ़िल्मों की कामयाबी की गारंटी समझा जाता था। वह जब लचकती थी तो दुनिया उसके साथ मटकती थी। वह लम्बी बीमारी से टूट-फूटकर, दूसरों के रहमो-करम की मुहताज बनती है और उसी हालत में अपने अकेलेपन का शिकार होकर अल्लाह को प्यारी हो जाती है।

एन. दत्ता अपने ज़माने के मशहूर म्यूज़िक डायरेक्टर थे। साहिर लुधियानवी के साथ फ़िल्म 'धूल का फूल' में उनके संगीत का मुल्क के कोने-कोने में हंगामा था। 'तू हिन्दू बनेगा, न मुसलमान बनेगा। इनसान की औलाद है इनसान बनेगा' इस फ़िल्म का मक़्बूलतरीन गीत था। एक दिन आर.डी.बर्मन के म्यूज़िक रूम में राज कपूर की फ़िल्म 'बीवी ओ बीवी' की सिटिंग थी। इस फ़िल्म के गीत निदा लिख रहा था। अचानक गिटार, हारमोनियम और ढोलक के आरकेस्ट्रा में बाहर की चीख़-पुकार की आवाज़ें शामिल हो गईं। ये आवाज़ें एन. दत्ता की थीं। वह शराब के लिए कुछ पैसे लेने अंदर आना चाहते थे और चौकीदार उनका हुलिया देखकर उन्हें इसकी इजाज़त नहीं दे रहा था। आर.डी. बर्मन को जब मालूम हुआ तो उन्होंने कुछ नोट देकर उन्हें बाहर ही से विदा कर दिया। नासिख़ ने ख़ूब कहा है—

बिगड़ते जाते हैं लाखों, हज़ारों बनते जाते हैं
जहां में रात दिन जारी ख़ुदा का कारख़ाना है

राही जो बनना चाहते थे, उसके लिए उन्होंने हर मुमकिन जुगत का इस्तेमाल किया। नए-नए विवादास्पद मसले उठाकर लोगों का ध्यान आकृष्ट किया। इनमें से एक उर्दू लिपि का विरोध और नागरी लिपि की वकालत था। धर्मवीर भारती के सम्पादकत्व में 'धर्मयुग' ने इसको काफ़ी हवा दी, और वह मुम्बई आने के कुछ दिन बाद ही हर महफ़िल में बहस-मुबाहिसे का विषय बन गए। उर्दू वाले गाली-गलौज पर उतर आते हैं, हिन्दी अख़बार और रिसाले उनकी रौशनख़याली के क़सीदे गाते हैं। आज़ादी के बाद हिन्दुस्तानी सियासत ने हिन्दी और उर्दू को जो धर्म से जोड़ने की भूल की थी, और उर्दू को मुसलमान और हिन्दी को हिन्दू बना दिया था। राही इस सियासत से ख़ूब खेले। इस खेल में जो पत्ते उनके हाथ में थे, उन्हें वह क़ौमी एकता के प्रतीकों के रूप में ले रहे थे। यह और बात है

कि उनकी क़ौमी एकता की परिकल्पना दोआबे तक सीमित थी। उसमें तमिल, कन्नड़, कश्मीरी, डोगरी, मराठी, गुजराती, बांग्ला वगैरह के इलाके शामिल नहीं थे जो अपने भाषायी चरित्र और लिपि के लिहाज़ से एक-दूसरे से भिन्न होते हुए भी हमारी विरासत का हिस्सा हैं। भारत और पाकिस्तान का विभाजन जिस द्विराष्ट्रीय सिद्धांत की बिना पर अमल में आया, वह भी इसी भूभाग की देन था जिसका सुबूत उपमहाद्वीप के विभाजन के कुछ साल बाद पाकिस्तान ही में बंगाली मुसलमानों का भाषीय विरोध था जो हम मज़हब होने के बावजूद अपनी सांस्कृतिक अस्मिता की क़ुर्बानी देने को तैयार नहीं थे। लेकिन उनकी वैचारिक सीमा यह थी कि वे भाषायी समस्याओं को व्यापक परिप्रेक्ष्य में रखकर देखने की स्थिति में नहीं थे। यह भी मुमकिन है कि उन्होंने अपनी इस सोच को सोचे-समझे प्लान के अनुसार अपनी ज़रूरत बना लिया हो। उनके इस अमल ने जो रास्ता खोला था उस पर वे इतने आगे निकल गए कि उन्होंने उर्दू में लिखना ही बंद कर दिया। 'अजनबी शहर अजनबी रास्ते' (उर्दू) के बाद उनका कविता संग्रह सिर्फ़ हिन्दी में ही प्रकाशित हुआ। इसकी भूमिका धर्मवीर भारती ने लिखी है। उन्होंने अपना महत्त्वपूर्ण उपन्यास भी सिर्फ़ हिन्दी के पाठकों के लिए ही लिखा। दूसरे उपन्यास जिनमें 'टोपी शुक्ला', 'हिम्मत जौनपुरी', और 'कटरा बी आरजू' प्रमुख हैं, भी उर्दू लिपि में प्रकाशित नहीं हुए। राही के इस रवैये को सराहते हुए धर्मवीर भारती ने अपनी पुस्तक 'शब्दिता' में लिखा है, ''कृश्नचंदर, राजिंदर सिंह बेदी, सरदार ज़ाफ़री जैसे कट्टरपंथियों में एक राही मासूम रज़ा थे जो अपनी मूल मान्यताओं पर अडिग खड़े रहे।'' धर्मवीर भारती की इस राय को उन्होंने फ़िल्म इंडस्ट्री में ख़ूब कैश किया।

राही ने 'आधा गांव' में अपने बारे में लिखा है, ''मुझे झूठ में सच और सच में झूठ की मिलावट की कला आती है।''

राही की इस कलाकारी ने ख़ूब गुल खिलाए। इसके ज़रिए मुश्किल के दिनों में उन्होंने पैसे भी कमाए, फ़िल्म इंडस्ट्री में अपने पांव भी जमाए और उर्दू के उन समालोचकों के कर्ज़ भी चुकाए जिन्होंने न कभी उनकी शाइरी को माना था और नहीं उनकी समालोचना को गिनती में लाये थे। जब वह 'वह' बन गए जो उन्हें बनना था तो वह साहित्यिक गोष्ठियों में भी आने लगे। मुशाइरों में शे'र भी सुनाने लगे और उर्दू लिपि में अपनी शाइरी भी छपवाने लगे। उनका नया संग्रह 'ग़रीब शहर' है जो उर्दू में छपा है और जिसमें उनकी विशिष्ट शैली की कई अच्छी ग़ज़लें और नज़्में शामिल हैं। इन नज़्मों की इमेजरी घरेलू और ज़मीनी है। इनमें हिन्दी का रस भी है और उर्दू का जस भी है। इस किताब को उन्होंने अपनी इकलौती बेटी मरियम के नाम सम्बद्ध किया है। इसके समर्पण में उन्होंने लिखा है–

''मरियम बेटी तुम मुम्बई में पैदा हुई थीं और यह शाइरी भी मेरे मुम्बई आने के बाद की है। इसलिए यह मज्मुआ तुम्हारे नाम करता हूं।''

यह भी एक अजीब संयोग है, राही जब उर्दू विरोध से उर्दू की अनुकूलता की ओर आगे आए तो उनकी बेटी भी सरदार जाफ़री, कैफ़ी आज़मी, राजिंदर सिंह बेदी वग़ैरह के बच्चों की तरह कोसों दूर हो चुकी थी।

उर्दू है जिसका नाम हमीं जानते हैं 'दाग़'
हिन्दोस्तां में धूम हमारी ज़बां की है

मुम्बई में राही ने दो सौ से ज़्यादा फ़िल्मों के लिए संवाद और पटकथा लिखे। मशहूर सीरियल 'महाभारत' में उनके संवादों में वाक्य-रचना और शब्द-चयन के कौशल से दो बातें ज़ाहिर होती हैं। पहली यह कि अच्छा गद्य लिखने वाले का अच्छा कवि होना भी जरूरी है और दूसरी यह कि उर्दू और हिन्दी अपनी-अपनी लिपियों में परवरिश पाएं तो एक-दूसरे की ताक़त बन सकती हैं। राही की भाषा का सौंदर्य इसी मेल की देन है।

मुम्बई को राही ज़रूर रास आए लेकिन राही को मुम्बई कभी रास नहीं आई। वह मुम्बई में रहते हुए अपने एकांत क्षणों ग़ाज़ीपुर (उत्तर प्रदेश) में घूमते-फिरते नज़र आते थे। उन्हें मुम्बई ने जितना दिया, उससे कहीं ज़्यादा छीन भी लिया जिसका मातम वह मुम्बई में लिखी रचना में करते नज़र आते हैं। राही अपनी नज़्म 'मर्सिया' में इस दर्द को यों लिखते हैं–

एक चुटकी नींद की मिलती नहीं
अपने ज़ख़्मों पर छिड़कने के लिए
हाय हम किस शहर में मारे गए
घंटियां बजती हैं
ज़ीने पर क़दम की चाप है
फिर कोई बेचेहरा होगा
मुंह में होगी जिसके मक्खन की ज़बां
सीने में होगा जिसके
इक पत्थर का दिल
मुस्कुराकर
मेरे दिल का इक वरक़ ले जाएगा...!

राही ने यहां आकर जो खोया था, इसका उन्हें एहसास था। उनके अधिकांश समकालीन तो मुम्बई की चमक-दमक में कभी-कभी इस एहसास को भी गंवा चुके हैं।

घर को खोजें रात-दिन, घर से निकले पांव
वो रस्ता ही खो गया जिस रस्ते था गांव

निदा, सरदार ज़फ़री की 'गुफ़्तगू' (त्रैमासिक पत्रिका) में काम कर रहा था। इसके दूसरे अंक में फ़िराक़ गोरखपुरी पर विशेष सामग्री प्लान की गई थी। फ़िराक़ पर लेख के लिए ज़ोय अंसारी से कहा जाता है। वह राज़ी हो जाते हैं। सरदार जाफ़री इसकी सूचना फ़िराक़ साहब को देते हैं। फ़िराक़ का संक्षिप्त सा जवाब आता है—

"उन्होंने मुझसे पहले के हज़रात पर क्या लिखा है जो मुझ पर लिखना चाहते हैं।"

फ़िराक़ के ख़त से पहले ज़ोय अंसारी लेख लिख चुके थे। जाफ़री साहब जब उन्हें फ़िराक़ का ख़त दिखाते हैं तो वह अपना लेख वापस ले जाते हैं और फ़िराक़ साहब के व्यंग्य के जवाब में लेख को दोबारा घटा-बढ़ाकर लाते हैं। इस बार लेख का शीर्षक फ़िराक़ ही की एक मशहूर ग़ज़ल की रदीफ़ 'फिर भी...!' होता है। लेख अब सिर्फ़ प्रशंसात्मक नहीं रहा। इसमें व्यंग्य के तेवर भी शामित हो गए थे।

जश्न-ए-ग़ालिब के जलसे में ज़ोय अंसारी भाषण दे रहे हैं। श्रोताओं से खुले मैदान की सारी कुर्सियां भरी हुई हैं। निदा, बाकर मेहदी के साथ स्टेज के दाईं तरफ़ पहली पंक्ति में बैठा है। ज़ोय अंसारी बहुत अच्छे वक्ता थे। उनका भाषण एक साथ सस्ती रुचि वाला, विद्वत्तापूर्ण और नाटकीय होता था। अवाम को बांधे रखने में वह आवाज़, शब्द और अंदाज़ तीनों से काम लेते थे। मूल विषय पर आने से पहले वह अपनी व्यस्तताओं का उल्लेख करते हुए एक भूमिका बनाकर भाषण शुरू कर रहे थे। सब ध्यान से कान लगाए सुन रहे थे।

"मिर्ज़ा असद उल्लाह ख़ां ग़ालिब आजकल उर्दू दुनिया पर ग़ालिब हैं। हर छोटे-बड़े शहर में जलसे आयोजित किए जा रहे हैं। यों समझिए कि इस वक़्त जो मैं आपके साथ खड़ा हूं, यह सिर्फ़ आप हज़रात के ज़ौक-ओ-शौक़ का एहतिराम है, वरना ज़ोय अंसारी जिस नाचीज़ का नाम है, उसे आज कलकत्ता में होना था और अगर कलकत्ते में नहीं होता तो वाजिदशाह पिया की बारहदरी में होता। अगर वहां भी नहीं होता तो दिल्ली जो एक शहर है आलम में इंतख़ाब में हो सकता था। लेकिन मुझे जहां होना चाहिए था, वहां मैं हूं।" ज़ोय अंसारी के वाक्यों में

कई बार 'होना' और 'होता' की आवृत्ति को सुनकर बाक़र मेहदी अनायास ग़ालिब के एक शे'र के आधे मिसरे को अपनी इस्लाह के साथ हवा में उछालते हैं, 'डुबोया तुझको होने ने...'सारी महफ़िल क़हक़हों से भर जाती है।

"सुबहान अल्लाह कलाम-ए-ग़ालिब पर इस्लाह की ज़ुरअत हमारे बाक़र मेहदी के अलावा और कौन कर सकता है।" महफ़िल में दोबारा पहले से ज़्यादा शोर भरी तालियां गूंज उठती हैं।

सूरज डूबते ही रोज़ की तरह भिंडी बाज़ार में उस्ताद ख़लील का ग़ैर शादीशुदा कमरा नए-पुराने अदीबों और शाइरों की तल्ख़ जायक़ा ठर्रे से मेहमाननवाज़ी कर रहा था। क़ाज़ी सलीम अपनी नई नज़्म सुना रहे थे, उनकी एक आदत थी, वह जब नज़्म पढ़ते हुए कहीं से भूलते थे तो ख़ामोश होकर जेब से क़लम निकालकर उसे किसी काग़ज़ पर लिखने लगते थे। जब पूरी नज़्म काग़ज़ पर उतर आती थी तो उसे फिर शुरू से सुनाते थे। उनके लिखने के दौरान अगर कोई श्रोता उनकी इस आदत से परिचित नहीं होता था तो वह किसी और से सुनाने की फ़रमाइश कर बैठता; इसे वह (क़ाज़ी सलीम) अपनी अवमानना समझकर या तो नाराज़ होकर महफ़िल छोड़कर बाहर चले जाते थे या फ़रमाइश पर सुनाने वाले को उसकी साहित्यिक औक़ात से परिचित करा देते थे। इस बार उनके व्यंग्य का निशाना निदा फ़ाज़ली था। बाक़र, निदा के बचाव में क़ाज़ी सलीम से उलझ जाते हैं लेकिन इससे पहले कि महफ़िल बिखर के आधी-अधूरी ही उठ जाए, ज़ोय अंसारी दाख़िल होते हैं और उनके आते ही माहौल फिर पहले जैसा हो जाता है। ज़ोय अंसारी की ज़बान और अंदाज़े बयां अच्छे-अच्छों की मुंह ज़ोरियों को बेलगाम नहीं होने देते। वह जब चाहते हैं महफ़िल का ध्यान खींच लेते हैं। सिर्फ़ बाक़र मेहदी दायरे से बाहर हैं। अब कहा-सुनी निदा और क़ाज़ी सलीम के बजाय ज़ोय अंसारी और बाक़र मेहदी के बीच होने लगती है। बाक़र के लगातार रोकने-टोकने से भी जब उनकी बातचीत का सिलसिला नहीं टूटता तो बाक़र श्रोताओं के जमघट से निकलकर बाहर चले जाते हैं। उनके जाते ही ज़ोय अंसारी मुस्कुराते हैं और छोटी-सी ख़ामोशी के बाद फ़रमाते हैं, "यगाना ने चंगेज़ी बनकर अपनी ज़हानत का नुक़सान किया और हमारे मोहतरम दोस्त इसी मिज़ाज को अपनाकर ख़ुद को ज़ाया कर रहे हैं।"

'चित भी अपनी है पट भी अपनी है, मैं कहां हार मानने वाला'

ज़ोय अंसारी एक में कई हैं। एक ही शख़्सियत में वह थोड़े-थोड़े बहुत-से हैं। उन्होंने अपने अंदर छोटे-बड़े कई दड़बे बना रखे हैं। किसी में वह पत्रकार हैं, किसी में वक्ता हैं, कहीं वह आलोचक हैं, कहीं शोधकर्त्ता हैं, कहीं वह अनुवादक हैं, कभी वह एडीटर हैं! उनकी शख़्सियत की पहचान के इतने संदर्भ हैं कि किसी

एक कोण से पूरी तरह पहचान में नहीं आ पाते। उन्हें इसका गिला भी है जिसका इज़हार भी वह बैठकों में अक्सर करते नज़र आते हैं। उनके इस अस्थिर मिज़ाज ने किसी भी रूप में उन्हें इतनी देर नहीं ठहरने दिया कि वह देखने वालों की नज़र में अच्छी तरह समा सकें। कभी वह पुश्किन और चेख़व के साथ टहलते हैं, कभी रोज़ के एडीटोरियल में क़तरा-क़तरा पिघलते हैं। वह ज़िंदगी की परस्पर विरोधी दिशाओं में एक ही समय सफ़र करने के शौक़ीन थे। लेकिन उनकी यह किसी मंज़िल के यक़ीन के बग़ैर जारी थी। उन्होंने अपने समकालीनों में अपेक्षाकृत ज़्यादा लिखा है। लेकिन अलग-अलग मार्गों पर अपनी सतत यायावरी के बावजूद जो चीज़ उन्हें दूसरों से अलग और विशिष्ट बनाती है और उनके भटकाव में ठहराव का सौंदर्य पैदा करती है, वह उनके सुंदर गद्य की निजतापूर्ण शैली है। वह एक शैलीकार गद्यलेखक हैं जो अपने शब्दों के चयन और स्वभाव से अलग से पहचाने जाते हैं। वह अपनी इस ख़ूबी से परिचित भी हैं। शायद इसीलिए वह जितना न्याय अपने विषय के साथ करते हैं, उससे कहीं ज्यादा ध्यान जुमलों की नोक-पलक संवारने में देते हैं।

उन दिनों चर्च गेट का स्टेशन खार या बांद्रा से दूर होते हुए भी क़ाफ़ी नज़दीक महसूस होता था। इस नज़दीकी की वजह स्टेशन के इर्द-गिर्द का परिवेश, खुला समन्दर और माहौल था। स्टेशन के दाएं गेट के बाहर की गली में कैडल कोर्ट की दूसरी मंज़िल में इस्मत चुग़ताई का बसेरा था। सामने गेट के बाहर सड़क पार करके एशियाटिक नाम का ईरानी होटल था जहां सूरज ढलते ही साहित्य, चित्रकला और संगीत से जुड़े हुए कई हम उम्रों का रोज़ का डेरा था। इनमें जगजीत सिंह, जितेंद्र बल्लू, राम अरोड़ा और निदा फ़ाज़ली रोज़ के मिलने-जुलने वालों में थे।

जगजीत सिंह अभी अकेले थे। होटल में खाते थे और किसी सस्ते से होस्टल में रहते थे। गंगानगर से वह सिर पर जो पगड़ी और मुंह पर दाढ़ी लेकर आए थे, वह अब भी उनके साथ थी। उनकी आवाज़ बहुत ख़ूबसूरत है। लेकिन आवाज़ भी मेहदी हसन की गाई हुई ग़ज़लों को दोहराने तक ही सीमित है। अभी उन्हें जगजीत सिंह बनने में काफ़ी देर है। मेहदी की ग़ज़लें गाना ही उनकी आजीविका का साधन था। वह भविष्य जो आज उनका वर्तमान बन चुका है, अभी उनसे कोसों दूर था। उसे क़रीब लाने के लिए वह रात-दिन जद्दोजहद कर रहे थे।

आज के जितेंद्र बल्लू अपने पुराने नाम बल्लू बेदिल के नाम से जाने जाते थे। उर्दू के कहानीकार 'शमा' मासिक में कहानियां प्रकाशित हो चुकी थीं। किसी डायरेक्टर के साथ असिस्टेंट थे। अपने इस काम से वह मुत्मईन नहीं थे। अपने इस असंतोष की स्थिति का समाधान वह हिन्दुस्तान छोड़कर किसी तरह लंदन में बस जाने में ढूंढ़ रहे थे।

राम अरोड़ा हिन्दी के किसी अख़बार से जुड़ा है और कहानियां लिखता है। पाकिस्तान के बनने के बाद उसके ख़ानदान को मजबूरन लाहौर छोड़कर हिन्दुस्तान आना पड़ा था। अपनी ज़मीन से बिछड़ने का यह ज़ख़्म अभी पूरी तरह भरा नहीं है। वह होश में दूसरों की तरह हंसता है, मुस्कुराता है लेकिन बीयर का गिलास पीते ही हर बातचीत को हिन्दू-मुस्लिम का रंग देकर चीख़ता-चिल्लाता है और फिर अपनी इस हरकत पर आंसू बहाता है। लौटते वक़्त वह एक दिन बांद्रा तक निदा के साथ बस में होता है। रास्ते भर वह ख़ामोश रहता है या नशे की झपकी के

आलम में होता है। लेकिन बांद्रा के आते ही वह निदा का हाथ थामकर कहता है—

"साले मुसलमान! मैं जानता हूं तू बेरोज़गार है। जब भी तुझे पैसों की ज़रूरत हुआ करे तू तकल्लुफ़ नहीं करना। मुझसे ले लेना।" और इतना कहकर वह ज़बर्दस्ती निदा की जेब में बीस रुपए डाल देता है।

भूपेंद्र सिंह के हालात दूसरों से बेहतर थे। वह भी जगजीत सिंह की तरह मोना सरदार है। फ़िल्म 'हक़ीक़त' में उसके गाए हुए गाने बहुत मशहूर हुए थे। प्लेबैक सिंगिंग के अलावा वह गिटार का भी अच्छा कलाकार है। और रोज़ाना कुछ न कुछ कमा लेता है। शाम को बीयर के लिए साझे चंदे में उसका हिस्सा सबसे ज़्यादा होता है।

"मुझे रोती-बिसूरती, हराम के बच्चे जनती, मातम करती औरत से नफ़रत है। बेकार की शर्मो-हया और वे सारी खूबियां जो औरत का ज़ेवर समझी जाती हैं, मुझे लानत मालूम होती हैं। कोरी भावुकता से मुझे कोफ़्त होती है।" (मैं क्यों लिखती हूं—इस्मत चुग़ताई)

इस्मत ने स्त्री और पुरुष की बरसों पुरानी सीमाओं को गड्ड-मड्ड करने का जो साहित्यिक प्रयोग किया है वह उनका एक तारीख़ी कारनामा है। वह गुलाम हिन्दुस्तान में आज़ाद औरत की जीवंत परिकल्पना हैं। इस्मत अपने स्वभाव से विद्रोही और नाराज़ स्त्री का प्रतीक हैं। उन्होंने जैसा देखा, जो उनके बर्ताव में आया, वही अपने विशिष्ट अंदाज़ में लिखा। उनकी कहानियों की दुनिया भले ही विस्तृत न हो लेकिन वह अपनी छोटी-सी दुनिया की बड़ी कथाकार मालूम होती हैं। इसमें चिंतन से ज़्यादा सामाजिक निरीक्षण का हस्तक्षेप है। इस दुनिया के ज़मीन और आसमान उनके साथ ही खेल-कूद कर बड़े हुए हैं। उनके हर रास्ते के हम सफ़र रहे हैं। इसमें रहने-बसने वालों से भी वह उसी तरह जुड़ी हुई हैं जिस तरह शरीर में हाथ-पांव जुड़े होते हैं। इस्मत स्त्रियों की दैनिक बोलचाल की स्वाभाविक भाषा को नाटकीय कलात्मकता में ढालने की कला जानती हैं। उनकी कहानियों के पात्र ही उनके जाने-पहचाने नहीं होते। उनकी भाषा भी वही होती है जो इस्मत ख़ुद बोलती रही हैं या जिसे उन्होंने अपने घर या निकट के परिवेश में सुनकर अपनी स्मृति में संजोये रखा था। उनकी यह जीवंत, अनौपचारिक और बेबाक भाषा ही उनकी साहित्यिक पहचान है।

इस्मत की कहानियों का पहला संग्रह 1941 ई. में प्रकाशित हुआ। इस प्रकाशन से पहले ही इसमें शामिल अधिकांश कहानियां पाठकों को चौंका चुकी थीं। इन कहानियों की प्रसिद्धि में दैहिक सम्बन्धों के खुलेपन और स्त्री-मन के रहस्योद्घाटन का हाथ ज़्यादा था। ये कहानियां इसलिए भी पाठकों का ध्यान आकृष्ट करती थीं कि उनके लिखने वाले हाथ एक स्त्री के थे। इस्मत के व्यक्तित्व के निर्माण में उनकी प्रतिभा के साथ दीगर दो नाम भी अहम हैं। उनमें एक उनके

बड़े भाई अज़ीम बेग चुग़ताई का है और दूसरा 'अंगारे' वाली डॉ. रशीद जहां का है। इस्मत के कहानीकार की शक्ति उनका वह अतीत है जो थोड़ा-थोड़ा आगरा, अलीगढ़, बदायूं और जोधपुर में बिखरा हुआ है। उन्होंने जब भी दूर होते इस अतीत के बुझते अंगारों को रौशन किया, उर्दू अदब को 'दोज़ख़ी', 'चौथी का जोड़ा', और 'नन्ही की नानी' जैसी कहानियों से अमीर बनाया। अपने इस अतीत से जहां वह दूर होती हैं, वहां उस वेदना को नहीं जगा पातीं जो उनके रचना-विवेक का मूल आधार है।

तरशे हुए बिना चोटी के बहुत-सारे काले-सफ़ेद बाल, पान से रंगी हुई बुढ़ापे की कम उम्र मुस्कुराहट, बूढ़े चश्मे से झांकती हुई जवान आंखें और तेज़ धार मेरठ की कैंची की तरह चलती तेज़ ज़बान, जिसमें स्त्री और पुरुष की बातचीत के दायरे हमेशा एक-दूसरे को लांघते-फलांगते रहते हैं, उनकी प्रकट विशेषताएं हैं। वह जिस जगह होती हैं, बोलने का हक़ सिर्फ़ उन्हीं को होता है। जो इस अनुबंध को तोड़ने का उपक्रम करता है तो उनके किसी जुमले का इस तरह शिकार होता है कि वह कई दिनों अपनी मर्दानगी पर शक करता रहता है। निदा उनसे आख़िरी बार उन्हीं पर बनने वाली एक डाक्यूमेंट्री के सिलसिले में मिलता है। उस वक़्त उनमें वह चुग़ताइयत ग़ायब हो चुकी थी जो महफ़िलों में दहाड़ती थी और बड़े-बड़े जवान मर्दों को तीखे फ़िक़रों से पछाड़ती थी। उनकी लम्बी उम्र सिमटकर फिर से एक कमसिन बच्ची में तब्दील हो गई थी। यह वही बच्ची थी जो आगरा या बदायूं में वह ख़ुद थीं।

घर में सबसे छोटी, सांवले रंग की वजह से सब जिसे कल्लो के नाम से पुकारते थे। सीना-पिरोना, खाना पकाना सीखने के बजाय वह दिन भर गुल्ली-डंडा, कबड्डी या पेड़ों पर गिलहरी की तरह उतरने-चढ़ने में खोई रहती थी। भाइयों के साथ छतों, मुंडेरों पर बंदरों की तरह उसे कूदती-उछलती देखतीं तो महल्ले की बड़ी-बूढ़ियां एक-दूसरे से बोलतीं, "नोज बवा, ये नुसरत की लौंडिया है या मुआ बिजार...तौबा...तौबा...!"

इस्मत फिर से अपना वही बचपन जीने लगी थीं। कभी वह छज्जे पर उतर के नाचती थीं, कभी गैलरी में रखे गमले के फूलों और बेलों से उन्हीं की ज़बान में बातें करती थीं। वह अब अगला-पिछला सब भूल चुकी थीं। उनकी बातचीत भी अब असम्बद्ध और सुर्रियलिस्टिक हो चुकी थी।

निदा के सवाल कुछ होते थे, उनके जवाब में कुछ होते थे। सब उनकी एकल पात्रीय कहानियों के बारे में होता है। जवाब में वह उस कश्मीरी शाल की कहानी सुनाने लगती हैं जो उनकी बेटी उन्हें उस वक़्त उढ़ाती है..."मालूम है तुम्हें, यह शाल किसकी है? तुम क्या जानो? फ्रांस का बादशाह एक बार मुझे जहाज़ में मिला था—गोरा सुर्ख़। मुझे देखकर वह मुस्कुराया। मैं कहां चूकने वाली थी।

मैं भी हंस दी। बस दोस्ती हो गई। उसने मेरी शाल खुद ओढ़ ली और अपनी शाल मुझे उढ़ा दी...(क़हक़हा)...यह उसकी मुहब्बत का तोहफ़ा है।''

सवाल साहित्य और राजनीति के संबंधों के बारे में पूछा जाता है। जवाब में वह पंडित नेहरू से अपनी बचपन की मुलाक़ात का ज़िक्र करती हैं, ''पता है तुम्हें, पंडित नेहरू से मैं जब मिली थी, उस वक़्त मैं पाँच साल की थी। अज़ीम भाई की मुसलसल खों-खों से ऊबकर एक दिन मैं किताब-कापी फेंककर बाग़ में चली गई। अज़ीम भाई मुझे पढ़ाते थे। लेकिन तपेदिक़ ने उन्हें खोखला कर दिया था। जब देखो खांस-खांस कर ख़ून थूकते रहते थे और बाहर जाकर मैंने नीम के नीचे से एक बिनौली उठाई और उससे दूसरा नीम उगाने के लिए दीवार के पास ज़मीन खोदने लगी। फिर क्या देखती हूं, दो गोरे-गोरे ख़रगोशों जैसे पांव मेरे क़रीब आकर रुक गए। नज़र उठाकर देखा तो सामने पंडित नेहरू खड़े थे। उन्होंने मुझे काम करते देखा तो मेरा हाथ भी बंटाया। पंडित जी ने निबोली की क्यारी में खुद पानी दिया। वह मेरे अलावा घर में और किसी से नहीं मिले। बाहर से ही चले गए। उनके पास वक़्त ही कहां था? जिससे मिलने आए थे, बस उससे ही मिले...'' एक और सवाल के जवाब में वह रवींद्रनाथ टैगोर को बीच में ले आती हैं, ''हुआ यूं, मैं उनसे मिलने शांतिनिकेतन गई। दबे-दबे पांव धीरे-धीरे सीढ़ियां चढ़कर मैं उस कमरे में दाख़िल हुई जहां टैगोर बड़ी-सी एक पुरानी बनक की कुर्सी पर चुपचाप बैठे थे। कमरे की ख़ामोशी में मलगजी रौशनी इधर-उधर बिखरी हुई थी। हवा तक ख़ामोश थी। फ़र्श पर उनके पांव चंबेली की ढेरियों से लगते थे। बहुत मुलायम और ख़ूबसूरत थे वो। उनके लम्बे-लम्बे बालों में सिर के ऊपर एक रंगीन छोटी-सी चिड़िया बैठी थी। उन्होंने मुझे आते देखा तो मुंह पर उंगली रखकर मुझे रुक जाने को कहा। मैं रुक गई, उन्हें शायद डर था कि मेरे पैरों की आहट से वह छोटी-सी चिड़िया उड़ जाएगी। 'लिहाफ़' लिखी थी न मैंने...उन्हें मालूम था।'' उनकी बातें टी.वी. डायरेक्टर की समझ में नहीं आतीं। बाद में पूरी डाक्यूमेंट्री उन पर लिखे गए लेखों, उनकी कहानियों और आत्मकथात्मक निबंधों की मदद से तैयार की जाती है। इसमें उनके घर में हुई शूटिंग का बहुत कम हिस्सा काम आता है। उस शूटिंग के कुछ दिन बाद ही इस्मत आपा फिर बच्ची से बूढ़ी होकर इंतक़ाल कर जाती हैं और उनकी वसीयत के मुताबिक़ उन्हें मुम्बई के चंदनबाड़ी के बर्क़ी श्मशान में आग के सुपुर्द कर दिया जाता है। आन की आन में सब कुछ राख हो जाता है। एक मुट्ठी भर राख और उसी के साथ ख़रगोशों और चंबेली की ढेरियों जैसे पांव फ्रांस के गोरे सुर्ख़ बादशाह की दी हुई शाल और गुरुदेव की जटाओं में पर समेटे बैठी हुई रंगीन नन्ही-सी चिड़िया सब यादों की टेढ़ी-मेढ़ी लकीरों में तब्दील हो जाता है। उन असम्बद्ध और असंगत काल्पनिक आकारों की ओट में उनके व्यक्तित्व के कौन-कौन से रिक्त कोने झांकते

थे? वे कौन-कौन सी दबी-घुटी आवाज़ें थीं जो अजीबो-ग़रीब खिलौने बनकर उन्हें बहला रही थीं? ये सारे रहस्य भी उनके पार्थिव शरीर की तरह आग की बंद मुट्ठी में विलीन हो जाते हैं। अपने जीते-जागते गद्य, मानवीय वेदना और निडर होशियारी की वजह से वह प्रेमचंद के बाद के दौर की कहानी की ऐतिहासिक इमारत में कृश्नचंदर, बेदी और मंटो के साथ चौथे स्तंभ की हैसियत से आज भी जीवित हैं। कबीरदास ने कथनी और करनी के विरोधाभास पर व्यंग्य करते हुए कहा है—

करनी बिन कथनी कथे अज्ञानी की जात
ज्यों कूकर भौंकत फिरैं सुनी सुनाई बात

इस्मत ने भी सुनी-सुनाई को रद करके कथनी को करनी का हिस्सा बनाया और इस तरह उर्दू कहानी में अपनी निजता का जादू जगाया। उन्होंने जैसा देखा, जैसा महसूस किया, वैसा लिखा। उन्होंने ज़िंदगी को ज़िंदगी की आंखों से देखा। किसी दृष्टिकोण या विश्वास की खिड़की से उसका नज़ारा नहीं किया। उसकी चहल-पहल में शरीक होकर, उसके दुःख-दर्द में शामिल होकर उसी के मुहावरे में उसे बयान किया।

तेरे पैरों चला नहीं जो
धूप-छांव में ढला नहीं जो
वो तेरा सच कैसे, जिस पर तेरा नाम नहीं
तुझसे पहले बीत गया जो
वो इतिहास है तेरा
तुझको ही पूरा करना है
जो बनवास है तेरा
तेरी सांसें जिया नहीं जो
घर आंगन का दिया नहीं जो
वो तुलसी की रामायण है तेरा राम नहीं
वो तेरा सच कैसे?
तेरा तन ही पूजा घर है
कोई मूरत गढ़ ले
कोई पुस्तक साथ न देगी
चाहे जितना पढ़ ले
तेरे सुर में सजा नहीं जो
इकतारे पर बजा नहीं जो
वो मीरा की सम्पत्ति है, तेरा श्याम नहीं
वो तेरा सच कैसे, जिस पर तेरा नाम नहीं?

जिसका कोई नाम नहीं होता उसे यू.पी. में रामू और मुम्बई में पाण्डु कहते हैं। उनका नाम, कुल, गोत्र उनसे बचपन में ही छीन लिया जाता है। वे शहर की फुटपाथों पर या रेलवे स्टेशन के इर्द-गिर्द वक़्त गुज़ार कर बड़े होते हैं। उनमें कुछ भिखारी होते हैं, कुछ जूतों पर पालिश करने का धंधा अपनाते हैं और कुछ छोटी-छोटी चोरियां करते-करते बड़े चोर बन जाते हैं। उनमें दूसरों की तरह शादियां भी होती हैं। दोस्तियां और दुश्मनियां भी होती हैं और लड़ाई-झगड़े भी होते हैं। उनका घर पूरा शहर होता है। दिन भर दौड़ते-भागते जहां थक जाते हैं, वहीं नींद पूरी कर लेते हैं। उनके पैदाइश के घरों के भले ही अलग-अलग धर्म रहे हों लेकिन मुम्बई अब उन सबका मज़हब भूख और रोटी की तरह एक-सा होता है। जिसको जहां सहारे की उम्मीद होती है, वहीं हाथ फैलाकर बैठ जाता है। ये मंदिर, मस्जिद, गिरजाघर और गुरुद्वारे के फ़र्क़ को नहीं मानते। अपने जानो-माल की कुशलता के लिए पूजा या इबादत करने वाले इन्हें भीख देते वक़्त किसी से उसकी ज़ात या धर्म भी नहीं पूछते।

ऐसे ही एक पाण्डु से एक दिन निदा की मुलाक़ात होती है। उसकी दोनों टांगें पैदाइश से उसके कमज़ोर बदन में ग़ैर-ज़रूरी बोझ की तरह जुड़ी हुई थीं। जिन्हें वह एक पहियों पर लगे तख़्ते पर सुबह से शाम तक ढोता है। निदा नारियल की दूकान पर खड़ा नारियल का पानी पी रहा होता है कि वह घिसटता हुआ उसके क़रीब आ जाता है। उम्र पच्चीस-छब्बीस साल की होगी। वह निदा को देखकर पहले मुस्कुराता है फिर निहायत गंभीर आवाज़ में पूछता है, ''साहब, बुरा न मानें तो एक बात पूछूं?'' ''क्या पूछना है बोलो?'' ''नारियल पानी का स्वाद कैसा है? अपन ने कभी पिया नहीं, इसलिए पूछता हूं?'' निदा उसके भीख मांगने के नए स्टाइल से खुश होकर उससे कहता है, ''इसमें पूछने की क्या बात है? आज पीकर ख़ुद मालूम कर लो।'' वह दूकान वाले से उसे एक नारियल देने को कहता है।...पाण्डु यह सुनते ही फ़ौरन बोलता है, ''नहीं साहब अपन नहीं पियेगा। नारियल बहुत महंगा होता है।'' ''तुम्हें महंगे से क्या लेना? पैसे तो मैं दूंगा दूकानदार को...''

''वह तो ठीक है जी। मगर स्वाद अच्छा लगा और मुझे आदत पड़ गई तो

क्या होगा?''

''क्या होगा?'' निदा उसकी बातों में दिलचस्पी लेने लगता है।

''और परेशानी होगी साहब। बीड़ी की भी ऐसी ही आदत पड़ गई थी। अब तलब होती है तो मुश्किल होती है। ख़रीदनी पड़ती है साहब और...''

निदा उसका वाक्य पूरा होने से पहले उसे पांच रुपए देकर आगे बढ़ जाता है। सुबह की सैर करते हुए एक-दो बार उससे ऐसी ही और मुलाक़ातें होती हैं। हर बार उसका अंदाज़ आम भिखारियों से अलग महसूस होता है। धीरे-धीरे यह लगाव गहरा होता जाता है। अब वह कभी नज़र नहीं आता तो निदा को रास्ते में कुछ कमी का एहसास होने लगा। निदा के घर से जोगर्स पार्क तक और भी कई भिखारी होते हैं। बूढ़े, जवान, बच्चे, उनमें एक अठारह-उन्नीस बरस का लड़का भी है जो दोनों गुर्दे फ़ेल हो जाने का डॉक्टरी सर्टिफ़िकेट हर गुज़रने वाले को दिखाता है। एक साइकिल बाबा के नाम से मशहूर है। बड़े-बड़े बाल, फैली हुई दाढ़ी। वह हर वक़्त समन्दर के किनारे तीन पहियों की एक साइकिलनुमा गाड़ी में बैठा ऊंघता रहता है या मिनी-रेडियो को कान में लगाए रहता है। वह कई महीनों से उसी गाड़ी में सोता है। उसी में जागता है। वह अपने-आप किसी से नहीं बोलता। हर वक़्त चुप और गुम। जो दे उसका भी भला, जो न दे उसका भी भला। उसकी ज़रूरत का सारा सामान उस गाड़ी के आगे-पीछे लटका रहता है। उसके आगे-पीछे कोई है या नहीं? वह कहां से यहां आया था? उसकी भाषा कौन-सी है? ये सारे सवाल उसकी लगातार ख़ामोशी ने लाजवाब कर दिए थे। उसकी उदासीनता ने उसे नौजवानों में काफ़ी चर्चित कर दिया था। सुबह-शाम वे अक्सर उसकी मदद करते रहते थे लेकिन वह न किसी का शुक्रिया अदा करता न किसी को नज़र उठाकर देखता। किसी क़रीब की बिल्डिंग में एक खाते-पीते घर का क्रिश्चियन लड़का और उसकी गर्लफ्रेंड दोनों उसके बड़े श्रद्धालु हैं। वे जब भी एक-दूसरे के पास बैठने इधर आते हैं तो पहले पास की दूकान से एक बिसलेरी पानी की बोतल और बिस्किट का पैकिट ख़रीदकर उसके पास रख देते हैं। लेकिन निदा की जेब सुबह के इस रास्ते में पाण्डु के अलावा किसी और के लिए नहीं खुलती। भीख देने में भी कई बार भावनाओं की भूमिका होती है। कभी आदमी दूसरे की परेशानियां देखकर ख़ुद को असुरक्षित महसूस करता है, इसलिए भीख देता है। कभी ख़ैरात (दान) से अपना परलोक सुधारने की कोशिश करता है। कभी इसके ज़रिए अहम् को तुष्ट करना चाहता है। पाण्डु के साथ निदा के सम्बन्धों में एक आनंद का तत्त्व और जुड़ जाता है। निदा को उसकी जुमलेबाज़ी और बेतकल्लुफ़ी में बड़ा मज़ा आता है। एक दिन उसे रोज़ के पैसों से कुछ ज़्यादा की ज़रूरत थी। निदा ने जब रोज़ की तरह उसे कुछ देना चाहा तो उसने संजीदा होकर लेने से इनकार कर दिया।

"नहीं साहब, आज मैं आपसे पैसे नहीं लूंगा...रोज़-रोज़ लेने में शर्म आती है।"

"क्यों? आज क्या नई बात हो गई?"

"साहब, जेब में जब खाने-पीने से ज़्यादा पैसे होते हैं तो बुरी आदतें लग जाती हैं।"

"तुम्हें कौन-सी आदत लग गई अब?" निदा पूछता है।

"कल जेब में पैसे थे। एक नो टानिक मार ली। बड़ा मज़ा आया साहब! बस सवेरे से ही रात के लिए हुड़क होने लगी है!"

निदा को उसका अंदाज़ पसंद आता है और वह रोज़ से कुछ ज़्यादा पैसे उसके हाथ पर रख देता है...

पाण्डु की मातृभाषा तेलुगु है। बचपन में ही मुम्बई में आकर वह पाण्डु बना और यहीं उसने मराठी और हिन्दुस्तानी सीखी। बाप के मरने के बाद सौतेली माँ के लिए जिसका अपना भी एक बेटा था, पाण्डु का पालन-पोषण मुश्किल था। रात-दिन की मार-पीट से तंग आकर एक दिन घिसटता हुआ स्टेशन आया और उस वक़्त जो ट्रेन खड़ी थी, उसमें बैठ गया। वह ट्रेन मुम्बई आकर रुक गई और वह मुम्बई का बन गया। अपाहिज होने की वजह से पेशेवर भिखारियों में उसकी माँग थी। कई बार वह बेचा-ख़रीदा गया। आख़िरी बार एक अधेड़ उम्र की राजस्थानी भिखारी औरत ने उसे ख़रीदा जिसके साथ अब उसका पति-पत्नी का सम्बन्ध है। इस सम्बन्ध की उम्र दस साल से ज़्यादा हो चुकी है। दिन भर दोनों अलग-अलग इलाक़ों में घूमते-फिरते हैं। लेकिन शाम होते ही पालतू जानवरों की तरह कार्टर रोड के बाग़ की फुटपाथ पर मिल जाते हैं। पहले नंदी आती है, वह आते ही फुटपाथ की दीवार से लगी अपनी बोतल के पानी से मुंह धोती है। एक आईने का टुकड़ा सामने रखकर बाल सुलझाती है और फिर गठरी से मैली चादर निकालकर बिछाती है और पाण्डु के लौटने का इंतज़ार करती है। पाण्डु अक्सर देर से आता है। उसके आने तक नंदी दीवार से पीठ टिकाए ऊंघती रहती है। उसके आते ही दोनों एक साथ भोजन करते हैं और देर तक इधर-उधर की बातें करके सो जाते हैं। दूसरे भिखारी उन्हें माँ-बेटा कहकर छेड़ते हैं।

पाण्डु की जुमलेबाज़ी से सिर्फ़ निदा ही प्रभावित नहीं था और भी कई उसके फ़ेन बन चुके थे। वह जोगर्स पार्क में आने वालों में काफ़ी पॉपुलर था। उसकी बढ़ती शुहरत एक दिन लायंस क्लब के एक डायरेक्टर का ध्यान खींचती है और वह कुछ दिन के बाद विकलांग के कोटे से उसके नाम एक छोटा-सा बाकड़ा मंजूर करवा देता है। पाण्डु का यह बाकड़ा निदा के घर के सामने हनुमान मंदिर के पास है। निदा अब पान या सिगरेट उसी की दूकान से ख़रीदता है। दुकान भरने के लिए वह निदा से एक अच्छी-ख़ासी रक़म भी एक-दो महीने में लौटाने के वादे से लेता है। दूकान सामान से भर जाती है और चलने भी लगती है। लेकिन कुछ

ही दिन बाद दूकान पर पाण्डु की जगह कोई दूसरा आदमी बैठा नज़र आता है। मालूम होता है, पाण्डु ने यह दूकान बड़ा-सा डिपाज़िट लेकर किराए पर उठा दी है। अब वह सिर्फ़ महीने में एक बार अपनी नई तीन पहियों की साइकिल में आता है और किराया लेकर चला जाता है। अब वह भिखारी से सेठ बन चुका था। कई दिन तक पाण्डु न कार्टर रोड पर नज़र आता है, न दूकान पर। फिर काफ़ी अरसे के बाद वह अचानक मिल जाता है, शराब में धुत। निदा को देखते ही वह अपनी गाड़ी रोकता है। उसके माथे पर तिलक था और कपड़े भी साफ़-सुथरे थे। उसे देखकर निदा पूछता है, "पाण्डु तुम तो पंडित बन गए? यह सब क्या है?"

"साहब, पहले भिखारी था। अब भगवान इज़्ज़त की खिलाने लगा है तो अपन भी मंदिर जाने लगा है। वह हमारी पेट-पूजा कर रहा है। अपन उसकी धरम पूजा करता है।"

"वह इज़्ज़त की खिलाने लगा है तो मेरे पैसे भी लौटा दो। कई महीनों के बाद आज मिले हो। आज के बाद न जाने कब मिलोगे?"

"साहब क्या करूं? कारोबार बढ़ गया है। एक टेलीफ़ोन बूथ भी अपने नाम अंधेरी में अलाट हुआ है। वहां रोज़ उगाही को जाना पड़ता है। फिर खोली ली है। शादी भी की है। आपने जो मदद की थी यह सब उसी का चमत्कार है। साहब मुम्बई में पैसा ही पैसे को कमाता है।"

शादी के शब्द पर निदा चौंकता है। वह पूछता है, "तुम्हारे साथ नंदी तो बहुत पहले से थी। अब शादी कैसी? जैसे पहले थे वैसे ही रहते।"..."साहब वह मेरी उम्र की नहीं थी। मैंने अपनी उम्र की छोकरी से शादी बनाई है। उसके साथ रहता हूं अब।...बहुत सुंदर है।"

"और वह नंदी...वह कहां है?"

"वह वहीं है साहब, जहां पहले थी। उसे भी कोई उस जैसा मिल जाएगा। साहब उसे आदमी की नहीं, आदमी की संगत की ज़रूरत है!"

आती जाती हर मुहब्बत है चलो यूं ही सही
जब तलक है ख़ूबसूरत है चलो यूं ही सही
हम कहां के पारसा हैं बेवफ़ा वो हैं तो क्या
घर में कोई घर की ज़ीनत है चलो यूं ही सही
भूल थी अपनी फ़रिश्ता आदमी में ढूंढ़ना
आदमी में आदमीयत है चलो यूं ही सही
मैले हो जाते हैं रिश्ते भी लिबासों की तरह
दोस्ती हर दिन की मेहनत है चलो यूं ही सही
जैसी होनी चाहिए थी वैसी तो दुनिया नहीं
दुनियादारी भी ज़रूरत है चलो यूं ही सही

पैसे न लौटाने के बावजूद पाण्डु से निदा की दोस्ती बरक़रार रहती है। वह जब भी टकराता है, पहले की तरह अपनी ख़ुश गुफ़्तारी से ख़ुद भी हंसता है, उसे भी हंसाता है। अब उसके चेहरे पर ख़ुशहाली की चमक और आवाज़ में आत्मविश्वास पैदा हो गया था। उसने अपनी मदद के लिए एक लड़के को भी नौकर रख लिया था। जो उसकी गाड़ी के साथ-साथ चलता था और वह गाड़ी में बैठे-बैठे हुक्म चलाता था। अब वह पाण्डु से पाण्डुरंग बन गया था। एक बार जब वह शाम को दूकान से रोज़ का किराया लेने आता है तो उसी लड़के को भेजकर निदा को घर से बुलाता है। मगर इस बार वह हमेशा से विपरीत चुप-चुप-सा नज़र आता है। जब निदा उससे इस ख़ामोशी की वजह पूछता है तो उसकी आंखें भीग जाती हैं। ''क्या बात है पाण्डु?'' निदा उसके कंधे पर हाथ रखकर दोबारा पूछता है। कंधे पर हाथ का स्पर्श महसूस करते ही वह फूट के रोने लगता है।

''ख़ैरियत तो है? क्यों रो रहे हो?''

''साहब, वह छोकरी मुझे छोड़कर दूसरे मर्द के साथ चली गई, और साथ में खोली में जितनी जमा-पूंजी थी, वह भी ले गई।''

''ऐसा क्यों किया उसने? खाने-पीने को था, सब आराम था...फिर भी...!''

''साहब उसे बच्चा चाहिए था...और मैं उसे बच्चा नहीं दे सकता था।''

''इसमें इतना परेशान क्यों होते हो? तुम्हारे पास घर है, दूकान है, टेलीफोन बूथ है। गोली मारो उसे और कोई दूसरी ढूंढ़ लो।''

''दूसरी भी कुछ दिन खा-पीकर दूसरे की हो जाएगी। मेरे साथ तो नंदी ही अच्छी थी। मगर वह भी...'' वाक्य अधूरा छोड़कर वह फिर रोने लगा।

''क्या हुआ नंदी को...क्या मर गई वह?''

''मरी नहीं...ज़िंदा है साहब...मगर उसने भी मेरे साथ रहने से मना कर दिया। बोलती है, जिसके लिए मुझे छोड़ा था, उसी को ढूंढ़ के ला। मेरा-तेरा कोई सम्बन्ध नहीं है।''

''तुमने भी उसके साथ नाइंसाफ़ी की थी। दस साल का रिश्ता अचानक तोड़ दिया!''

''मगर रिश्ता जोड़ने भी तो मैं ही गया उसके पास। उसने तो कभी याद ही नहीं किया साहब।'' ''चलो मैं मना देता हूं उसे तुम्हारे लिए...'' निदा उससे कहता है।

''वह अब यहां नहीं है साहब...जिस दिन मैं उसे लेने गया था उसी दिन से वह फुटपाथ छोड़ के कहीं ग़ायब हो गई। हर औरत एक-सी होती है साहब!''

''मैं भिखारिन को मालकिन बना रहा था लेकिन वह नहीं मानी। पहले चादर बिछाकर इंतज़ार करती थी। अब मैं कैसी विपदा में हूं, यह भी पूछने को नहीं आती।''

नियाज़ हैदर के साथ भी कोई न कोई पाण्डु रहता है। वह चलते रस्ते किसी भी पाण्डु को उठाते हैं। होटल में उसे अच्छा से अच्छा खाना खिलाते हैं और फिर जहां ठहरे होते हैं, वहां ले जाते हैं। जब तक वह उनके साथ रहता है, जैसा वह खाते हैं, वैसा वह खाता है। उसके लिए नए कपड़े ख़रीदे जाते हैं। रहने-सहने के शिष्टाचार सिखाए जाते हैं लेकिन सारी सुख-सुविधाओं के बावजूद कोई ज़्यादा दिन उनके साथ नहीं रह पाता। जब भी कई नशों की गहरी नींद में होते, पाण्डु उनकी जेबें साफ़ करके, जहां से आता वहीं दोबारा लौट जाता। खुली आज़ादियां कमरों की पाबंदियों को ज़्यादा दिन सहन नहीं कर पातीं। एक बार तो एक पाण्डु ने उनकी उदारताओं का यह सिला दिया कि उनका चेहरा कई दिनों तक दूसरों का सामना करने से कतराता रहा। मगर 'तून नहीं और सही, और नहीं और सही' उक्ति पर उनके विश्वास ने उन्हें कभी आदमी की आदमीयत से निराश नहीं होने दिया और वह ग़रीबी को हमेशा सम्मान देते रहे। जिस पाण्डु ने उनके चेहरे पर आधुनिक चित्रकला का नमूना बनाया था, उसे निदा ने उनके साथ पहली बार राही मासूम रज़ा के नए घर के सामने समन्दर के किनारे की मुंडेर के एक कोने में बैठा देखा था। उस वक़्त वह उनकी दिन भर की थकी टांगों को घुटनों के ऊपर के हिस्से तक अपने छोटे हाथों से दबा रहा था। निदा दूर से उनकी सफ़ेद लम्बी दाढ़ी और चमकती आंखों को पहचान कर उधर गया था। मगर उस घड़ी पाण्डु पर उनकी मेहरबानियों की बौछार कुछ ऐसी थी कि उसे वहां ज़्यादा ठहरना मुनासिब नहीं लगा। वह जैसे ही वहां से पलटता है, नियाज़ हैदर की कड़कदार आवाज़ उसे बुलाती है और अपने साथ बैठे हुए पाण्डु से परिचय कराती है–

"इनसे मिलो, ये मेरे नए दोस्त हैं। जनाब पाण्डुरंग साहब!" लड़का अपना नाम सुनकर पूरी बत्तीसी के साथ मुस्कुराता है।

निदा को यह बहुत बाद में मालूम होता है कि जो पाण्डु सम्मान प्राप्त कर लेता है, वह पाण्डु से पाण्डुरंग बन जाता है। पाण्डुरंग महाराष्ट्र में भगवान विट्ठल की भी उपाधि है जिसकी स्तुति में संत तुकाराम के कई अभंग हैं।

उस दिन नियाज़ हैदर काफ़ी ख़ुश थे। वह निदा और पाण्डु को मध्यम श्रेणी के एक ठीक से होटल में ले गए और अच्छी शराब, कवाब और चिकन से जी खोलकर तवाज़ो की। खाने और पीने का बिल काफ़ी बड़ा था और उस वक़्त उनकी जेब छोटी थी। अपनी जेब से रुपए निकालकर उन्होंने गिने और फिर बिल देखा और फिर एक आत्मविश्वास भरे क़हक़हे के साथ उठे और सीधे काउंटर पर पहुंच गए। बिल के साथ उनके पास जितने नोट थे, काउंटर पर रखते हुए बोले, "इस वक़्त इतने ही रख लो। बाक़ी के मुझ पर उधार रहे। कल आऊंगा और अदा कर दूंगा।" बार के मालिक ने जवाब में कहा, "नहीं सेठ, यहां उधार-वुधार नहीं चलता। जितना बिल है उतना दो।" यह सुनकर नियाज़ हैदर का पारा चढ़ गया–

"बदतमीज़ जानता है मैं कौन हूं? तुझे ख़बर है तू किस पर शक कर रहा है? तेरे फ़ोन में एस.टी.डी. है?" वह उसी आलम में उससे पूछते हैं।

"हां है। तो फिर?" वह भी चिल्लाते हुए बोला।

"मैं एक कॉल करूंगा और अभी तेरे सारे पैसे यहां आ जायेंगे, यहीं इसी वक़्त।" वह नम्बर मिलाकर बात शुरू करते हैं।

"हलो, हलो...मैं नियाज़ हैदर बोल रहा हूं, एक होटल से...बेटी, इंदिरा गांधी वहां हों तो उनसे बात कराओ...क्या ज़रा ज़ोर से बोलो, यहां जानवरों का शोर ज़्यादा है...इस वक़्त नहीं हैं? कोई बात नहीं, वो जब आ जायें तो कहना मैंने फ़ोन किया था, नियाज़ हैदर ने। यहां का नम्बर नोट करो..." नियाज़ हैदर बार के मालिक से नम्बर पूछते हैं और इंदिरा गांधी के पी.ए. को नोट कराते हैं और फिर से दूसरा नम्बर डायल करने को होते हैं कि होटल का मालिक घबराकर उनका हाथ रोकते हुए कहता है।

"कोई बात नहीं सेठ मुझसे आपको पहचानने में भूल हो गई। यह पैसे भी आप रखो। बिल की रक़म जब हो दे जाना। आप बड़े लोग हैं। पैसे कहां जायेंगे।"..."थैंक्यू...गॉड ब्लेस यू माई सन..." कहकर वह रुपए जेब में वापस रख लेते हैं और होटल से बाहर आ जाते हैं। नियाज़ हैदर उर्दू कल्चर के आख़िरी बोहेमियन शाइर थे। उनका न कोई घर था, न स्थायी पता। इनकी उन्हें शायद जरूरत भी नहीं थी। वह जहां जाते, वहीं कहीं ठहर जाते और वहां से रुख़सत होने तक वही उनका पता होता। उनकी मेहमाननवाज़ी मुम्बई में कभी किसी फ़िल्म निर्माता के सिर होती, कभी कई आत्मीय लेखक और शाइर मिलकर इस बोझ को उठाते। फ़िल्मों से जुड़े लेखक और शाइरों को तुच्छ समझते लेकिन ज़रूरत के वक़्त उनमें से किसी के घर के सामने टैक्सी रोकते, उससे दिन भर की टैक्सी का किराया ही नहीं लेते, वहां ठहरने की जगह तक जाने और रात के पीने-पिलाने और खाने का ख़र्चा भी लेते। राजिंदर सिंह बेदी और साहिर लुधियानवी के घरों के सामने उनकी टैक्सी अक्सर रुकती थी। उनकी ऐसी हरकतों से लोग क्षुब्ध तो होते लेकिन

किसी में कभी इतनी जुरअत नहीं होती कि उनके ऊपर अपनी नाराज़गी व्यक्त करे। वह समाज में धन के समान वितरण के कायल थे। निदा ने एक पूरा दिन उनके साथ गुज़ारा था। बांद्रा से हाजी अली, हाजी अली से गेट वे ऑफ़ इंडिया तक उन्हें शराब के हर छोटे-बड़े अड्डों और नशों के दूसरे ठिकानों का पता था। हर जगह वह ऐसे दाख़िल होते जैसे बरसों से जानते हों। कहीं फर्राटे से मराठी बोलते, कहीं तमिल या तेलुगु में बात करते। वह बयकवक़्त कई ज़बानों के माहिर थे। वह बड़े शाहख़र्च थे। जेब के आख़िरी पैसे तक वह रात का दामन नहीं छोड़ते थे। उनकी नशाबाज़ी सिर्फ़ शराब तक सीमित नहीं थी। उसमें अफ़ीम, चरस, गांजा और न जाने क्या-क्या शामिल था।

फ़िल्म एक्टर अमजद ख़ां के एक्टर भाई इम्तियाज़ ख़ां उनकी विद्वत्ता और शाइराना क़द्रो-कीमत के प्रशंसकों में हैं। वह अक्सर उन्हें मेहबूब स्टूडियो के सामने अपने तिमंज़िले फ़्लैट पर ले जाते थे, शराब पिलाते थे और उनके शे'र और तक़रीरें सुनते। एक बार वह वहां सजे-बने ड्राइंग रूप में एक हाथ में सिगरेट और दूसरे हाथ में शराब का गिलास लिए अपनी रूह में रवां थे कि इतने में दिनभर की शूटिंग से थके-माँदे अमजद ख़ां आ गए। अमजद शराब नहीं पीते थे। अपने घर में शराबियों की यह बेवक़्त मेहफ़िल उन्हें पसंद नहीं आई। उन्होंने नियाज़ हैदर से कुछ नहीं कहा। अपने भाई को ज़रूर फटकारा। नियाज़ हैदर गुस्से में उठकर बाहर चले जाते हैं लेकिन कुछ ही देर बाद नये ताम-झाम से फिर से वापस आते हैं।

नियाज़ हैदर अपनी इस अवमानना से आग-बबूला होकर वहां से सीधे पुलिस स्टेशन का रुख़ करते हैं और वहां से अपने एक प्रशंसक पुलिस कमिश्नर को फ़ोन करके एक मनगढ़ंत कहानी सुनाते हैं और उन ग़ैर मौजूद ख़तरों से उसे आगाह फ़रमाते हैं जो उनके सामने हैं। वह उनकी बातों पर यक़ीन करके उनकी सुरक्षा के लिए कई हाथियारबंद सिपाहियों से भरी एक जीप भेज देता है जिसमें आगे की सीट पर बैठकर नियाज़ हैदर अमजद ख़ां के घर के नीचे आते हैं और वहीं से गुस्से भरी आवाज़ में चिल्लाते हैं।

"गब्बर सिंह बाहर आओ। तुमने सिर्फ़ फ़िल्म में झूठी बंदूक़ चलाई थी। अब असली बंदूक़ भी देखो।"

एक मशहूर एक्टर के घर के नीचे पुलिस को देखकर तमाशाइयों की भीड़ लग जाती है। अमजद ख़ां ऊपर से झांकते हैं। वह घबराकर इम्तियाज़ को नीचे भेजते हैं। इम्तियाज़ को भी उनकी यह हरकत पसंद नहीं आती। मगर इस वक़्त वह अपनी नाराज़गी दिखाने के बजाय किसी तरह समझा-बुझाकर उनके गुस्से को ठंडा करता है और इस तरह बात को आगे बढ़ने से रोकता है। पुलिस वालों के हाथ गर्म किए जाते हैं और वहां नियाज़ हैदर को इज़्ज़त के साथ टैक्सी में रुख़्सत

किया जाता है।

नियाज़ हैदर अपने चेहरे के कटाव और दाढ़ी के स्टाइल से मार्क्स की तस्वीर से काफ़ी मिलते-जुलते थे। उनके पसंद करने वाले उन्हें नियाज़ हैदर के बजाय नियाज़ बाबा कहकर पुकारते थे। उनके चाहने वालों का यह वह समूह था जो उनकी आवारागर्दी को उनकी ईमानदारी और रात-दिन की नशाबाज़ी को उनकी फ़नकारी से जोड़कर देखता था। शुरू में उनका तख़ल्लुस 'नाकाम' था। इस तख़ल्लुस की रियायत से उन्हें ज़िंदगी भर नाकामियों का सामना करना पड़ा। मगर 'मीर' की तरह से उन्होंने उन नाकामियों से काम कम लिया, उन्हें बदनाम ज़्यादा किया। वह काफ़ी तेज़ी से कहने वाले शाइर और अच्छे अनुवादक थे। लेकिन प्रकृति प्रदत्त क्षमताओं के विकास के लिए जिस व्यवस्थित दिनचर्या की दरकार थी, वह स्वभावतः हमेशा उससे गुरेज़ करते रहे। शाइरी भी की, थियेटर से भी जुड़े रहे, कम्युनिस्ट पार्टी के भी क़रीब रहे लेकिन उनकी स्वच्छंद प्रकृति ने कहीं भी उन्हें देर तक नहीं ठहरने दिया। वह जहां भी रहे, तमाम उम्र ख़ानाबदोश रहे।

दो-चार गाम राह को हमवार देखना
फिर हर क़दम पे इक नई दीवार देखना
हर आदमी में होते हैं दस-बीस आदमी
जिसको भी देखना हो कई बार देखना

राही मासूम रज़ा बैंड स्टैण्ड के समन्दर के सामने जिस बिल्डिंग में रहते हैं, उससे पहले की एक गली के आख़िरी सिरे पर हलदेव नाम की इमारत में अख़्तरुल ईमान का ख़ूबसूरत फ़्लैट था। यहां वह मेहबूब स्टूडियो के क़रीब ज़ेवियर विला छोड़कर आये थे। ज़ेवियर विला के फ़्लैट को वह अब अपने पढ़ने-लिखने के लिए इस्तेमाल करते थे और यहां बाल-बच्चों के साथ फ़िल्मी ठाठ-बाट से रहते थे। लगभग सौ के क़रीब छोटी-बड़ी फ़िल्में लिख चुके हैं। इनमें 'वक़्त', 'क़ानून', 'पत्थर के सनम', 'मेरा साया', 'धर्मपुत्र', 'गुमराह' वग़ैरह तिजारती लिहाज़ से काफ़ी कामयाब हुई हैं। फ़िल्मों के सफल लेखक और शाइरों में अख़्तरुल ईमान इस लिहाज़ से अकेले ऐसे रचनाकार हैं जो फ़िल्म इंडस्ट्री की चकाचौंध में रहते हुए, रचनात्मक लेखन से कभी दूर नहीं हुए। उनकी फ़िल्मी ज़िंदगी की शुरुआत 1943-44 ई. में शालीमार कम्पनी पूना से हुई। इस कम्पनी से ही जोश मलीहाबादी, साग़र निज़ामी, कृश्नचंदर और कई दूसरे जुड़े हुए थे। पूना और मुम्बई में अपनी आधी सदी लम्बी उम्र में वह कई सफल फ़िल्मों के साथ कई अहम कवितासंग्रहों को भी पेश करते रहे हैं। उनके संग्रह 'गिर्दाब' और 'आबजू' के बाद बाक़ी की तमाम शे'री किताबें, जिनमें 'सबरंग', 'यादें', 'बिंत लम्हात', 'नया आहंग' और 'ज़मीन-ज़मीन' शामिल हैं, इसी दौर की देन हैं।

अख़्तरुल ईमान अब जिस इलाके में रहते हैं, वह मुम्बई के अमीर इलाक़ों में शुमार होता है। यहां रहने-सहने के आदाब दूसरी जगहों से भिन्न हैं। अख़्तरुल ईमान अपने सफ़ेद खादी के कुर्ते-पाजामे के अलावा पूरे तौर से उस इलाक़े के आदाब निभाते हैं। हर सुबह वह पाबंदी से एक बड़े-से अलेस्टियन कुत्ते के साथ निकलते हैं और देर तक समन्दर के किनारे टहलते हैं। इस चहल-क़दमी का ज़्यादा वक़्त विदेशी कुत्ते के खिलाफ़ स्वदेशी कुत्तों के कोलाहलपूर्ण प्रतिरोध को शांत करने में गुज़रता है।

उनका कुत्ता देशी भाषा नहीं जानता इसलिए वह देशी कुत्तों के शोर को सिर्फ़ हैरत से सुनता है, उनकी बोली को समझकर उनसे सवाल-जवाब अख़्तरुल ईमान करते हैं। कभी हाथ की लकड़ी हिलाकर, कभी आवाज़ बनाकर उनका अलेस्टियन

रोज़ के इस बहस-मुबाहिसे पर ध्यान दिए बग़ैर आगे बढ़ता रहता है।

अख़्तरुल ईमान जिस रास्ते में चहल-क़दमी करते हैं, उनमें ज़्यादातर सैर करने वालों के हाथों में अपने-अपने विदेशी कुत्तों की ज़ंजीरें होती हैं। इनमें जर्मन, फ्रांसीसी, अफ़ग़ानी, रूसी हर देश के नुमायंदे होते हैं। अलग-अलग भूगोल, इतिहास और भाषाओं के ये कुत्ते अपनी पहली नस्ल में नास्टैल्जिया के शिकार होते हैं। मगर दूसरी-तीसरी नस्ल में अपने मालिकों की तरह हिन्दुस्तानी बन जाते हैं। फिर प्यार-मुहब्बत के मुआमलों में भी ये ज़ात-पात की हदों को तोड़ना-फोड़ना शुरू कर देते हैं। उनकी इस तोड़-फोड़ से जो नस्ल सामने आती है, उसकी क़ीमत ज़रूर कम हो जाती है। लेकिन इससे एक लाभ ज़रूर होता है, उसे न अब छूटे हुए वतन की याद सताती है, न रास्तों में देशी कुत्तों की भीड़ उसे परदेसी जानकर शोर मचाती है।

लगता है, हमारे देश के कुत्ते राजनेताओं से ज़्यादा सुसंस्कृत और समझदार होते हैं। वे दूसरी या तीसरी नस्ल के बाद अजनबीयत को विदा कर देते हैं जबकि राजनेता कई-कई मिली-जुली नस्लों के बाद भी इनसानों को ज़ात-पात और दीन-धरम के ख़ानों में बांटने का दुराग्रह करते हैं।

अख़्तरुल ईमान के घर में एक अच्छी-ख़ासी लाइब्रेरी है। इस किताबों से भरे कमरे में एक दो चेहरा तस्वीर भी है। इसमें उनकी अपनी तस्वीर के साथ आधे फ्रेम में मिर्ज़ा ग़ालिब का चेहरा है। यह तस्वीर ग़ालिब के प्रति उनकी श्रद्धा की अभिव्यक्ति भी है और उनकी काव्यदृष्टि का प्रतीक भी।

उनकी शाइरी का केंद्रीय चरित्र ग़ालिब के आदमी और इनसान के विरोधाभास व अंतःसंघर्ष का आईनादार है। यह बात वह चरित्र है जो तरक़्क़ी पसंदों के आदमी की तरह स्याह व सफ़ेद में बँटा हुआ नहीं है। इसमें बयकवक़्त सफ़ेद में स्याह और स्याह में सफ़ेद के मिश्रण की स्वाभाविक प्रवृत्ति साफ़ दिखाई देती है। अख़्तरुल ईमान के यहां यह आदमी की ग़ालिब उसी चिंतन भूमि का नवीकरण है जो हर एक बात में 'यूं होता तो क्या होता' के संदेह और जिज्ञासा से निर्मित हुई है। इस आदमी को अख़्तरुल ईमान ने नये हिसाब-किताब में ज़िंदगी के व्यावहारिक रंगों से चित्रित किया है जो समकालीन शाइरी में औरों से भिन्न भी है और ज़्यादा सर्जनात्मक भी है। यह शाइरी किसी जड़ीभूत या एकायामी विचार दृष्टि के दायरों से आज़ाद होकर धरती पर जीवन के अस्तित्व में आने और महाकाल में विलीन हो जाने की सतत लेकिन सोपानरहित यात्रा को अपने भीतर समाहित किए हुए है। इस जद्दोजहद का सम्बन्ध रोज़ी-रोटी और चीज़ों की तलाश से है। अख़्तरुल ईमान ने अपनी आत्मकथा 'इस आबाद ख़राबे में' में लिखा है—

"मैं सोचता हूं महात्मा बुद्ध की तरह दुनिया छोड़कर चला जाऊं। मगर महात्मा बुद्ध के सामने तो एक आदर्श था। मेरे सामने क्या है? मैं एक मुद्दत

से इस नतीजे पर पहुंचा हूं कि समस्याएं ज्यों की त्यों रहती हैं। आदमी मरता-खपता रहता है। ज़िंदगी का कोई बड़ा मक़सद नहीं है। यह ज़मीन पर एक संयोग या हादसा है। रोटी की तलाश और चीज़ों की लज़्ज़त को हासिल करने के बाद उसके पास और कुछ नहीं रहता। इसलिए वह रोज़ नई-नई समस्याएं उठाता रहता है।''

उर्दू कविता के सात सौ साढ़े सात सौ साल के इतिहास में अख़्तरुल ईमान अपने अलावा सिर्फ़ ग़ालिब के प्रति श्रद्धा रखते हैं लेकिन इस श्रद्धा में भक्तिभाव कम है और आलोचक का भाव ज़्यादा है। वह अपनी शाइरी में ही ग़ज़ल विधा के विरोधी नहीं हैं। ग़ालिब की महानता में जो थोड़ी-बहुत कसर उन्हें दिखाई देती है, इसका दोष भी वह ग़ज़ल ही को देते हैं। उनका विचार है, मिर्ज़ा ग़ालिब ने ग़ज़ल को ग़ज़ल बनाया लेकिन वह जितने थे, उससे बहुत कम करके उन्हें दिखाया। पाकिस्तान में 'तुलूअ अफ़्कार कराची' में छपे अपने एक इंटरव्यू में गालिब के मशहूर शे'र–

है कहां तमन्ना का दूसरा क़दम या रब
हमने दश्त-ए-इम्काँ को एक नक़्श-ए-पा पाया

का हवाला देते हुए वह कहते हैं, ''अब इस बात का न तो कोई आगा है न पीछा। लेकिन अगर इसी पहलू को नज़्म का रूप मिलता तो वह कितनी बड़ी नज़्म होती और इनसान की तमन्ना और ज़िंदगी के अभावों से क्या ख़ूबसूरत ड्रामा वजूद में आता।''

ग़ालिब के बारे में उनकी यह राय कहां तक दुरुस्त है, यह तो आलोचकगण ही बता सकते हैं लेकिन इससे उनके (अख़्तरुल ईमान) वैचारिक रवैये का सुराग़ ज़रूर मिलता है। हालांकि उन्होंने निजी संदर्भ से एक जगह लिखा है–

''मैं अपनी शाइरी के बारे में क्या लिखूं? मेरी आदत है कि मैं सिर्फ़ काम करता हूं और नतीजा वक़्त पर छोड़ देता हूं यह काम भी वक़्त ही करेगा।''

लेकिन वास्तविकता में उन्होंने यह नतीजा वक़्त पर छोड़ा नहीं। अपनी शाइरी के सतत अध्ययन के बाद वह इस नतीजे पर पहुंच चुके थे कि उन्होंने जो शाइरी की है, वह न सिर्फ़ अहम है, बल्कि उनके काव्य प्रतिमान ही दूसरों की शाइरी को जांचने-परखने के प्रतिमान भी हैं। अख़्तर साहब की इस कसौटी पर कोई दूसरा पूरे तौर पर ख़रा नहीं उतरता। न अतीत में, न वर्तमान में।

फ़ैज़, मज़ाज़, मख़्दूम उन्हें जितने पसंद हैं, उससे ज़्यादा नापसंद हैं। इन तीनों की शाइरी में जो चीज़ उन्हें खटकती है, वह ग़ज़ल की छाया से ग्रस्त भाषा है और इस भाषा को अख़्तरुल ईमान शाइरी के लिए नुक़सानदेह समझते हैं। अपने पसंदीदा शाइरों को लेकर उनकी पसंद एक तिहाई, दो तिहाई या तीन चौथाई से कभी आगे नहीं बढ़ती। मजीद अमजद उन्हें पसंद हैं। इस पसंदीदगी का कारण

यह है कि वह उनकी दृष्ट में उनकी तरह शाइरी करते हैं लेकिन इस अनुकरण को वह अपनी शाइरी का दोष भी समझते हैं। नासिर काज़मी के बारे में उनकी राय है, वह शाइर अच्छे हैं लेकिन उनमें कमी यह है कि वह ग़ज़ल ही में घिरकर रह गये हैं। मिर्ज़ा ग़ालिब से भी उन्हें यही शिकायत है। नून मीम राशिद के बारे में उनकी राय यों है, ''राशिद साहिबे-तर्ज़ शाइर ज़रूर हैं लेकिन एक तरह का बड़बोलापन उनमें बहुत है। ग़ैर-ज़रूरी मुखरता की कोशिश ने उनकी शाइरी को आघात पहुंचाया है।''

सरदार जाफ़री और कैफ़ी आज़मी को तो वह सिरे से शाइर मानने से इनकार करते हैं। सरदार के लिए वह मौज़ूं तबा[1] शब्द गढ़ते हैं और कैफ़ी पर महज़ दर्सी फ़ायरज़ (शे'रसाज़) होने का इल्ज़ाम जड़ते हैं। तरक़्क़ी पसंदों ने एक अख़्तरुल ईमान को नहीं माना। अख़्तरुल ईमान ने पूरी तरक़्क़ी पसंद तहरीक को गिनती में नहीं लिया। यह और बात है कि तरक़्क़ी पसंदों ने जिन आर्थिक और सामाजिक मूल्यों को साहित्य के लिए ज़रूरी ठहराया था, अख़्तरुल ईमान ने उन्हीं से अपनी शाइरी को सजाया था। अंतर सिर्फ़ इतना है कि अक्सर तरक़्क़ी पसंदों के यहां इन मूल्यों को स्पष्ट और वैचारिक अभिव्यक्ति मिली है और अख़्तर साहब के यहां इन्हें निजी अनुभवों की ज़मीन पर अभिव्यक्त किया गया है।...उनका यह आलोचनात्मक रवैया अपने समयुगीनों के साथ ही नहीं था, अपने से छोटे शाइरों के साथ भी था। एक बार लखनऊ दूरदर्शन पर निदा उनका इंटरव्यू करता है। उनसे पूछे गए कई सवालों में से एक सवाल था, ''अख़्तर साहब आपके बाद की नस्ल के शाइरों में जो शाइर हैं जैसे काज़ी सलीम, अमीक़ हनफ़ी, बाक़र मेहदी, ख़लीलुर्रहमान आज़मी वगैरह, इनके बारे में आपकी क्या राय है?'' अख़्तरुल ईनान का जवाब था, ''नस्ल कुत्तों और घोड़ों की होती है...शाइरों अदीबों में सिर्फ़ अच्छे या बुरे अदीब होते हैं।...तुमने जो नाम लिए हैं, उनके बारे में अभी से राय जानने की उजलत क्या है? वो लिख रहे हैं, अभी और लिखेंगे, उन्हें लिखने दो।'' अख़्तरुल ईमान ने जिनके बारे में 'अभी और लिखेंगे, उन्हें लिखने दो' जैसे संरक्षक की भाषा में वाक्य गढ़े थे, उनमें से हरेक उस वक़्त पचास-पचपन से गुज़र के साठ-पैंसठ की सीमा में दाख़िल हो चुका था। अख़्तरुल ईमान के जिस कविता-संग्रह 'यादें' को साहित्य अकादेमी पुरस्कार से नवाज़ा गया था, वह 1960 ई. में प्रकाशित हुआ था और उस वक़्त उनकी उम्र पचास से तीन-चार साल कम थी। अख़्तरुल ईमान ने अपने हर कविता संग्रह में भूमिका के रूप में अपनी शाइरी और उसकी व्याख्या की पद्धति पर विस्तार से लिखा है। इन लेख-टिप्पणियों में वह अपनी शाइरी के बारे में समकालीन आलोचकों की उपेक्षा का गिला भी करते नज़र आते हैं। कवि

1. उपयुक्त स्वभाव

के रूप में उनकी पहचान और अपनी शाइरी के बारे में उनके आत्मविश्वास की बहाली में उन्हीं नामों की अहम भूमिका रही है, जिनके बारे में अभी उनकी कोई राय नहीं थी। अख़्तरुल ईमान की राय अपनी शाइरी के बारे में इतनी ज़्यादा अच्छी थी कि वह दूसरों की शाहरी या तो सिरे से पढ़ते ही नहीं थे या कभी पढ़ते भी थे तो उन्हें इसमें अपनी शाइरी के प्रभाव ही दिखाई देते थे। जदीद शाइरों को वह खुद से क़रीब ज़रूर महसूर करते थे मगर उनका अनुकरण करते हुए, उनकी राय में हिन्दुस्तान और पाकिस्तान में उनके बाद जो शाइरी अस्तित्व में आई, उसका ज़्यादातर हिस्सा ध्यान देने योग्य नहीं है। जो ध्यान देने योग्य है, वह वही है जिसमें उनका अनुकरण किया गया है। इसलिए वह ध्यान देने योग्य होते हुए भी महत्त्वपूर्ण नहीं है। अपनी शाइरी और शे'र के क़ायदों पर उनका यह भरोसा उनकी सर्जनात्मक शक्ति का आधार भी रहा है और इसी ने उनकी विशिष्ट काव्यशैली की रक्षा भी की है।

एक बार सरदार जाफ़री अख़्तरुल ईमान के सामने अपनी व्यस्तताओं का ज़िक्र कर रहे थे। इन व्यस्तताओं में कई मुशाइरों के दावतनामे भी शामिल थे। मुशाइरों की तारीख़ों और उनके देश-विदेश के मुक़ामों का बयान भी जारी था कि अख़्तरुल ईमान ने उन्हें बीच में टोकते हुए निहायत संजीदगी से कहा, ''सरदार तुम्हारी मसरूफ़ियात तुम्हें मुबारक, मुझे तो ताज्जुब इस पर है कि शाइर तो मैं हूं और मुशाइरों मुंतज़िमीन (संयोजकगण) दावतनामे तुम्हारे पते पर पोस्ट करते हैं। आख़िर तुम उन्हें मेरा एड्रेस क्यों नहीं बता देते?'' अख़्तरुल ईमान अपनी नज़्मों की तरह बोलचाल के वाक्यों में भी सांकेतिक व्यंजना से काम लेते थे। वह सोचते थे कि सरदार ने अपनी किताब 'तरक्क़ी-पसंद अदब' में उनकी साहित्यिक महानता से जान-बूझकर आंख बचायी है और इसका हिसाब बराबर करना अब उनका फ़र्ज़ है। अख़्तरुल ईमान स्वभाव से मितभाषी और मिलनसार आदमी थे। अपने कालेज के दिनों में अच्छे वक्ता होने के बावजूद वह बातचीत में बड़े से बड़े मसले को भी एक-दो वाक्यों से ज़्यादा अहमियत नहीं देते थे। लेकिन इन संक्षिप्त वाक्यों की संरचना और अदायगी में ऐसी निश्चयात्मकता होती थी कि जिनमें असहमति की गुंजाइश नहीं रहती थी। लेकिन कभी कोई असहमति व्यक्त कर बैठा तो वह हमेशा की तरह ख़ामोशी अख़्तियार कर लेते थे। उनकी ख़ामोशी उनकी बातचीत से ज़्यादा सार्थक होती थी। उसमें एक ही समय हिक़ारत और मलामत का मिश्रण होता था।

फ़िल्मों से रिटायर होने के बाद अख़्तरुल ईमान बैंड स्टैंड के अपने बड़े फ़्लैट को बेचकर कार्टर रोड पर उस इमारत के एक छोटे-से फ़्लैट में पहुंच जाते हैं जिसमें पहले से बाक़र मेहदी थे। इस इमारत में अख़्तरुल ईमान पहली मंज़िल में और बाक़र मेहदी पांचवीं मंज़िल में हैं। रचना पर आलोचना की यह बरतरी बिल्डिंग

की तरह कई सालों से पूरे उर्दू जगत में विद्यमान है। लेकिन इस बरतरी को न अख़्तरुल ईमान पहले मानते थे, न अब मानते हैं। परिणामस्वरूप अख़्तरुल ईमान बीच की चार मंज़िलें चढ़कर उन तक जाते हैं, न बाक़र मेहदी अपनी ऊंचाई से उतर के उनसे मिलने आते हैं। रचना और आलोचना की इस अपने-आप पैदा हुई दूरी के दोनों के पास अलग-अलग तर्क हैं। अख़्तरुल ईमान का कहना है, जब किसी ज़रूरतमंद की ज़रूरतें ख़त्म होने का नाम न लें तो फ़ासला पैदा होना ज़रूरी है। बाक़र मेहदी का कहना है, जब कोई फ़िल्मों में काफ़ी वक़्त गंवा चुका हो और पढ़ना-लिखना छोड़ चुका हो तो उससे फ़ासला रखना मजबूरी है। निदा ने अख़्तरुल ईमान के साथ तीन फ़िल्मों में काम किया है। इनमें से दो के निर्माता और निर्देशक अमजद ख़ान थे, जो उनके दामाद भी थे। अमजद की शादी की सालगिरह की रात थी। इस जश्न में उन्होंने एक ग़ज़ल सिंगर को आमंत्रित किया था। एक्टर, एक्ट्रेस, फिल्म निर्माता और फ़िल्म से जुड़े लोगों के इस जमाव में ग़ज़ल सिंगर अवामी पसंद की चीज़ें गा रहा था और दाद पा रहा था। आधे-पूरे नशे में सब उस पर नोट निछावर कर रहे थे। अख़्तरुल ईमान इस महफ़िल में सबसे अलग एक कोने में अपने जाम का साथ निभा रहे थे। कुछ देर वह ख़ामोशी से चलताऊ क़िस्म की ग़ज़लें सुनते रहे। जब बर्दाश्त नहीं कर सके तो जहां बैठे थे, वहीं से बुलंद आवाज़ में यों बोले—

"बंद करो ये बकवास ग़ज़लें। कुछ अच्छा कलाम हो तो, सुनाओ, वरना ख़ामोश हो जाओ।" अख़्तरुल ईमान की ऊंची आवाज़ से एकदम सन्नाटा छा गया। ग़ज़ल सिंगर ख़ामोश हो गया। सब लोग जिधर अख़्तरुल ईमान बैठे थे, उधर देख रहे थे और अख़्तर साहब उसी आवाज़ में बोल रहे थे, "अब तो यही तय किया है, जितनी उम्र बाकी बची है, उसमें अच्छा रहूंगा, अच्छा सुनूंगा, अच्छा पढ़ूंगा..." अख़्तरुल ईमान ने शुरू से ही जीवन को अपने तौर पर बरता है, अपनी तरह से जिया है। जीवन की प्राथमिकताओं में भी उन्हीं की इच्छा का दख़ल रहा है। उन्होंने अपनी शाइरी को इनसान की ज़मीर की आवाज़ कहा है। उनके पास अपने अंदर झांकने और अस्तित्व के विरोधाभासों की पहचान की आंख भी है जिसने उनकी वैचारिकता में निजी संस्पर्श और शैली में ताज़गी पैदा की है। लेकिन उन्होंने समाज और व्यक्ति के बलात् समझौते को एक सामाजिक मूल्य के रूप में जिस तरह बार-बार दोहराया है और ज़िंदा रहने के लिए इस मूल्य को ज़रूरी ठहराया है, इससे उनकी कविता में फ़ार्मूलाबद्धता पैदा हो गई है और वह समाज के एक सीमित वर्ग में घिरकर रह जाती है। उनके यहां जीवन का प्रयोजन सिर्फ़ जीवन बिताना है। इतिहास, सभ्यता-संस्कृति और समय से उसका सम्बन्ध एकायामी और सिमटा हुआ है—

ख़ुदा का शुक्र बजा लाएं आज के दिन भी
न कोई वाक़िया गुज़रा न ऐसा काम हुआ
ज़बाँ से कल्मा ए-हक़ रास्त कुछ कहा जाता
ज़मीर जागता और अपना इम्तिहाँ होता
ख़ुदा का शुक्र बजा लाएं आज के दिन भी
उसी तरह से कटा मुंह अंधेरे उठ बैठे
सबूत बैठे वसीरत का अपनी देते रहे।

मानस मुखर्जी को गुज़रे हुए अब कई साल हो चुके हैं। मेहबूब स्टूडियो के पीछे ग्राउंड फ़्लोर पर उसके दो कमरों का घर एक ज़माने में निदा का रात-दिन का डेरा था। उस घर में एक अधेड़ उम्र के ईसाई पीटर के साथ अपने परिवार को बसाए हुए था। अंदर का कमरा पीटर का था। बाहर के हिस्से में दो बच्चों और पत्नी के साथ वह खुद रहता था। पीटर गोवा का रहनेवाला था। तीन बरस पहले उसने यह जगह पगड़ी पर हासिल की थी। उस वक़्त उसका एक भरा-पूरा ख़ानदान था। पत्नी मिशनरी के स्कूल में अंग्रेज़ी पढ़ाती थी। वह खुद एटामिक प्लांट में सुपरवाइज़र था। इन तीस सालों में उसका सारा ख़ानदान चलते-फिरते जिस्मों से अब चंद फ्रेम जड़ी छोटी-बड़ी यादों में बदल चुका था। पीटर अब अकेला था! एकांतप्रिय। रात-दिन शराब पीता था और मोमबत्ती की रौशनी में क्राइस्ट की एक मूर्ति से बातें करता रहता था। पहले वह सवाल करता था, फिर क्राइस्ट बनकर अपने सवाल का खुद ही जवाब देता था। उसके इन्हीं सवाल-जवाब को सुनकर मानस को मालूम होता था, कब उसे शराब के लिए पैसों की ज़रूरत है, कब उसके खाने का वक़्त है? उस मकान का किराया अब सिमटकर पीटर की दो वक़्त की रोटी और पूरे दिन की शराब बन चुका था। क्राइस्ट की मूर्ति के नीचे क़तार से एक बड़ी और दो छोटी-बड़ी तस्वीरें रखी थीं। बड़ी तस्वीरों में एक में सलीब पर टंगी सिर पर रूमाल बांधे, गुलाबी स्कर्ट और ब्लाउज़ में बड़ी-बड़ी आंखों से मुस्कुराता हुआ किताबी चेहरा मार्ग्रेट का था। इसी तस्वीर में मार्ग्रेट का हाथ चूमते हुए जो नौजवान सफ़ेद सूट में खड़ा था, वह तीस साल पहले का पीटर था। पीटर और मार्ग्रेट एक ही कालेज के स्टूडेंट थे। उन दोनों की मुलाक़ात कालेज के एक सालाना फ़ंक्शन में हुई थी। उसमें पीटर के गिटार पर मार्ग्रेट ने एक नृत्य पेश किया था। उस रात वे दोनों देर तक साथ-साथ चलते हुए अपने घर गए थे। और उसी रात दोनों ने बिना बोले एक-दूसरे को पसंद कर लिया था। लेकिन मार्ग्रेट का डैडी इस रिश्ते के ख़िलाफ़ था। वह मार्ग्रेट के लिए अपनी पसंद का एक लड़का भी तय कर चुका था। मार्ग्रेट को पीटर से प्रेम ज़रूर था लेकिन वह डैडी को भी नाराज़ नहीं करना चाहती थी। किशोरावस्था में हर निकटता प्रेम का रूप धारण कर लेती

है। बाद में जब यह नशा उतर जाता है तो आदमी पछताता है। मगर गया वक़्त वापस नहीं आता है। बाप की ज़िंदगी तक उसने गोलियों के सहारे अपना कुंवारापन क़ायम रखा लेकिन बाप के मरते ही गर्भवती हो गई और फिर तीन-चार साल में ही दो बच्चों की माँ बन गई। लेकिन माँ बनने के बाद भी वह कालेज के दिनों की मार्ग्रेट ही थी।

एक रात उसने पीटर को गहरी नींद से जगा कर कहा—

''पीटर हम मियां-बीवी बन गए। बच्चों के माँ-बाप भी हो गए; लेकिन हम हनीमून के लिए कभी नहीं गए।''

''जाते कैसे? जब हमने शादी की थी, उस वक़्त तुम्हारे डैडी ज़िंदा थे। जब वो मरे तो हम नए से पुराने हो चुके थे।'' अचानक जगाए जाने पर वह झुंझलाते हुए जवाब देता है।

''हनीमून औरत के मेहर की तरह मर्द पर क़र्ज़ होता है जिसको अदा किए बग़ैर रिश्ते में हुस्न नहीं आता। मैं फिर से तुम्हारे हाथों में गिटार देखना चाहती हूं। मैं फिर से इस गिटार की धुन पर नाचना चाहती हूं। मुझे नाचे हुए और तुम्हें गिटार बजाए हुए कितना अर्सा बीत गया।''

उस रात के बाद ज़िंदगी यूं ही अपने मामूल से गुज़रती रही। बच्चे स्कूल जाते रहे। पीटर वक़्त पर ऑफ़िस जाता रहा। मार्ग्रेट पहले की तरह स्कूल जाती रही। लेकिन अब वह पहले की तरह बोलती नहीं थी। वह ख़ामोश रहने लगी थी।

अचानक एक दिन मार्ग्रेट के स्कूल की प्रिंसिपल ने फ़ोन करके पीटर को बुलाया। मार्ग्रेट अपनी क्लास में बच्चों को पढ़ाने की बजाय उनके सामने नाच रही थी और पूरी क्लास इस तमाशे पर तालियां बजा रही थी। मार्ग्रेट को न जाने क्या हो गया था? वह उस दिन के बाद अजीब-अजीब बातें करने लगी थी।

एक दिन कहने लगी, डैडी आए थे। मैंने उनकी पसंद के विलियम डिसूज़ा से शादी नहीं की, और तुम्हारे साथ रहने लगी। इसलिए मुझसे नाराज़ थे।

एक सुबह पीटर रोज़ की तरह बच्चों को स्कूल के लिए तैयार कर रहा था। मार्ग्रेट पास खड़ी देख रही थी। जैसे ही वह बच्चों के साथ बाहर निकल रहा था, उसने पीटर का हाथ पकड़कर कहा—

''पीटर हमारी जो तस्वीर अंदर रखी है, मैं उसमें जिस तरह हंस रही हूं, ऐसी हंसी अब मैं क्यों नहीं हंसती? पहले मुझे बहुत हंसी आती थी। पहली बार जब हम मिले थे तो तुमने कहा था, मेरी हंसी बहुत ख़ूबसूरत है। वह हंसी अब मेरे होठों से क्यों ग़ायब है? तुम्हें मालूम है, डैडी जब मुझसे मिलने आए थे, अपने साथ डिसूज़ा को भी लाए थे। वह वैसे ही सूट में था, जैसा तुम कालेज में पहनते थे। लेकिन मेरा वह सूट पुराना हो चुका है।''

और हंसी?

"इसलिए कि हम अपने हिस्से की हंसी हंस चुके हैं। अब हंसने के दिन हमारे नहीं, इन बच्चों के हैं।" पीटर तीख़ेपन से जवाब देता है। मार्ग्रेट और पीटर का लड़का जो उन दोनों की बात सुन रहा था, अचानक बोलता है–

"नहीं पापा, जोगर्स पार्क के सामने एक लाफ़िंग क्लब बना है, वहां आपकी और मम्मी की उम्र वाले बहुत सारे लोग रोज़ सुबह हंसने आते हैं। वहां सब मिलकर एक साथ हंसते हैं। हा-हा, हू-हू!" वह नक़ली हंसी हंसकर दिखाता है।

मार्ग्रेट को अपने लड़के की नक़ल अच्छी नहीं लगी। वह बिना कुछ कहे अंदर लौट जाती है। शाम को ऑफ़िस से लौटने के बाद पीटर को घर में मार्ग्रेट नहीं मिली। उसके हाथ का लिखा एक ख़त मिलता है–

"पीटर मुझे अफ़सोस है, डैडी की नाराज़गी अब और ज़्यादा बर्दाश्त नहीं होती मुझसे। मैं उन्हें मनाने के लिए गोवा जा रही हूं। मुझे विश्वास है, वो जब मुझे मुआफ़ कर देंगे तो मेरी रूठी हुई हंसी भी मुझे वापस कर देंगे। मैं अब उसी वक़्त तुम्हारे पास आऊंगी, जब मेरी हंसी मुझे मिल जाएगी।"

मार्ग्रेट को जीते-जी उसकी हंसी वापस नहीं मिली। और इसी ग़म में एक दिन वह नींद की बहुत सारी गोलियां खाकर हमेशा के लिए सो गई। उसकी क़ब्र उसके बाप की क़ब्र के पास है।

मार्ग्रेट के इस तरह चले जाने से घर होते हुए घर में से घर ग़ायब हो जाता है। उसकी बढ़ती लापरवाही उसे नौकरी से अलग कर देती है। शराब आदत बनकर उसकी कमज़ोरी बन जाती है। इस माहौल में बच्चे जैसे-तैसे बड़े होकर अपने-अपने रास्तों में निकल पड़ते हैं, लड़की किसी के साथ कनाडा जाकर बस जाती है। लड़का एक हत्या के जुर्म में दिल्ली की एक जेल में बंद है।

निदा जब पीटर से मिला था तो वह बिल्कुल अकेला था। आधे मकान के किराए के बदले में उसकी शराब और खाने-पीने की सारी ज़िम्मेदारी मानस की थी। जब देखो वह अंदर के कमरे में शराब पीता था या क्राइस्ट की मूर्ति से बातें करता था। वह अपना हर काम उस मूर्ति से पूछकर ही करता था। वह मूर्ति से सवाल करता और मूर्ति उसी की आवाज़ में उसके हर सवाल का जवाब देती थी।

"जीसस क्या मैं शराब पी सकता हूं?"

"मुबारक हो! तुम जो गरीब हो क्योंकि ख़ुदा की बादशाही तुम्हारी है?"

एक दिन इसी तरह उसने घर छोड़ने को कहा और मूर्ति ने पीटर की ज़बान से इंजील के वाक्य दोहराए। 'जो कोई माँगता है, उसे मिलता है और जो ढूंढ़ता है वह पाता है और जो खटखटाता है, उसके लिए दरवाज़ा खोला जाएगा।'

अपने मुंह से मूर्ति के ये पवित्र वाक्य बोलकर वह उठा और ख़ाली हाथ घर से बाहर निकल गया। उसका गिटार और तस्वीरें महीनों उसकी प्रतीक्षा करती

रहीं। मगर वह वापस नहीं आया। बाद में उसका गिटार थोड़ी-बहुत मरम्मत के बाद मानस की संगत में शामिल हो गया और पुरानी तस्वीरों के फ्रेमों में नई तस्वीरें जगमगाने लगीं। एक में मानस शांतिनिकेतन के ग्राउंड में एक पेड़ के नीचे खड़ा है, उसमें जो लड़की उसे मुस्कुराकर देख रही है, वह उसकी पत्नी सोनाली है, सोनाली अब मार्ग्रेट की तरह दो बच्चों की माँ है।

मानस के उस घर में निदा की तरह और भी कई लोगों का जमाव रहता था। उनमें कोई फ़िल्म निर्माता बनने का अभिलाषी था, कोई निर्देशक बनना चाहता था। कोई राइटर बनने के लिए जद्दोजहद कर रहा था। इनमें से एक निर्देशक से निदा की पहले से जान-पहचान थी। जब वह किसी फ़िल्म पार्टी में पहली बार मिले थे तो उनका नाम मोहन सिंह काविया था। अब पांच-छः साल की दोस्ती के बाद उनकी शारीरिक, पैतृक, मानसिक और रहन-सहन की विशेषताओं ने उनके नाम को फ़ुलस्केप काग़ज़ की डेढ़ पंक्ति लम्बा कर दिया था। उनको ख़त लिखना होता था तो एड्रेस के लिए अलग से कोई बड़ा लिफ़ाफ़ा तलाश करना पड़ता था। पोस्ट ऑफ़िस का लिफ़ाफ़ा या कार्ड तो सिर्फ़ उनके नाम से ही भर जाता था। इलाक़ा मुहल्ला और पोस्टल कोड के लिए जगह नहीं बचती थी। उनका नाम मुल्क की आबादी की तरह बढ़ गया था और लिफ़ाफ़े व कार्ड का साइज़ मुल्क में रोटी, पानी और मकान की तरह सीमित था। उनका पूरा नाम इस तरह था—

ठाकुर मोहन सिंह काविया, डंड-बैठकें, दूध-लस्सी, पिस्ते-बादाम, दोपहर का आराम, शाम का जाम, इश्क़ में बदनाम, शादी में बदनाम, लड्डू जयपुर वाला, पुरातन-प्राचीन, डायरेक्शन के शौक़ीन लेकिन ग़मगीन!

इस लम्बे-चौड़े नाम में उनकी पचास साला ज़िंदगी की पूरी दास्तान छुपी हुई थी। निदा जब भी उन्हें देखता, उनके पूरे नाम से ही सम्बोधित करता था। वह ख़ामोशी से सुनते रहते थे। और जब नाम पूरा हो जाता था तो वह ज़ोर का एक क़हक़हा लगाकर निदा के कंधे को अपने मज़बूत हाथ से दाब देते थे। उनके हाथ का दबाव निदा को बहुत भारी पड़ता था।

जयपुर के क़रीब किसी छोटे-से क़स्बे के रहने वाले थे। माँ-बाप ने ख़ानदानी रीति के अनुसार बचपन में ही शादी के बंधन में बांध दिया था। होश सम्भालने तक दो-तीन बच्चों के बाप बन गए थे। लेकिन उम्र के लिहाज़ से मिज़ाज में अभी तक लड़कपन था। एक दिन रात को देर से लौटे तो पत्नी को चूल्हे के पास इंतज़ार करते हुए नहीं देखा। माँ-बाप को हमेशा उन्होंने इसी रूप में देखा था। देर रात तक बाप का इंतज़ार कर पत्नी में माँ नहीं मिली तो ख़ामोशी से

ख़ुद खाना निकालकर खाया। लेकिन ठाकुर को ठकुराइन की यह गुस्ताख़ी खल गई। दूसरे दिन बिना कुछ कहे-सुने जयपुर आ गए। कुछ दिन वहां किसी स्कूल में नौकरी की और जब आर्थिक रूप से इस क़ाबिल हो गए कि आगे सफ़र कर सकें तो जयपुर से पूना चले आए और पूना इंस्टीट्यूट में निर्देशन के कोर्स में दाखिला ले लिया। गोगी आनंद और मणि कौल भी उन दिनों उनके सहपाठी थे। डिप्लोमा हासिल करने के बाद रमेश सहगल के प्रोडक्शन के लिए पहली फ़िल्म 'इंतज़ार' बनाई। फ़िल्म 'इंतज़ार' बनने के दौरान हीरोइन से इश्क़ कर बैठे। इस इश्क़ ने पटकथा में हीरोइन के सीन इतने बढ़ा दिए कि कहानी पहले से भिन्न हो गई। और उम्मीद के खिलाफ़ असफल हो गई। फ़िल्म की असफलता ने फिर से बेराज़गार कर दिया। इस बेरोज़गारी के कारण हीरोइन ने उनकी प्रेमिका बनने से इनकार कर दिया। लेकिन प्रेमिका के इनकार ने जब जीवन दूभर कर दिया तो उन्होंने भी अपने भीतर छुपे राजस्थान के ठाकुर को जाग्रत कर दिया...उन्हें जब भी प्रेमिका की बेवफ़ाई ज़्यादा सताती तो वह विछोह में आंसू बहाने या आहें भरने के बजाय अचानक उठकर सौ दो सौ बैठकें निकाल लेते या डंड पेल लेते। वह प्रेमिका के ग़म को आंखों से रोने के बजाय कसरत के पसीने से बुझाते थे। ऐसी कसरत के दौरे उन्हें दिन में कई बार पड़ते थे। हर बार वह बदन को थकाकर दूध या लस्सी पीते रहते थे। वह आशिक़ ज़रूर थे लेकिन इश्क़ में दीन-हीन मजनूं के अनुयायी नहीं थे। वह जान है तो जहान है के क़ायल थे। वह ग़मे-यार भी उठाते रहे और कसरत व ख़ुराक से शरीर को भी हृष्ट-पुष्ट बनाते रहे।

उन दिनों काविया हल रोड के पीछे क्रिश्चियन इलाक़े की एक छत पर टीन की छोटी-सी खोली में रहते थे। इस खोली में सोने के लिए एक लोहे के पलंग के अलावा बाक़ी की सारी जगह हिन्दी और अंग्रेज़ी की किताबें भरी थीं। वह महात्मा बुद्ध की तरह एक बार घर से निकलकर पत्नी के ज़ीते-जी गांव वापस नहीं गए। वह बेचारी जब तक जीवित रही, हर आते-जाते के हाथ अपने हाथों से राजस्थान से लड्डू बनाकर भेजती रही और इस बहाने अपने मंगलसूत्र की रक्षा करती रही। इन लड्डुओं को वह ख़ुद भी शौक़ से खाते और यार-दोस्तों को भी खिलाते और पत्नी की वफ़ादारी का क़सीदा सुनाते।

एक बार इन लड्डुओं को लाने वाला काविया साहब की ही उम्र का उनकी बड़ी बहन का बेटा था। उसका नाम अंधेर सिंह था और तख़ल्लुस सौदाई था। वह अपने मामा की बनने वाली फ़िल्म में गीत लिखने आया था। काविया की छत पर हर शाम महफ़िल जमती थी। महफिलों में मानस और निदा रोज के शरीक होने वालों में थे। जिस रोज़ सौदाई आया था, वह रात सौदाई की शाइरी को समर्पित थी। सौदाई अपने मामा की फ़रमाइश पर एक के बाद एक ग़ज़ल या गीत सुना रहा था और महफ़िल में शरीक लोगों से दाद पा रहा था। उसका एक शे'-र यों था—

हमने तुमसे प्यार किया बेकार किया
तुम जैसे को यार किया बेकार किया

उसके दो गीतों को उस रात मानस ने अपनी धुन् में गाया भी था। लेकिन यह दाद और इज़्ज़त सौदाई के लिए उसी रात तक थी। दूसरे दिन से उसका काम घर में स्टोव जलाकर चाय बनाना या बाहर से शराब लाना था। वह अपने मामा के पास गीतकार बनने आया था लेकिन मामा ने भानजे से उसे नौकर बना दिया था। यह उसे पसंद नहीं था। वह काविया की अनुपस्थिति में निदा से अपने मामा के रवैये की शिकायत भी करता था लेकिन मजबूर था।

रोज़ की तरह उस रात भी छत पर क़हक़हे लगाए जा रहे थे। जाम छलकाए जा रहे थे। काविया की बनने वाली फ़िल्म के लिए तैयार किए गए निदा के गीत गाए जा रहे थे और ऐसे में बार-बार अलग कोने में बैठे सौदाई को बुलाया जाता था और किसी न किसी काम से बाहर भेजा जाता था। उससे न शराब के लिए पूछा जा रहा था, न कलाम सुनाने को कहा जा रहा था। जब सब लोग नशे के अंतिम दौर से गुज़र रहे थे, सौदाई ख़ामोशी से उठकर अंदर कमरे में गया और काविया के पर्स में जितने रुपए थे, उन्हें लेकर हवा हो गया। उसके अचानक ग़ायब हो जाने से पहले वह ज़रूर चिंतित हुए लेकिन जब उन्होंने अपना ख़ाली पर्स देखा तो चैन की नींद सो गए। दूसरे दिन जब निदा सुबह आठ बजे चहल-क़दमी से वापस आया तो उसे अपनी बिल्डिंग के कम्पाउंड में एक दुबला-पतला व्यक्ति सिर्फ़ अंडरवियर पहने उसे उसके नाम से पुकारता नज़र आया। क़रीब से देखा तो मालूम हुआ, वह गीताकार सौदाई है। क़मीज़ गायब, बनियान ग़ायब, पैंट ग़ायब, पैरों से चप्पलें ग़ायब। निदा के पूछने पर उसने बताया, वह गुस्से में जो काविया के पंद्रह सौ रुपए ले गया था, उनसे रातभर उसने कई शराबख़ानों में शराब उड़ाई, शहर में जी भर के टैक्सी घुमाई और आख़िर में कांग्रेस हाउस में गाना सुनने चला गया। (कांग्रेस हाउस ग्रांट रोड पर तवाइफ़ों का मशहूर अड्डा है। रातभर यह अड्डा क़हक़हों से रौशन रहता है।)

"यह तो सब ठीक है, मगर तुम्हारे कपड़े और जूते कहा गए?"

"पता नहीं कहां गए? होश रहने तक जो मैंने देखा था, वह तुम्हें बता दिया। इसके बाद सुबह मैंने कांग्रेस हाउस के बाहर जिस तरह अपने-आपको पड़ा पाया, उस तरह तुम्हारे सामने हूं।" उसने जवाब दिया।

"लेकिन तुम्हें यह सब करने की क्या ज़रूरत थी? खुद भी परेशान हुए और अपने मामा को भी परेशान किया।"

"तुम ठीक कह रहे हो निदा जी, मुझे भी जो हुआ, उसका अफ़सोस हो रहा है लेकिन उस वक़्त...उनका व्यवहार खल गया। आख़िर मैं उनकी बहन का

बेटा हूं। मैं भी शाइर हूं। मेरी भी कोई इज़्ज़त है।''

निदा उसे फिर से आदमी बनाकर काविया के पास ले गया। वह दोपहर के खाने के बाद उनके सोने का वक़्त था। लेकिन आज वह सोए नहीं थे। यों लगता था जैसे हमारा ही इंतज़ार कर रहे थे। पहली दस्तक पर ही दरवाज़ा खोल दिया और सौदाई को देखकर ख़ामोशी से अंदर चले गए। ऐसा लगता था, अब से पहले भी सौदाई उनके साथ ऐसा कर चुका था। निदा ने जब उनसे सौदाई को क्षमा करने के लिए कहा तो वह थोड़ी-सी ख़ामोशी के बाद सौदाई की तरफ़ देखते हुए बोले, ''इसे मेरी मुआफ़ी की क्या ज़रूरत है? कुसूर उसका नहीं है, मेरी अपनी क़िस्मत का है। मैंने जब भी जिसे चाहा है, उससे दुःख ही पाया है।''

वह पांच सौ रुपए निकालकर उसे और देते हैं और कहते हैं, ''यह लो, इनसे अपना वापसी का टिकट ख़रीदना। बाक़ी जो बचें, उनसे अपनी मामी के लिए मिठाई ले जाना। तुम्हारा सामान तैयार है। मेरे साथ तुम्हें अपमान महसूस होता है, अब अपने साथ सम्मान से रहो।''

काविया घर से दूर ज़रूर रहे। मगर घर की ज़िम्मेदारियों से बेख़बर नहीं रहे। बेटी की शादी तय हुई तो अपनी छत की खोली को डेढ़-दो लाख में बेचकर एक दोस्त के यहां शिफ़्ट हो गए और सारी रक़म शादी में लगा दी। फ़िल्म डिवीज़न के लिए फंड मंजूर हुआ तो पहला काम यह किया कि अपने लड़के को जो उस वक़्त एम.ए. करके एक स्थानीय कालेज में लेक्चरर हो गया था, उससे नौकरी छुड़वाकर अपने पास बुला लिया। फ़िल्म शुरू होने में देर हुई तो उससे भी वही खिद्मत लेने लगे जो सौदाई से लेते थे। फंड मंजूर हुआ था, मानस की ज़िंदगी में और शुरू होने की नौबत आई उसके निधन के कई साल बाद। दस साल पहले फ़िल्म के गाने फ़िल्म डिवीज़न में स्क्रिप्ट दाख़िल करने से पहले धुन और शब्दों के साथ तैयार हो चुके थे। एक दिन अचानक काफ़ी अर्से के बाद काविया अपने बेटे के साथ निदा के घर आए और कहने लगे—

''परसों पहले गाने की रिकार्डिंग है। लफ़्जों में कुछ तब्दीली करना चाहो तो कर लो।''

इतने दिनों में गीत के शब्द निदा के ध्यान से उतर चुके थे। ट्यून पर लिखे गीत यों भी मुश्किल से याद आते हैं। निदा उनसे पूछता है, ''म्यूज़िक डायरेक्टर कौन है?''

''मैं!'' उन्होंने गर्व से कहा।

''अरेंजर कौन है?''

''मैं!''

उन्होंने सादगी से कहा, ''म्यूज़िक डायरेक्टर की क्या ज़रूरत है? मानस की तर्ज़ें मुझे याद हैं। कविता कृष्णमूर्ति की आवाज़ में मैं ख़ुद रिकार्ड करूंगा।'' और

हुआ भी यों ही। उन्होंने ख़ुद म्यूज़िक बनवाया, ख़ुद सिंगर को धुनें सिखाईं और ख़ुद साउंड रिकार्डिस्ट के साथ बैठकर गाने रिकार्ड कर लिए। जिस कम्पनी ने म्यूज़िक खरीदने का वादा किया था, उसने गानों का कैसेट सुनकर ख़ामोशी अख़्तियार कर ली और इस ख़ामोशी से फ़िल्म भी कई सालों तक डिब्बों में बंद पड़ी रही। बेटा उकताकर वापस जयपुर जाकर बस गया।

लेकिन काविया ने हिम्मत नहीं हारी। वह इधर-उधर छोटे-मोटे काम करके जो थोड़ा-बहुत कमाते थे, उससे रुकी हुई फ़िल्म को थोड़ा-बहुत आगे बढ़ाते थे। समय ने फ़िल्म में काम करने वाले कलाकारों के चेहरे-मोहरे बदल दिये। जवान अधेड़ हो गए, अधेड़ बूढ़े हो गए। लेकिन काविया के वे सपने जो उस फ़िल्म से जुड़े हुए हैं, अब तक वैसे ही हैं, जैसे पहले थे—

हर तरफ़ हर जगह बेशुमार आदमी
फिर भी तन्हाइयों का शिकार आदमी
सुबह से शाम तक बोझ ढोता हुआ
अपनी ही लाश का ख़ुद मज़ार आदमी
हर तरफ़ भागते-दौड़ते रास्ते
हर तरफ़ आदमी का शिकार आदमी
रोज़ जीता हुआ रोज़ मरता हुआ
हर नये दिन नया इंतज़ार आदमी
ज़िंदगी का मुक़द्दर सफ़र-दर-सफ़र
आख़िरी सांस तक बेक़रार आदमी

सुबह की चहल-क़दमी के बाद निदा नए दिन की पहली चाय पी रहा था। आज की चाय कई दिनों के बाद उसे अच्छी लगी थी। उसकी एक वजह तो यह थी कि इस दिन अख़बार की छुट्टी थी और नया दिन दंगों, भ्रष्टाचार, क़त्लो-ख़ून और जंगों की ख़बरों से बचा हुआ था। दूसरी वजह थी, आज वह ठीक समय सड़क के उस जनरल स्टोर के पास से गुज़र रहा था, जहां रोज़ की तरह आज भी पांच साल की छरहरे बदन की श्रद्धा स्कूल का यूनिफ़ार्म पहने बस की प्रतीक्षा कर रही थी। वह कई दिन की प्रतीक्षा के बाद आज मुस्कुराई थी।

निदा से श्रद्धा की दोस्ती चंद महीने पुरानी है। पहली बार वह रातभर की सोई हुई नींद और धीमे-धीमे जागती सुबह की ताज़गी के साथ यहीं खड़ी मिली थी। अपने-आप में खोई हुई। समन्दर फ़ुटपाथ के पीछे से उछल-उछल कर उसे देख रहा था। हवा उसके बने-संवरे बालों से शरारत कर रही थी। पेड़ पर बैठी चिड़ियाएं उसके लिए गुनगुना रही थीं। लेकिन वह इन सबसे बेसुध आधी सोई-जागी हालत में वहां नहीं थी, जहां खड़ी थी। निदा ने गुज़रते हुए उसे देखा

और मुस्कुराते हुए गुड मार्निंग कहा। वह एक अजनबी के मुंह से गुड मार्निंग सुनकर पहले चौंक-सी गई और फिर पहले से ज़्यादा गंभीर हो गई। छोटे-से सुंदर चेहरे पर अपनी उम्र से बड़ी गंभीरता लाने की उसकी यह कोशिश निदा को अच्छी लगी। इतने में बस आई और वह भागकर उसमें चढ़ गई। बस की खिड़की से वह सहमी-सहमी नज़रों से बाहर देख रही थी और निदा सोच रहा था, 'जब यह मुस्कुराएगी तो और भी सुंदर लगेगी।' इस मुस्कुराहट को देखने के लिए निदा को काफ़ी मेहनत करनी पड़ी। उसकी बस किस समय आती है, यह जानने के लिए एक दिन उसने पूरे पंद्रह मिनट ख़र्च किए। वह निर्धारित समय पर वहां पहुंचता। अगर वह वहां होती तो विश करके आगे बढ़ जाता। उसके आने में एक-दो मिनट की देर होती तो वह उसकी प्रतीक्षा करता। हर रोज़ की निरंतर फ़ील्डिंग के बाद उसकी अजनबीयत में धीरे-धीरे आत्मीयता का रंग घुलने लगा। फिर वह निदा को देखकर आंखें नहीं झुकाती थी। उसके गुड मार्निंग के जवाब में वह भी धीरे से गुड मार्निंग कहने लगी थी। लेकिन यह लम्बी आत्मीयता जब मुस्कुराहट में बदल गई, वह आज ही का दिन था। निदा को देखते ही उसने कहा, "कल आप हमारे टी.वी. पर आए थे। आपका नाम निदा फ़ाज़ली है।" इतना कहकर वह एक साथ आंखों, होठों, गालों और हाथों से मुस्कुरा उठी और उस मुस्कुराहट ने थोड़ी देर के लिए सारे रास्ते को दूर तक रमणीय बना दिया। अपने घर आकर निदा उस मुस्कुराहट जैसी कोई नज़्म कहने की कोशिश करता है। निदा की हर नज़्म उसके पहले मिसरे में छुपी होती है, जो वह पहले सोचता है। उस मिसरे के सूझते ही पूरी नज़्म आप ही आगे बढ़ने लगती है। लेकिन उस पहले मिसरे की तलाश में उसे काफ़ी भटकना पड़ता है। कभी वह तुरंत मिल जाता है; कभी उस तक पहुंचने में कई महीने या कई दिन लग जाते हैं। आज भी यही होता है। वह बार-बार कई मिसरे सोचता है। मगर उनमें से कोई भी मिसरा ऐसा नहीं होता, जहां से नज़्म शुरू होती है। वह झुंझलाकर सोचना बंद कर देता है। ऐसी कई अनकही नज़्में श्रद्धा की मुस्कुराहट की तरह तस्वीरों की शक्ल में निदा की स्मृति में सुरक्षित हैं।

सेंट पाल स्कूल के फाटक के सामने अपने बच्चे की प्रतीक्षा करती हुई एक बेनाम माँ। छुट्टी की घंटी बजते ही बच्चा माँ की तरफ़ भागता हुआ आता है। ज़मीन पर उसके छोटे-छोटे पैरों की आहटें, रौशनी के नन्हे-नन्हे बल्बों की भांति पहले माँ की आंखों में चमकती हैं और फिर पूरे शरीर में झिलमिलाने लगती हैं। और वह पलभर के लिए दुनिया सुंदरतम स्त्री बन जाती है।

एक निर्माणाधीन सड़क। सुबह होते ही जवान-बूढ़े सारे मजदूर अपने-अपने काम में जुट जाते हैं। एक बूढ़ा आता है और उनके कम उम्र बच्चों को एक जगह जमा करके उन्हें पढ़ना-लिखना सिखाता है। वह अपने पास से उनके लिए किताबें,

क़लम और कापियां ही नहीं लाता, उन्हें ख़ुश करने के लिए टाफ़ियां और मिठाइयां भी लाता है। कुछ दिन के बाद सड़क का काम ख़त्म हो जाता है। मजूदर काम की तलाश में आगे बढ़ जाते हैं। उनके जाने के साथ बूढ़े मास्टर का खुली फुटपाथ का स्कूल भी बंद हो जाता है। लेकिन वह बूढ़ा अब भी वहां आता है और पहले की तरह चादर बिछाकर कुछ देर गए हुए बच्चों की प्रतीक्षा करता है और फिर उठकर चला जाता है। बूढ़ा और बूढ़ा होकर अपने से बूढ़े समन्दर को देखता है।

समन्दर में धीरे-धीरे डूबता हुआ सूरज। पानी पर एक लम्बी-सी सुनहरी रौशनी की लकीर बनती है और सूरज चुपचाप पानी में उतर जाता है। एक बूढ़ा हाथ दूसरे बूढ़े हाथ से कुछ कहता है। उनके चले जाने के बाद समन्दर देर तक उनके हाथों की अनकही बातों को अपनी लहरों में दोहराता रहता है।

दरवाज़े पर दस्तक होती है। निदा जैसे ही दरवाज़ा खोलने के लिए उठता है, दस्तक बोलना शुरू कर देती है। ठाकुर मोहन सिंह काविया, डंड-बैटकें, दूध-लस्सी, पिस्ते-बादाम, दोपहर का आराम, शाम का जाम, इश्क में बदनाम, शादी में नाकाम, लड्डू जयपुर वाला, पुरातन-प्राचीन!

निदा ने आवाज़ पहचानकर शेष शब्दों को दोहराना चाहा, डायरेक्शन के शौक़ीन लेकिन ग़मगीन।

काविया ने बाहर से ही टोकते हुए रौबदार आवाज में कहा, 'ग़लत'। और निदा के दिए नाम का शेष भाग यों पूरा किया, 'पुरातन-प्राचीन, डायरेक्शन के शौक़ीन लेकिन संगीन।' नाम के अंतिम शब्द 'संगीन' बोलते हुए वह किसी पहलवान की तरह सीना फुलाकर बाजू में मछलियां उभारने लगे। काविया की तंदुरुस्ती अब पहले जैसी नहीं थी। बदन में गोश्त भी कम हो गया था, चेहरे पर भी गुज़रते वक़्त के निशान साफ़ नज़र आते थे। डंड-बैठकों से बना हुआ बदन अब डाइनल की गोलियों के सहारे हालात से लड़ रहा था। वह इस बार कई महीने ग़ायब रहकर मुम्बई आए थे। गांव का पैतृक मकान बेचकर जो थोड़ी-सी रक़म हाथ लगी थी, उससे बरसों की रुकी हुई अपनी फ़िल्म की फिर से थोड़ी-सी शूटिंग करने आए थे। निदा को उन्हें देखकर ओ हेनरी की वह कहानी याद आ गई जिसनें एक मरीज़ अपने बिस्तर की खिड़की से पेड़ के आख़िरी पत्ते को हवाओं से अकेला लड़ते देखता है और उसकी कंपकंपाहट से अपनी ज़िंदगी का रिश्ता जोड़ लेता है।

उन दिनों के मिलने-जुलने वालों में एक नाम सैयद का भी है। वह इस मंडली के सीनियर मेम्बर थे। उम्र की गंभीरता उन्हें महफ़िल में ज़्यादा खुलने नहीं देती थी। शराब पीते वक़्त भी वह अपने नशे को बेतकल्लुफ़ नहीं होने देते थे। यों तो वह स्वभाव से मितभाषी थे लेकिन पीते वक़्त पहले गिलास से आख़िरी गिलास तक वह हर बात का जवाब हाथ और आंखों के इशारों से ही देते थे या सिर्फ़ मुस्कुराते थे। रहने वाले हैदराबाद के थे। उस वक़्त भी अकेले थे, अब भी सकुशल एकाकी ही हैं। शिक्षा पूरी करके फ़िल्म इंडस्ट्री में क़िस्मत आज़माने आए, फिर यहीं के हो गए।

जब मुम्बई आए थे तो अपने साथ बहुत कुछ लाए थे। जवानी थी, जवानी के सपने थे। सपनों में एक सीधा रास्ता था, रास्ते में थोड़ी दूर पर एक घर था। घर में बाग़ था, बाग़ में फूल थे, उन फूलों में कोई चेहरा था। उस चेहरे पर उनके नाम का इंतज़ार लिखा हुआ था।

पहली बार बरसों पहले दिल्ली के कॉफ़ी हाउस में शाइरों और लेखकों के मज़मे में मिले थे। राज नारायण राज़, मेहमूद हाशमी, कुमार पाशी, हंसराज रहबर, बलराज मेनरा, सुरेंद्र प्रकाश वग़ैरह के दोस्त थे। लेकिन दोस्तों में अपने चमकते हुए सूट, ख़ूबरसूरत हैंडबैग और चेहरे की आभा के कारण शाइरों और लेखकों में अलग से नज़र आते थे। जब बिल आया तो लोगों ने अपनी-अपनी जेबों में हाथ डालने शुरू किए। लेकिन उन्होंने पूरा बिल ख़ुद अदा किया। उस वक़्त वह फ़िल्म डायरेक्टर थे। जो फ़िल्म डायरेक्ट कर रहे थे, वह फ़िल्म मधुबाला की पूंजी से बन रही थी। फ़िल्म पूरी हुई, रिलीज़ भी हुई लेकिन सफल नहीं हुई। उस एक फ़िल्म की असफलता ने न सिर्फ़ दूसरे फ़िल्मसाज़ को ही उनके निर्देशन से फ़ायदा उठाने की इज़ाज़त दी बल्कि ख़ुद उन्हें भी अपनी असफलता को दोहराने की मोहलत नहीं दी।

जहां से सफ़र शुरू किया था, सांप-सीढ़ी के खेल की तरह फिर वहीं से सफ़र की शुरुआत हुई। ऐसा उनके साथ कई बार हुआ। एक बार जो फ़िल्मी कारोबार से जुड़ जाता है, बाहर की दुनिया के लिए वह अजनबी हो जाता है। उनके साथ

भी ऐसा ही हुआ। आदमी पढ़े-लिखे थे। अगर चाहते तो कोई और सूरत पैदा हो सकती थी। कोल्हू के पट्टी बंधे बैल की तरह एक खूंटे के चक्कर काटते रहे। डायरेक्शन रास नहीं आया तो इंडस्ट्री में ही दूसरे विभागों का काम अपना लिया। अच्छे चेहरे-मोहरे के तंदुरुस्त जवान थे। तबीयत में विनम्रता थी, स्वभाव में गंभीरता थी। एक-दो महफ़िलों के बाद ही नज़रों में आने लगे और हीरोइनों के घरों में उनके शीन-क़ाफ़ (उच्चारण) दुरुस्त करने के बहाने बुलाए जाने लगे। लेकिन आदमी अपने आचरण से शरीफ़ थे। कई रौशन सितारों के आसमान रहे, मगर ज़मीन के तौर-तरीक़ों से हमेशा अनजान रहे। बाज़ार तो बन गए लेकिन बाज़ार की युक्तियां नहीं सीखीं। ख़रीदने वाले उन्हें व्यापार की तरह स्वीकार करते रहे और वह हर ख़रीदारी को प्रेम-सम्बन्ध समझने की भूल करते रहे। बस यों ही वक़्त गंवाया, न बैंक बेलैंस बढ़ाया, न घर बसाया। नीबू का रस जब चूस लिया जाता है तो उसके ख़ोल को फेंक दिया जाता है। जो सबके साथ होता आया है, उनके साथ भी होता है। साहित्य में रुचि पहले से थी। शे'र भी कहते थे, कहानियां भी लिखते थे। एक कहानी-संग्रह भी प्रकाशित हुआ था। डायरेक्शन की तरह जब शरीर भी बाज़ार का विश्वास खो चुका तो उन्होंने बरसों के बाद फिर से काग़ज़ पर क़लम चलाना शुरू किया। क़लम से पुरानी दोस्ती थी। अच्छे दिनों में भले ही उसे मुंह न लगाया लेकिन मुश्किल में उसी ने साथ निभाया। एक के बाद एक कई सीरियल लिखे। लेकिन आर्थिक स्थिति बेहतर होने के बाद बावजूद उनके रहन-सहन में कोई अंतर नहीं आया। वह अब भी वैसे ही थे, जैसे पहले थे। आज इस होटल में, कल उस गेस्ट हाउस में। वह शुरू में अपने साथ हैदराबाद से जो कुछ लाए थे, उसमें से अब सिर्फ़ एक संदूक़ और चंद किताबें ही उनके पास थीं। यही वजह है, जब भी ज़रूरत होती, वह आसानी से एक जगह से दूसरी जगह जा बसते थे। हर दूसरे-तीसरे महीने उनके पते को बदलते देखा तो एक दिन निदा ने उनसे पूछा—

"सैयद साहब अब तो आपके हालात बेहतर हैं। आप अपने लिए कहीं कोई घर क्यों नहीं ख़रीद लेते?"

"इस उम्र में मकान किसलिए, कोई आगे न पीछे, किसके लिए मकान छोड़ जाऊं?" उन्होंने जवाब दिया।

इसी तरह जब कोई पूछता, "आप अकेले क्यों रहते हैं, शादी क्यों नहीं कर लेते?" वह जवाब में पहले मयकश अकबराबादी का शे'र सुनाते—

चिराग़-ए-कुश्ता लेकर हम तेरी महफ़िल में क्या आते
जो दिन थे ज़िंदगी के वो तो रस्ते में गुज़ार आये

बाद में मुस्कुराते हुए कहते, "मियां इस उम्र में किसी जवान लड़की से शादी करूं तो पड़ोसियों की नीयत ख़राब होगी और अगर अपनी उम्र की औरत को

घर में लाऊं तो मेरी ज़िंदगी अज़ाब होगी। जैसी अब तक गुज़री है, बाक़ी भी ऐसे ही गुज़र जाएगी।''

जागे हुए मिले हैं कभी सो रहे हैं हम
मौसम बदल रहे हैं बसर हो रहे हैं हम

सैयद अपने साथ रहने के आदी हो चुके हैं। अपने अलावा उनका हर रिश्ता कभी-कभी की ज़रूरत तक रहता है। जब ज़रूरत ख़त्म हो जाती है, रिश्ता भी ख़त्म हो जाता है। लेकिन जब तक ज़िंदगी है, तब तक ज़रूरतें हैं। कभी-कभी की ज़रूरतें ही अब उन्हें अपनी दुनिया से बाहर निकाल पाती हैं।

एक शाम कई दिन बाद हल रोड की भीड़ से गुज़रते नज़र आए। मौसम काफ़ी खुशगवार था। हल्की-फुल्की बूंदा-बांदी हो रही थी। निदा ने यह सोचकर आज की शाम यह साथ होंगे तो वक़्त अच्छा गुज़रेगा, उन्हें आवाज़ लगाई। आवाज़ उन तक पहुंची। अपनी रफ़्तार तेज़ करके उसने फिर पुकारा। वह फिर भी नहीं रुके। फिर उसने भागकर उनके क़रीब पहुंचकर उन्हें सम्बोधित किया।

''कमाल है, कितनी बार पुकारा आपको मगर आप हैं कि सुनते ही नहीं।'' उन्होंने निदा को ऐसे देखा जैसे किसी अजनबी को देख रहे हों, ''इस वक़्त जल्दी में हूं। फिर मिलूंगा।'' उन्होंने कहा और आगे बढ़ गए। वह वाक़ई कुछ घबराए हुए परेशान लग रहे थे। ''ऐसी भी क्या जल्दी है सैयद साहब! शाम का वक़्त है, चलिए कहीं चलकर बैठते हैं। कई दिन के बाद मिले हो। कुछ आपकी सुनेंगे, कुछ अपनी कहेंगे।''

''मैंने आपसे ग़लत नहीं कहा। मैं इस वक़्त मसरूफ़ हूं।'' उन्होंने उकताए हुए लहजे में जवाब दिया।

''ऐसा कौन-सा काम है जो इतनी ख़ूबसूरत शाम ग़ारत कर रहे हैं आप?''

''आप अपनी शाम को सम्भालिए। मेरे साथ मेरी शाम का बंदोबस्त है।'' उन्होंने जवाब दिया।

निदा की नज़र अचानक उनके चेहरे से उतर के उनसे कुछ दूर खड़ी एक दुबली-पतली, उनके क़द से आधी, काले रंग की एक लड़की पर टिक गई। वह उन्हीं के साथ थी। निदा ने ग़ौर से देखा तो वह किसी जादूगरनी की तरह बार-बार अपने चेहरे बदल रही थी। कभी वह मधुबाला बन जाती थी, कभी नादिरा नज़र आती थी, कभी नूतन की तरह मुस्कुराती थी। उन्होंने निदा के उस लड़की की तरफ़ देखते हुए देखकर धीरे-से कहा, ''अब तो आप समझ गए होंगे, मैं क्यों जाना चाहता हूं? कभी आशियाना होता है तो आबो-दाना नहीं होता, कभी आबो-दाना होता है तो आशियाना नहीं होता। आज कई महीनों के बाद परिंदे के साथ आशियाना भी है, आबो-दाना भी है। इसलिए इजाज़त दीजिए।''

बच्चों के ज़ेहन गीली मिट्टी जैसे होते हैं। उन्हें किसी भी सांचे में आसानी से ढाला जा सकता है। इस उम्र में जो अच्छे-बुरे प्रभाव मन में संचित हो जाते हैं वही भविष्य के जीवन की गति और दिशा के निर्धारण में अहम भूमिका अदा करते हैं। हर दौर की सियासतें इसी मनोविज्ञान के ज़रिए अपनी हुकूमतें भी चलाती हैं और धर्म व सम्प्रदाय की दीवारें भी उठाती हैं। अंग्रेज़ इस राज़ को समझते थे। उन्होंने पाठ्यक्रम के परिवर्तन से क़ौमी एकता को आघात पहुंचाया और डेढ़ सौ साल तक आराम से हिन्दुस्तान पर राज किया। हिटलर ने इसी गुर को अपनाकर नस्ल के वर्चस्व को प्रतिष्ठित किया। आज भी अरब देश इस्लाम में शहंशाहियतों की गुंजाइश की रक्षा के लिए हिन्दुस्तान व पाकिस्तान की मस्जिदों में बच्चों के मदरसों के लिए आर्थिक सहायता उपलब्ध कराते हैं। बच्चे जालीदार टोपी और टख़नों से ऊंचे पाजामे पहनकर दुनिया से बेख़बर होकर दीन से बाख़बर हो रहे हैं। पाकिस्तान में दो कौमी नज़रिए का औचित्य ठहराते हुए बच्चों की किताबों में इतिहास को तोड़-मरोड़ कर पेश किया जा रहा है। मुग़ल बादशाह अकबर का सुलह-कुल का मार्ग उनके अनुकूल नहीं है क्योंकि इसमें इस्लाम के प्रति सम्मान के साथ महयार जी राना की पवित्र अग्नि, फ़ादर रडोफ़ द्वारा प्रस्तुत इंजील, सिख गुरु अमरदास और रामदास के ग्रंथ और पुरुषोत्तम की गीता और रामायण की पवित्र वाणियां भी शामिल थीं। इसलिए पाठ्यक्रम में अकबर का ज़िक्र सरसरी है लेकिन मौलवी शेख़ अहमद को जो उस युग में अकबर की धार्मिक सहिष्णुता के ख़िताफ़ थे, हीरो बनाकर पेश किया गया है। और औरंगज़ेब को जिसने बाप को बुढ़ापे में कैद किया था और दारा, शुजा, मुराद व सुलेमान को क़त्ल करके तख़्त हासिल किया था, इस्लाम का रखवाला ठहराया गया है।

हिन्दुस्तान में आर.एस.एस. विभिन्न इलाक़ों में बारह हज़ार से ज़्यादा स्कूल शिशु मंदिर के नाम से चला रही है जिनमें लगभग बारह लाख बच्चों को हर साल वे किताबें पढ़ाई जाती हैं जिनमें शिवाजी को मुस्लिम दुश्मन और वीर सावरकर को हिंदुत्व का रक्षक दिखाया गया है। जिन-जिन प्रांतों में बी.जे.पी. की हुकूमतें हैं वहां रोमिला थापर, बिपिनचंद्र, सतीश चंद्र और हरबंस मुखिया जैसे स्कॉलर

इतिहासकारों की किताबों को पाठ्यक्रमों से बाहर कर दिया गया है।

मशीनें चल रही हैं, कल-पुर्जे ढाले जा रहे हैं और उनको जोड़कर ऐसे रोबोट बनाए जा रहे हैं जो निर्धारित उद्देश्यों की सीमाओं में नपे-तुले हाथ-पांव हिलाते हैं। कभी ये कार सेवक बनकर शोर मचाते हैं, कभी जमायते इस्लामी का परचम उठाते हैं, कभी हिंदू-सिख के मिले-जुले कल्चर में विद्वेष फैलाते हैं। इनसानी दिमाग़ों के इस सुनियोजित शोषण के चेहरे से जो नक़ाब उठाने की जुरअत करते हैं, वे सज़ा के पात्र ठहराए जाते हैं।

सफ़दर हाशमी अपने नुक्कड़ नाटकों के ज़रिए बार-बार उस आदमी को पेश करते हैं जो मंदिर-मस्जिद के तफ़रक़ों में पढ़ने के बजाय रोटी, पानी और मकान के लिए अपने जैसे दूसरे आदमियों के साथ जद्दोजहद करता है। उस आदमी की जीवट और ख्याति प्रचलित राजनीति के फ़ायदों से टकराती है, इसलिए इस किरदार के कलाकार की आवाज़ हमेशा के लिए ख़ामोश कर दी जाती है।

मध्य प्रदेश में नियोगी मेहनतकश तबक़े को ज़ात-पात के उलझावों से दूर करके अपने अधिकारों के लिए लड़ना सिखाता है और मौत की सज़ा पाता है।

सरदार ज़ाफ़री मुस्लिम पर्सनल लॉ के प्रतिक्रियावादी स्वरूप के ख़िलाफ़ अपना विरोध दर्ज करते हैं और हैदराबाद के एक मुशाइरे में कुछ जालीदार टोपियां पहने नौजवान सबके सामने उन्हें जूतों के हार से नवाज़ते हैं।

'महात्मा गांधी ने भी यही भूल की थी। उन्होंने गीता के साथ बाइबिल और क़ुर्आन को भी पवित्र किताबें समझना शुरू कर दिया था। हिन्दू, मुस्लिम और ईसाई एकता का प्रचार करने लगे थे। नाथूराम गौडसे की गोली ने उन्हें हमेशा के लिए ख़ामोश कर दिया। गौडसे को देश की राजनीति का एक फ़िरक़ा आज भी अपना हीरो मानता है।

लाहौर हाईकोर्ट के एक जज ने एक कम उम्र ईसाई लड़के सलामत मसीह को पैगम्बरे-इस्लाम के नाम की बेहुरमती के इल्ज़ाम से बरी कर दिया था। उसे उसकी कम उम्री की वजह से क्षमा किया गया था। न्यायमूर्ति इक़बाल भट्‌टी ने क़ानून के मुताबिक़ अपना फ़ैसला सुनाया था लेकिन जमायते इस्लामी ने इस फ़ैसले को ग़ैर इस्लामी ठहराया और इक़बाल भट्‌टी को क़त्ल करके ग़ाज़ी होने का सवाब पाया।

आओ कहीं से
थोड़ी-सी मिट्‌टी भर लाएं
मिट्‌टी को बादल में गूंधें
नए-नए आकार बनाएं
किसी के सर पर चुटिया रख दें

माथे ऊपर तिलक सजाएं
किसी के छोटे-से चेहरे पर
मोटी-सी दाढ़ी फैलाएं
कुछ दिन उनसे जी बहलाएं
और ये जब मैले हो जाएं
दाढ़ी, चोटी, तिलक सभी को
तोड़-फोड़ के गडमड कर दें
मिली-जुली यह मिट्टी फिर से
अलग-अलग सांचों में भर दें
दाढ़ी में चोटी लहराए
चोटी में दाढ़ी छुप जाए
किसमें कितना कौन छुपा है
कौन बताए?
कौन बताए?

1990 ई. में रथयात्रा निकलती है। यह रथ राम के एक बड़े-से चित्र के साथ हर जगह घूमता है। इस रथ के सारथी बी.जे.पी. के लीडर आडवाणी हैं। इसके बारे में 'इंडियन एक्सप्रेस' के एडीटोरियल में लिखा गया—

"इस रथयात्रा ने एक बार फिर पूरे मुल्क को हिन्दू-मुस्लिम में बांटकर के सांप्रदायिकता की आग में झोंक दिया है। पहले इस आग से कहीं-कहीं की शहरी आबादियां ही प्रभावित होती थीं। लेकिन इस बार शहरी बस्तियों के साथ छोटे क़स्बे और देहात भी इसकी तेज़ लपटों में झुलस रहे हैं।"

तुलसी की रामायण में जो राम सदियों पहले देवलोक से धरती का उद्धार करने आए थे, अब लंका में रावण से लड़ने के बजाय होने वाले चुनाव के लिए कमल के फूल का प्रचार करने आए थे। इस प्रचार का जो असर होना था, वह हुआ। कई घरों के चिराग़ गुल हुए, कई बस्तियां वीरान हुईं। बहुतसों को बेइस्मत किया गया। जिस प्लान के तहत यह सब किया गया था, वह उद्देश्य भी पूरा हुआ। इनसानी तबाहकारियों की यह रिवायत सियासतों का हमेशा से दस्तूर रहा है। कभी धर्म के नाम पर, कभी क्षेत्रीयता के नाम पर, कभी प्रभुत्व के नाम पर।

चरवाहों की लकड़ियों के नाम बदलते रहते हैं। लेकिन लकड़ियों की सलामती के लिए हमेशा गूंगी-बहरी भीड़ों की ज़रूरत होती है।

1945 ई. में 6 अगस्त को अमरीकी राष्ट्रपति ट्रूमैन के हुक्म से हिरोशिमा पर एटम बम फेंका गया जिसमें एक लाख चौदह हज़ार लोग मारे गए। पहले बम के तीन रोज़ बाद दूसरा बम नागासाकी में दाग़ा गया। इस बार मरने वालों

की गिनती सतरह हज़ार थी।

रवांडा के उत्तरपूर्वीय इलाक़े में ऐसे दो गड्ढे तलाश किए गए हैं जिनमें एक में आठ हज़ार और दूसरे में छः हज़ार इनसानी लाशें दफ़्न थीं। तीन महीने की नस्ली सिविल वार में वहां मरने वालों की तादाद एक लाख बताई जाती है।

यू.एन. की प्रतिनिधि सेल्मा ब्रेकमैन के अनुसार इराक़ पर आर्थिक पाबंदियों के बाद लगभग ढाई लाख बच्चे भूख से मरे हैं।

मैगी ओकान ने 'गार्जियन' में लिखा, जंग के बाद इराक़ में बेशुमार बच्चे ऐसे पैदा हुए हैं जिनकी शारीरिक बनावट नार्मल नहीं है। किसी के दो सिर हैं, किसी की टांगें हैं तो हाथ नहीं हैं, किसी का सिरे से सिर ही नहीं है।

अमरीका और ब्रिटेन के साझा हमले में 1986 ई. की एक रात में लीबिया में बेशुमार हंसते-गाते घर मौत की नींद सो गए।

तिल अबीब में 73 वर्षीय बूढ़ा मीर ज़ैड ओस्कविट्ज़ के पुराने डेथकैंप के सामने साठ मोमबत्तियां रौशन करके होलोकास्ट में छः लाख यहूदियों की मौत का मातम करता है।

वाशिंगटन में अब्राहम लिंकन की एक विशाल प्रतिमा के नीचे के ग्राउंड में काले ग्रेनाइट पत्थर की एक लम्बी-चौड़ी दीवार बनी है। उस पर सुनहरी रंग में हज़ारों नाम ख़ुदे हुए हैं। ये उन अमरीकी सिपाहियों के नाम हैं जो वियतनाम की जंग की भट्ठी में ईंधन बने थे। इन नामों के सगे-सम्बन्धी हर रोज़ सुबह से शाम तक यहां आते हैं और इन नामों को छूकर बिछुड़े हुओं की याद में आंसू बहाते हैं।

धर्म की बुनियाद पर उप महाद्वीप का विभाजन हुआ। इस विभाजन में एक लाख से ज़्यादा आदमी दोनों मुल्कों में मारे गए और बीस लाख भेड़-बकरियों की मानिंद देश से परदेश में हंकाए गए।

निदा ने रथयात्रा को विषय बनाकर एक नज़्म कही थी। शीर्षक था 'एक राजनेता के नाम'।

मुझे मालूम है
तुम्हारे नाम से मंसूब हैं
टूटे हुए सूरज
शिकस्ता चाँद
काला आसमान
क़र्फ़्यूज़दा राहें
सुलगते खेल के मैदान
रोती-चीख़ती मांएं

मुझे मालूम है
चारों तरफ जो यह तबाही है
हुकूमत में सियासत के तमाशे की गवाही है
तुम्हें हिन्दू की चाहत है
न मुस्लिम से अदावत है
तुम्हारा धर्म
सदियों से तिजारत था
तिजारत है
मुझे मालूम है लेकिन
तुम्हें मुजरिम कहूं कैसे
अदालत में तुम्हारे जुर्म को साबित करूं कैसे
तुम्हारी जेब में ख़ंजर
न हाथों में कोई बम था
तुम्हारे रथ पे तो मर्यादा पुरुषोत्तम का परचम था

यह नज़्म उन दिनों निदा ने कई मुशाइरों में पढ़ी थी। दिल्ली में बी.जे.पी. की गवर्नमेंट बन चुकी थी। इसी गवर्नमेंट की तब्दीली के साथ अकादेमी के सदस्य और पदाधिकारी भी बदल चुके थे। ज़ुबैर रज़्वी रेडियो की नौकरी से सुबकदोश होकर अब अकादेमी के सेक्रेटरी बन गए थे। उन्होनें लाल किले के मुशाइरे के लिए जो शाइरों की सूची बनाई, उसमें इस बार भी निदा फ़ाज़ली का नाम शामिल था। पिछली बार इस मुशाइरे में किसी कारण से निदा शरीक नहीं हो सका था। ज़ुबैर इस कारण से उससे रुष्ट भी थे। उनकी नाराज़गी को दूर करने के लिए वह अपने कई ज़रूरी काम छोड़कर इस मुशाइरे में शिरकत करता है। इस मुशाइरे की सदारत दिल्ली के मुख्यमंत्री खुराना कर रहे थे। उसने इस मुशाइरे में खुराना को सम्बोधित करके यही नज़्म सुनाई थी। उनकी सियासी वफ़ादारी को नज़्म की हक़ीक़त निगारी अच्छी नहीं लगी। और फिर उनके हुक्म से फिर निदा को कई साल तक अकादेमी के किसी मुशाइरे में याद नहीं किया गया। यह नज़्म निदा के चौथे कवितासंग्रह में शामिल है जिसका 1998 ई. में साहित्य अकादेमी पुरस्कार के लिए चयन किया गया है। पुरस्कार समारोह के मौक़े पर उसने एक परिचयात्मक आलेख पढ़ा था।

कला रंगों की हो या स्वर और शब्दों की, अपने हर रूप में यह कुदरत का चमत्कार होती है और चमत्कार पर किसी का वश नहीं चलता। यह कभी-कभी और कहीं-कहीं स्वतःस्फूर्त ढंग से प्रकट होता हे। कलाकार तो इसकी अभिव्यक्ति या कसौटी का माध्यम भर होता है। बांसुरी हम होते हैं, बजाने वाला कोई और

होता है। कुदरत जिससे जितना काम लेना चाहती है, लेती है। बहुत-से लिखते-लिखते अचानक रुक जाते हैं और कुछ अंतिम सांस तक सांसों को शब्द का रूप देते हैं। क़ुदरत स्वाधीन होती है। उसके रचनात्मक कार्य में किसी तर्क-वितर्क की गुंजाइश मुमकिन नहीं। कोई आग लेने जाता है और पयम्बर बन जाता है। कोई अनपढ़ अपनी धुन में बार-बार ढाई अक्षर को गाता है और महान कलाकार कहलाता है। अगर सृजन कलाकार के अधीन होता तो अपनी पसंद से शायद ही कोई दूसरी या तीसरी श्रेणी का आर्टिस्ट बनना पसंद करता। कोशिश सब करते हैं। यह ज़रूरी भी है लेकिन हर कोशिश का नतीजा सबके साथ एक जैसा हो, यह ज़रूरी नहीं। कोशिश इसलिए भी ज़रूरी है कि ख़बर कब बेख़बरी का ज़रिया बन जाए, इसकी सूचना पहले से किसी को नहीं होती। यही वजह है कि ग़ालिब जैसे महान शाइर को भी उनके चुने हुए कलाम से पहचाना जाता है और मीर तक़ी 'मीर' को उनके बहुत सारे में से कुछ से ही जाना जाता है—

चंद लम्हों को ही बनती हैं मुसव्विर आंखें
ज़िंदगी रोज़ तो तस्वीर बनाने से रही

कला-सृजन की तरह कला की पहचान का मसला भी दो और दो-चार की तरह सीधा-सादा नहीं है, काफ़ी पेचीदा है। एक ही युग में इसकी पहचान के कोण भी अलग-अलग होते हैं और एक के बाद दूसरे युग में ये कोण बदलते रहते हैं। इसलिए साहित्य में आलोचक की सरपरस्ती कलाकार के लिए गुमराह करने वाली होती है। यहां रचनाकार की सृजनात्मक प्रतिभा से ही रौशनी फूटती है। कबीर और नज़ीर की मिसालें साहित्य के इतिहास में इसका जीवंत साक्ष्य हैं। नज़ीर बरसों कलामर्मज्ञों द्वारा अविश्वास की दृष्टि से देखे जाते रहे और कबीर सदियों तक साहित्य समीक्षकों की उपेक्षा का शिकार रहे।

मैंने भी अपने तौर पर जैसी भी बन पड़ी शाइरी की है। यह कैसी होनी चाहिए या किस तरह करनी चाहिए, इसके बारे में न कभी प्रचलित क़ायदों का अनुसरण किया, न इसकी कभी ज़रूरत महसूस की। मेरे विचार से आलोचना जब रचना की रचना में समझने-समझाने की उचित सीमाओं को फलांग कर अनुचित फ़त्वे देने लगती है तो साहित्यिक रचनाधर्मिता को भटकाने लगती है। हमारे यहां पिछले कई बरसों से आलोचकीय नेतृत्व ने जो भटकाव पैदा किए हैं, उन्होंने सोच और कला की स्वाधीनता को ही निष्प्रभ नहीं किया है, साहित्य के पाठकों को भी साहित्य से दूर किया है। साहित्य को अबूझ पहेली बनाने और समाज और समाजी हालात से उसे दूर रखने का फ़ैशन भी इन्हीं पश्चिम से आक्रांत रवैयों की देन है।

मेरी शाइरी न सिर्फ़ साहित्य और उसके पढ़ने वालों के साहित्यिक सम्बन्धों

को ज़रूरी मानती है, उससे सामाजिक और सांस्कृतिक संदर्भों को भी अपना प्रतिमान स्वीकार करती है। यह एक तरह से साहित्य की उस परम्परा की हिमायत है जो साहित्य को अभिजन वर्ग की पुरानी हुक्मरानी से मुक्त करके उसे जनजीवन की गरिया से समृद्ध करती है। यह शाइरी बंद कमरे से बाहर निकलकर चलती-फिरती ज़िंदगी का साथ निभाती है और उन इलाक़ों में भी जाने से नहीं हिचकती जहां रौशनी भी मुश्किल से पहुंच पाती है।

यह माँ की आंखों से मुस्कुराती है। बहन के आंचल में सरसराती है। बच्चों के साथ स्कूल जाती है। मज़दूरों के हाथों से बोझ उठाती है और उनके साथ सूरज में झुलसती है। बरसात नहाती भी है और वक़्त अपने पर अन्याय के ख़िलाफ़ न्याय की आवाज़ भी उठाती है।

इस शाइरी की भाषा भी इसकी विषयवस्तु की तरह न चेहरे पर दाढ़ी सजाती है, न माथे पर तिलक लगाती है। यह वह भाषा है जो संतों की भाषा थी। जो घर-आंगन और गली-कूचों में बोली और समझी जाती है। और मानवीय सम्बन्धों की ऊष्मा से जगमगाती है। यह दरबारों की नहीं बाज़ारों की ज़बान है। इस शाइरी का मिज़ाज लोकवादी, प्रतिरोधात्मक और समस्यापरक है, जो विकसित देशों के बरअक्स तीसरी दुनिया के उन समस्यापरक मूल्यों के ज़्यादा करीब है, जहां अभी सब कुछ बाज़ार में तब्दील नहीं हुआ है। जहां एक-दूसरे के बीच अभी भी संवाद ज़िंदा है, सपने भी बाक़ी हैं, सपनों का पीछा भी जारी है। मैंने इस संवाद और सपने की रौशनी में ज़िंदगी को पढ़ा है और लिखा है। यही मेरे अंतःकरण का आईना है। इस निजी आईने में मैं जब जैसा ख़ुद को नज़र आता रहा हूं, उसे वैसा ही दर्शाता रहा हूं। यह शाइरी मौसमों के साथ बदलती भी है और रोज़ नए-नए चाँद-सूरज के साथ नए सिरे से उगती भी है और ढलती भी है। यह शाइरी ही मेरा सफ़रनामा भी है और ज़िंदगी और समाज की सापेक्षता में मेरे शे'री रवैये का इक़रारनामा भी है—

> वो सूफ़ी का क़ौल हो या पंडित का ज्ञान
> जितनी बीती आप पर उतना ही सच मान

मेरी रचना-यात्रा की शुरुआत उस वक़्त होती है, जब मैं अचानक घर से बेघर होता हूं। इस वाक़िए के बारे में मैंने अपनी शाइरी की पहली किताब 'लफ़्ज़ों का पुल' की भूमिका में लिखा है।

1965 ई. की बात है, मैं भोपाल से ग्वालियर वापस आया था। रात का वक़्त था। मैं हस्ब मामूल अटैची हाथ में लिए उस बरसतों की जानी-पहचानी गली में मुड़ गया, जहां एक तरफ़ इमली और दूसरी तरफ़ नीम की घनी छांव तले मेरा घर था। मैंने गली में घुसते हुए तो अपने-आपको देखा था। दरवाज़े खटखटाने

तक भी मैं अपने-आपको देख रहा था। लेकिन इसके बाद न जाने क्या हुआ? वहां से सिर झुकाए जो लौटा था, वह मैं नहीं था, कोई और था, मुझ जैसा ही।

यह जो कोई और मुझ जैसा था, वह मेरा शाइर था। मेरा दुःख-सुख का अकेला गवाह। जो उस अकेली रात से आज तक मेरे साथ है। उसके देखने का ढंग, सोचने का अंदाज़, भाव और विचार वे नहीं थे जो पहले मुझसे सम्बद्ध थे या जिनसे मेरी पहचान मुमकिन थी। उसने वह सब कुछ बदल दिया था जिससे मैं शुरू से परिचित था। पहले चेहरे हों या चीज़ें अपनी बाहर बनावट से पहचानी जाती थीं। अब एक में कई और की विद्यमानता का एहसास होता है।

हर आदमी में होते हैं दस-बीस आदमी
जिसको भी देखना हो कई बार देखना

मैं आदमी को उसके सामाजिक सम्बन्धों से पहचानता हूं। एक दुनिया वह है जो सबके साथ मेरी भी है। यह मेरे अस्तित्व से पहले मौजूद थी। यह मेरे जन्म की तरह एक संयोग मात्र है जिसमें मेरे अपने चुनाव की आज़ादी नहीं थी। इसकी अपनी सीमाएं और नियम हैं। इसका दूसरा रूप वह है जिसमें मैं उसे देखता हूं या देखने का इच्छुक हूं। एक मेरी भौतिक ज़रूरत है, दूसरी आत्मिक अंतर्दृष्टि एक में इनसान दुश्मन धमाके हैं, आबादियों को अलग-अलग ख़ानों में बांटने के ख़ाके हैं, सरहदें हैं, सियासतें हैं, तिजारतें हैं। दूसरी में संतों की वाणियां हैं, रिश्तों की कहानियां हैं, बचपन की नादानियां हैं, जवानी की उमंगें हैं, किताबें हैं, कलाएं हैं और इनसानियतें हैं। इन दो दुनियाओं का मुसलसिल टकराव मेरी दीवानगी भी है और मेरी शाइरी भी है—

जैसी होनी चाहिए थी वैसी तो दुनिया नहीं
दुनियादारी भी ज़रूरत है चलो यूं ही सही
मैले हो जाते हैं रिश्ते भी लिबासों की तरह
दोस्ती हर दिन की मेहनत है चलो यूं ही सही

जब कुछ होने को होता है, तो इसकी सूचना इनसान से पहले परिंदों, जानवरों, पेड़ों और हवाओं को हो जाती है। बरसात के आने से पहले मोर नाचता है, कोई हादसा होने को होता है तो गलियों में कुत्ते रोना शुरू कर देते हैं, घर में किसी ख़ुशी की आमद होती है तो मुंडेर पर कौवे कांव-कांव करने लगते हैं। वह दिन एक ऐसा ही बुझा-बुझा और उदास-सा दिन था। रास्तों में न पहले जैसी आहटें थीं, न चेहरों पर सुबह की जगमगाहटें थीं। हवाएं पेड़ों में दुबकी हुई थीं। समन्दर किनारों की चट्टानों से दूर किसी सोच में गुम था। आसमान दूर-दूर तक परिंदों की उड़ान से ख़ाली था। उस दिन कार्टर रोड के फुटपाथ पर बने सी लैंड स्टोर के पास घड़ी ने ठीक वक़्त पर आठ बजाए थे। लेकिन बाहर का माहौल रोज़ की तरह आठ बजे जैसा नहीं था। न हवाएं समन्दर की लहरों से खेल रही थीं, न पेड़ों पर चिड़ियां सुबह के गीत गा रही थीं। रोज़ की तरह श्रद्धा की मुस्कुराहट भी आज सुबह में शामिल नहीं थी। यह मुस्कुराहट पिछले कई दिन से निदा की सुबह के मामूल का हिस्सा थी। श्रद्धा अपनी बिल्डिंग लैंडमार्क के किसी फ़्लैट में छुपी बैठी थी। उसे नीचे उतरने की इजाज़त नहीं थी। शायद उसे भी किसी तरह ख़बर हो गई थी। वह दिन बच्चों के स्कूल जाने का नहीं था; राम जन्मभूमि अयोध्या में बाबरी मस्जिद ढहाने का था। निदा के वहां होते श्रद्धा के स्कूल की बस आई और श्रद्धा को अपनी जगह न पाकर आगे बढ़ गई। उस दिन स्कूल की बस में बच्चों की रौशन आंखों की जगह बस की खिड़कियों से सन्नाटे झांक रहे थे...

वह दिन 1992 के 6 दिसम्बर का था जो अपनी वहशत और दहशत के लिहाज़ से 1984 के आप्रेशन ब्लू स्टार के बाद हिन्दुस्तानी तारीख का सबसे बड़ा हादसा था। यों तो यह 6 दिसम्बर मदारी की रस्सियों से बंधा अलग-अलग जगहों पर नज़र आता था। तमाशाइयों को दूर से नाच-कूदकर तमाशा दिखाता था और फिर मदारी के साथ रुख़्सत हो जाता था। लेकिन इस बार मदारी ने इसे रस्सियों से आज़ाद कर के इसका खेल दिखाया था और एक ऐसे पुराने वीरान ढांचे को मस्जिद बनाकर ढहाया था जिसमें बरसों से अज़ान गूंजी थी न नमाज़ अदा हुई

थी। 6 दिसम्बर की इस सफलता को अख़बारों ने मोटी सुर्ख़ियों में छापा। टी. वी. ने पूरी दुनिया को इसका तमाशा दिखाया। शिवसेना ने उसकी सफलता से ख़ुश होकर विशेष रूप से उसे मुम्बई आने का निमंत्रण दिया। इस पार्टी के एक दैनिक में उसकी प्रशंसा में सम्पादकीय लिखा गया और उसमें गर्व के साथ यों स्वीकार किया गया–

"हमें गर्व है, बाबरी मस्जिद को ढहाने में हमारे निष्ठावान स्वयं सेवकों की शक्ति और श्रद्धा की सबसे महत्त्वपूर्ण भूमिका है। हिन्दुओं के माथे पर जो सदियों के अपमान का कलंक था, वह हमारे बहादुरों ने मिटा दिया।"

मुम्बई में 6 दिसम्बर के स्वागत की तैयारियां ज़ोरों पर थीं। पार्टी के दफ़्तर रौशनियों की झालर से सजाये जा रहे थे। रास्तों पर चिराग़ जलाये जा रहे थे। मिठाइयों से मुंह मीठे किये जा रहे थे।

6 दिसम्बर अयोध्या से सीधा मुम्बई आया और यहां उसे कई दिन स्टेट गैस्ट की तरह ठहराया गया। वह जब तक यहां रहा, सारा शहर उसी के इर्द-गिर्द घूमने में व्यस्त रहा। न बच्चे स्कूल गए, न बाज़ारों ने दूकानें खोलीं, न सरकारी दफ़्तरों में कोई काम हुआ। हर जगह उसी के क़िस्से थे, हर तरफ़ उसी की बातें थीं। वह शहर के जिन-जिन इलाकों से गुज़र रहा था, मीडिया क्रिकेट मैच की कमेंट्री की तरह उसे तस्वीरों में दिखा भी रहा था और शब्दों में सुना भी रहा था।

घर जल रहे थे। बेक़ुसूर मारे जा रहे थे। और यह सब पुलिस के सामने अदालत की मौजूदगी और सत्ता के संरक्षण में हो रहा था। यह तो सब जानते थे जो हुआ या हो रहा है, उसका दोषी कौन था? लेकिन 6 दिसम्बर के इतने सिर, इतने हाथ और इतने चेहरे थे कि किसी एक सिर, किसी एक हाथ या किसी एक चेहरे से उसकी पहचान मुश्किल थी। वह देश के बंटवारे की औलाद था और एक उपमहाद्वीप के तीनों विभाजित भूक्षेत्रों में बिना वीसा और पासपोर्ट के आबाद था। जिस वक़्त वह मुम्बई में हिन्दू बनकर मुसलमानों को सता रहा था, उसी वक़्त वह कराची में मुसलमान बनकर मंदिरों को गिरा रहा था और बांग्लादेश में जमायते इस्लामी बनकर ग़ैर-मुस्लिम घरों को जला रहा था।

बचपन में जादूगर अलादीन के पास एक चिराग़ था। उस चिराग़ को जब वह जलाता था तो एक देव सामने आता था और सिर झुका के पूछता था, "बोलो मेरे आक़ा क्या हुक्म है?" उससे उस वक़्त जो कहा जाता था, उसे वह करके दिखाता था। 6 दिसंबर भी एक ऐसा ही एक देव है जिसे उपमहाद्वीप की राजनीति जब चाहती है, जगा देती है, जब चाहती है, सुला देती है।

सियासत की मंज़िल हुकूमत होती है। और हर हुकूमत को वोट बैंक के लिए 6 दिसम्बर की ज़रूरत होती है। मुम्बई में उन दिनों इसकी ज़रूरत थी। वह सुनियोजित शोर-शराबा कर रहा था। निदा के एक पुलिस अफ़सर दोस्त थे

फ़ोन पर उसे सूचना दी।

"निदा फ़ाज़ली इस वक़्त तुम्हारा घर जिस इलाक़े में है, वह सुरक्षित नहीं है। किसी वक़्त भी कुछ हो सकता है। घरों पर ख़ुफ़िया निशान लगाए गए हैं। इसलिए बेहतर यही है, हालात ठीक होने तक तुम कहीं और चले जाओ।" इस फ़ोन के बाद उसने मालती जोशी को उसके पिता के यहां भेज दिया और ख़ुद घर में ताला लगाकर अपने एक कवि मित्र कमल शुक्ल के पास चला गया।

1992 शिवसेना और जनसंघ को वरदान साबित हुआ। बरसों की जद्दोजहद के बाद वे अपनी हुकूमत बनाने में कामयाब हुए। मुम्बई में फिर से शांति हो गई। मुख्यमंत्री ने बयान दिया, "हमारी सरकार जब से बनी है, पूरा महाराष्ट्र हिन्दू-मुस्लिम दंगों से दूर है। यही हमारी सफलता है..." रफ़ीक़ ज़करिया ने एक सभा में कहा, "शिवसेना और बी.जे.पी. की सरकार का एक कारनामा यह है कि मुम्बई अब पूरी तरह से फ़सादात से पाक है।" विरोधी संगठनों ने कहा—

"जो लोग दंगे करते या करवाते हैं, जब वे ही हुकूमत में शामिल हों तो शांति होगी ही।"

उठ के कपड़े बदल घर से बाहर निकल जो हुआ सो हुआ
रात के बाद दिन आज के बाद कल जो हुआ सो हुआ

जब तलक सांस है, भूक है, प्यास है ये ही इतिहास है
रख के कांधे पे हल खेत की ओर चल जो हुआ सो हुआ

ख़ून से तरबतर करके हर रह गुज़र, थक चुके जानवर
लकड़ियों की तरह फिर से चूल्हों में जल जो हुआ सो हुआ

जो मरा क्यूं मरा, जो लुटा क्यूं लुटा, जो जला क्यूं जला
मुद्दतों से हैं गुम इन सवालों के हल जो हुआ सो हुआ

मंदिरों में भजन मस्जिदों में अज़ां, आदमी है कहां
आदमी के लिए एक ताज़ा ग़ज़ल जो हुआ सो हुआ

जमील फ़ातिमा को आसमान का सितारा बने काफ़ी अर्सा गुज़र चुका है। उनकी क़ब्र कराची के एक कब्रिस्तान के किसी कोने में है। जब भी साल दो साल में निदा वहां जाता है तो उसे नए सिरे से तलाश किया जाता है। क़ब्र पर कत्बा न होने की वजह से काफ़ी तलाश के बाद धुंधलाती यादों में सुरक्षित किसी पहचान को ही उनकी आरामगाह क़यास किया जाता है। और उस पड़े हुए सूखे पत्तों और टहनियों को हटाकर किराए के पानी से धूप से चटख़ती मिट्टी को नम करके फ़ातिहा पढ़ी जाती है। वह मर चुकी हैं और मुर्दों से ज़िंदों का रिश्ता इसी तरह आहिस्ता-आहिस्ता धुंधलाता जाता है।

उन्होंने एक बार कहा था, इनसान जिस्म नहीं ख़्वाब होता है। जब तक ख़्वाब ज़िंदा रहता है, इनसान नहीं मरता। उन्होंने शायद सही कहा था। निदा को इसकी सच्चाई का एहसास उस वक़्त हुआ जब वह कई साल के बाद एक प्रोग्राम के सिलसिले में ग्वालियर गया। वहां नई सड़क पर बनी रनजीत होटल के पीछे एक छोटे-से दुमंज़िला मकान में जमील फ़ातिमा अब भी जीवित थीं। अपनी ख़ास मुस्कुराहट और पांचों वक़्त की नमाज़ों के साथ। जिस ख़्वाब को अधूरा छोड़कर वह अपने ख़ानदान समेत 1955 ई. में पाकिस्तान चली गई थीं, वह अब तीसरी पीढ़ी में पूरा हो रहा था। चार लड़कों और तीन लड़कियों की मां जमील फ़ातिमा का नौवां बेटा महल्ले के एक क़साई के घर जन्मा था। अभी वह मुश्किल से एक साल का हुआ था कि जमील फ़ातिमा ने उसे अपनी निगरानी में ले लिया था। जमील फ़ातिमा ने उसके पालन-पोषण से सम्बन्धित कोई न कोई दायित्व घर के हर सदस्य को सौंप रखा था। लेकिन इन तमाम सेवाओं के बावजूद वह पप्पू को जैसा बनाना चाहती थीं, पप्पू वैसा नहीं बन पाया। मुल्क की सियासत ने ईंट-ईंट उठती उनकी इमारत को अचानक ढहा दिया। जमील फ़ातिमा उसे भी अपने साथ कराची ले जाना चाहती थीं। लेकिन उसके मां-बाप अपने इकलौते बेटे से इतनी दूर नहीं होना चाहते थे। उनके जाते ही पप्पू फिर से अपने मां-बाप का बेटा बन गया और अपने परिवार की प्रथा के अनुसार चर्च के मिशन स्कूल की इब्तिदाई पढ़ाई छोड़कर गोश्त की दूकान में अपने मां-बाप का हाथ बंटाने लगा। और फिर कुछ साल बाद शादी करके वक़्त से पहले एक बच्चे का बाप बन गया। एक

के बाद दो, दो के बाद तीन लेकिन उसके तीनों लड़के उसकी तरह दूकान में उसका हाथ नहीं बंटाते थे। अलग-अलग स्कूलों में जाते थे। बड़े लड़के की उम्र अब अठारह साल है। वह उसी चर्च स्कूल से बाहर सेकेंड्री पास करके कालेज में दाख़िला लेने वाला है। दूसरे नम्बर का लड़का आठवीं क्लास में है और सबसे छोटा मोनू, जिसकी शक्ल बचपन के पप्पू से मिलती है, कान्वेंट के प्राइमरी स्कूल में पढ़ता है। अच्छी शिक्षा के रोज़-ब़-रोज़ बढ़ते खर्चों ने उसे 35 साल की उम्र में अपनी उम्र से दुगुना बूढ़ा कर दिया है। कई बरसों के बाद निदा उसे देखता है, तो पहचानने में दिक़्क़त होती है। उसके बाल सफ़ेद हो चुके थे। चेहरे का रंग झुलसकर स्याह हो चुका था। आंखों पर चश्मा लग चुका था। वह मुस्कुराहट जिसे निदा बचपन से जानता था, अब कभी-कभी उसके होठों पर नज़र आती थी। लेकिन इन तमाम तब्दीलियों के बावजूद न उसके बदन में थकन थी, न आवाज़ में निराशा। वह जब भी मिलता था, कहीं दूर से आता हुआ या किसी दूर के सफ़र पर जाता हुआ महसूस होता था। वह बैठा हुआ हो या बात कर रहा हो, हर वक़्त चलता हुआ ही नज़र आता था। इस मुसलसल सफ़र की शुरुआत तब हुई जब उसका बड़ा लड़का तीन साल का हुआ था और वह उसे पहली बार उसी स्कूल में लेकर गया था, जहां कई साल पहले मुर्तुज़ा हसन उसे छोड़ने जाते थे। यह सफ़र जो उसने अकेले शुरू किया था, कुछ दिन के बाद उसमें उसने जमील फ़ातिमा की तरह खुदा को भी अपना हमसफ़र बना लिया था। अब वह पाबंदी से पांचों वक़्त की नमाज़ महल्ले की मस्जिद में अदा करता है। उसका स्वास्थ्य अच्छा नहीं है, इसका उसे एहसास है। लेकिन वह जीना चाहता है, उस वक़्त तक बच्चों की पढ़ाई को उसकी ज़रूरत है। वह दीवानगी की हद तक इस उद्देश्य से जुड़ी हुई है। पप्पू के बाप को उसकी यह दीवानगी पसंद नहीं है। वह अपने बेटे की जवानी में असमय प्रवेश करते हुए बुढ़ापे को लेकर चिंतित है। उसकी यह चिंता कई बार बाप-बेटे के बीच महाभारत का रूप धारण कर लेती है। पप्पू की मां भी उसके इस ढर्रे के ख़िलाफ़ है। मां-बाप चाहते हैं, बच्चे कारोबार में उनका हाथ बंटाएं, आमदनी बढ़ाएं, कुछ कमाएं, एक अकेले को कोल्हू के बैल की तरह चला-चलाकर नहीं थकाएं लेकिन पप्पू को यह गवारा नहीं है। वह नहीं चाहता उसके बच्चे भी उसी की तरह पढ़ाई छोड़कर गोश्त की दूकान चलाएं। वह नहीं चाहता, उसके साथ जो अतीत में हुआ है, वह वर्तमान में उसके बच्चों के साथ हो।

बड़े लड़के के कालेज में दाख़िले के लिए एक बड़ी रक़म की ज़रूरत पड़ती है। इस रक़म के लिए वह कई दरवाज़ों को खटखटाता है। उनमें एक निदा क भी नाम है। हर जगह से निराश होकर वह आख़िर में निदा को फ़ोन करता है—

"भाई जान, मैं पप्पू बोल रहा हूं। मेडिकल में वसीम के दाख़िले के लिए कालेज वाले पचास हज़ार डोनेशन मांग रहे हैं। क्या आप चार-पांच महीनों के लिए

इस रक़म का इंतज़ाम कर सकते हैं?''

वसीम के मेडिकल में दाख़िले की ख़बर से निदा को ख़ुशी होती है। उसकी आंखों में अचानक जमील फ़ातिमा का चेहरा उभरता है।

वह शाम के वक़्त आंगन में बैठी पप्पू को पढ़ा रही हैं। पप्पू की मां ऊपर की मंज़िल से उतरकर आती है और पास आकर ख़ामोश बैठ जाती। जमील फ़ातिमा के पूछने पर वह धीमी आवाज़ में बोलती है, ''अम्मां जी मेरी मां ने मुझे मेरठ बुलाया है आप इजाज़त दें तो पप्पू को भी साथ ले जाऊं। वो भी उसे पहली बार देखेंगी।''

जमील फ़ातिमा संजीदगी से पप्पू की लिखी हुई इबारत को दुरुस्त करती हुई कहती हैं, ''तुम्हारी मां ने तुम्हें बुलाया है तो तुम जाओ, यह नहीं जाएगा। जानती हो, एक हफ़्ते बाद इसका इम्तहान होने वाला है। तुम्हारे साथ जाएगा तो इसका साल ख़राब होगा। कान खोलकर सुन लो, क़ुदरत ने इसे तुम्हारी कोख से पैदा किया है लेकिन तुम्हारे शौहर की तरह यह गोश्त की दुकान में बैठकर वक़्त ख़राब नहीं करेगा। यह मेरा बेटा है, डॉक्टर बनेगा...डॉक्टर...!'' वह बोलते हुए पप्पू को क़रीब करके उसका माथा चूम लेती हैं।

निदा पप्पू के पते पर बैंक ड्राफ़्ट पोस्ट करता है। लेकिन जब यह रजिस्टर्ड लेटर वहां पहुंचता है, दाख़िले की तारीख़ निकल चुकी होती है। वह ड्राफ़्ट दो-तीन दिन बाद निदा को वापस मिल जाता है। इस ड्राफ़्ट के साथ पप्पू का एक ख़त होता है।

''भाई जान, ड्राफ़्ट का बहुत-बहुत शुक्रिया। लेकिन आपकी मेहरबानी वसीम का साल बर्बाद होने से नहीं बचा पाई। क़ुसूर मेरा था। मैं ही टेलीफ़ोन पर पूरी बात नहीं कर सका। ख़ैर, जो होना था, वह हुआ। मुझे ख़ुदा की ज़ात पर भरोसा है। अगले साल उसका दाख़िला ज़रूर होगा। उस वक़्त तक मैं ख़ुद डोनेशन की रक़म का इंतजाम करने के काबिल हो जाऊंगा। आपको तकलीफ़ नहीं दूंगा। इसका मुझे यक़ीन है। साहिबा जो मुझे बनाना चाहती थीं, वह मैं बन नहीं सका। लेकिन उनका अधूरा ख़्वाब मैं अपने बेटे वसीम में जरूर पूरा करूंगा। इस बीच अगर आपका पाकिस्तान जाना हो तो साहिबा की क़ब्र से मेरी तरफ़ से कह दें, 'क़साई का बेटा इस बार ज़रूर डॉक्टर बनेगा।' '' यह ख़त पढ़कर निदा को महसूस होता है, जमील फ़ातिमा अभी मरी नहीं हैं, ज़िंदा हैं और आने वाले कई बरसों तक यूं ही ज़िंदा रहेंगी।

कोई नहीं है आने वाला फिर भी कोई आने को है
आते-जाते रात और दिन में कुछ तो जी बहलाने को है

दो दरवाज़े एक हवेली, आमद रुख़्सत एक पहेली
कोई आकर जाने को है कोई जाकर आने को है

आबादी का शोर शराबा, छोड़ के ढूंढ़ो कोई ख़राबा
तन्हाई फिर शम्मा जलाकर कोई लफ़्ज़ सुनाने को है

चलो यहां से अपनी-अपनी शाख़ों पर लौट आए परिंदे
भूली बिसरी यादों को फिर ख़ामोशी दोहराने को है।

निदा के सीधे हाथ की तीसरी उंगली में कई महीनों से नीलम जड़ी एक अंगूठी है। यह अंगूठी अब से पहले जमील फ़ातिमा के हाथ में थी। पिछले दिनों जब वह पाकिस्तान गया था तो एक शाम को उसकी बड़ी बहन ने इस अंगूठी को अपने हाथ से निकालकर उसे पहनाई थी।

यह साहिबा की निशानी है। यह तुम्हारे साथ रहेगी तो तुम्हारी बेएतिदालियों में एतिदाल पैदा करेगी। बहुत बरकत वाली शै है ये! मरहूमा की बेशुमार नमाज़ों, खैरातों और बरसों की मुसलसिल तिलावतों की अकेली गवाह रही है। मेरा तो इसने बहुत साथ दिया है। वो बहुत नेक ख़ातून थीं। हमारे साथ वो आख़िर तक रहीं। उनकी यादें, उनकी क़ब्र, उनकी दुआएं हमारे हिस्से में आईं। तुम्हारे पास वहां तुम्हारे वजूद के अलावा और क्या है? समन्दर पार अकेले पड़े हो। कोई अपना, न पराया। कई दिनों से सोच रही थी, अब के तुम आओगे तो इसे तुम्हें पहनाऊंगी। यह तुम्हारे पास रहेगी तो तुम्हें उनकी याद दिलाती रहेगी।

हुआ भी यूं ही। जब से निदा के हाथ में यह अंगूठी आई है, यह अंगूठी एक जीता-जागता रिश्ता बन गई है। इसके उंगली में होने से उसे हर वक़्त अपने साथ किसी के होने का एहसास होता है। यह अंगूठी रोती भी है, हंसती भी है और इसी तरह यूं ही नाराज़ भी हो जाती है। जब यह नाराज़ होती है तो घंटों के लिए ख़ामोश हो जाती है, बिल्कुल जमील फ़ातिमा की तरह। निदा को मालूम है, इसकी नाराज़गी की वजह क्या है? लेकिन जब शौक़ आदत बन जाए तो आदमी बेबस हो जाता है। उसकी हर शाम जाम के साथ शुरू होती है। वह उस वक़्त सम्मान के लिहाज़ से अपने हाथ से यह अंगूठी उतार के कहीं रख देता है। लेकिन वह दूर होकर भी जहां होती है, वहीं से निदा को देखती रहती है और रोती रहती है। उसके आंसुओं ने निदा की शराब की मिक़दार को ही कम नहीं किया है, शराब से नशे को भी गुम कर दिया है।

जमील फ़ातिमा ने एक बार लिखा था, ''मेरी बरसों से आरज़ू है, दुनिया की ज़िम्मेदारियों को निबटाकर हज कर आऊं। हर साल इरादा बांधती हूं लेकिन कोई न कोई काम आड़े आ जाता है और वक़्त गुज़रता जाता है। पब्बी (मुब्तदा

हसन) आजकल जद्दा में डॉक्टर है। वह हर साल आने को कहता है लेकिन नहीं जा पाती, जाऊं भी कैसे? लड़कियां अपने घर की हो जाएं, बस इसी का इंतज़ार है...। देखो खुदा कब यह आरज़ू पूरी करता है।''

जमील फ़ातिमा की ज़िंदगी में उनकी यह आरज़ू पूरी नहीं हुई। यह नेकी उनकी अंगूठी के नसीब में भी। जद्दा में भारतीय दूतावास हर साल वहां बसे भारतीयों के लिए कल्चरल प्रोग्राम करता है। उनमें एक रात मुशाइरे का भी आयोजन किया जाता है। इस मुशाइरे में भारत से निदा को भी आमंत्रित किया जाता है। मुशाइरे देश के भीतर हों या बाहर, निदा उनमें अपनी शर्तों पर ही शिरकत के लिए राज़ी होता है। यह पहला मुशाइरा था जिसमें उसने बिना किसी हील-हुज्जत के शिरकत की थी। उसकी वजह भी यही अंगूठी थी।

जहाज़ में पायलट की आवाज़ गूंजती है। कुछ ही देर में हमारा जहाज़ जद्दा एयरपोर्ट पर लैंड करेगा। मुसाफ़िरों को इत्तिला दी जाती है कि सऊदी क़ानून के मुताबिक़ शराब या नशीली चीज़ों के साथ एयरपोर्ट में दाख़िल होना जुर्म है। किसी के पास अगर ऐसा कुछ हो तो उसे हमारे स्टाफ़ के हवाले करके रसीद ले लें।

जद्दा की आईने की तरह उजली सड़क पर अस्सी किलोमीटर की रफ़्तार से कार चल रही है। इस रफ़्तार के हिसाब से इस इलाक़े से एक घंटे के फ़ासले पर शहर मक्का है जहां लगभग चौदह सौ साल पहले 20 अप्रैल 571 ई. को उस महान् व्यक्तित्व का जन्म हुआ जिसे अब्दुल मुत्तलिब ने मुहम्मद के नाम से पुकारा और आलमे-इस्लाम ने इस नाम को रहमते आलम के लक़ब से संवारा। यहीं वह इमारत है जो काबा कहलाती है जिसकी तरफ़ रुख़ करके दुनिया के कोने में नमाज़ पढ़ी जाती है। जद्दा से चार घंटों की दूरी पर वह मुक़ाम है जो आरामगाहे पैगम्बरे-इस्लाम है—

मदीने की गलियों से आवाज़ आई
फ़लक किबरियाई, ज़मीं मुस्तफ़ाई

राशिद सिद्दीक़ी (जद्दा में निदा के मेज़बान) ने एक मैदान की भीड़ की तरफ़ इशारा करते हुए कहा, ''इस मैदान में कभी-कभी जुमे को ऐसी ही भीड़ होती है। यहां डाकाज़नी, व्यभिचार और नशीली चीज़ों की तिजारत की सज़ा मौत है। जब जुर्म साबित हो जाता है तो मुजरिम को एक कुर्सी में बिठाकर एक तेज़धार तलवार से उसका सर उड़ा दिया जाता है। तमाशाइयों की भीड़ दूर-दूर से इस सीख हासिल करने वाले दृश्य को देखने आती है जिसे क़त्ल किया जाना है, उसका काम-तमाम होने के बाद वापस अपने-अपने कामों में लग जाती है।

सुना है, खुले आम इस दहशतनाक नुमाइश के कारण यहां जराइम की तादाद दूसरे मुल्कों के मुक़ाबिले में बहुत कम है। दंगे-फ़साद से भी सारा मुल्क पाक

है। दूकानदार नमाज़ के वक़्त दूकानें खुली छोड़ जाते हैं। आदमी पर आदमी के भरोसे का यह मिसाली किरदार है। इस किरदार को बचाए रखने के लिए मुफ़्तियों[1] की जमाअत भी हुकूमत के साथ पूरा सहयोग करती है। चंद बरस पहले मस्जिद हराम के अहाते में जहां जानवरों और पेड़-पौधों तक को सताना शरअन[2] मना है, नब्बे से ज़्यादा आदमियों को मौत की नींद सुला दिया गया था। खुदा के घर में शरीअत में इस तब्दीली को मौलवियों ने अपने फ़त्वों से जायज़ करार दिया था। भारत में भी 1984 ई. में इसी तरह सिखों की सबसे बड़ी इबादतगाह को इनसानी ख़ून से लाल किया गया था। गोल्डन टेम्पल में मारे जाने वालों में एक नाम भिंडरांवाला का भी था जो गुरुद्वारे में शहीद होने के बाद भी पंजाब के बेशतर घरों में आज भी जीवित है। ख़ाना-ए-काबा के शहीदों को भी ईरान में हर साल याद किया जाता है।

निदा सऊदिया आकर लखनऊ के अतहर नबी के साथ मुसलसिल उस अरब को तलाश करता है जिसके बारे में उसने बचपन में सुना था या पढ़ा था। लेकिन शाहराहों में जहां भी नज़र पड़ती थी, वहां हर तरफ़ अरब लिबास में अमरीका ही घूमता-फिरता हुआ महसूस होता था। पाश्चात्य संस्कृति अरब पर हावी ही नहीं है, उसने इतिहास के वे चिह्न भी धुंधला दिए हैं, जो अब सिर्फ़ स्मृतियों में सुरक्षित हैं। इसके अलावा हुक्मरानों की अपनी नीति भी है जिसके अनुसार अतीत की ज़िंदा शहादतों को विदूअतों[3] में शुमार किया जाता है। इसमें स्मृतियों और भावनाओं की कोई गुंजाइश नहीं है। आँ हज़रत को रोज़ा मुबारक के अलावा वहां अब किसी मज़ार का निशान बाकी है न किसी ऐतिहासिक व्यक्तित्व की दिनचर्या की कोई पहचान सलामत है। उपमहाद्वीप की आस्थाओं के संस्कार इससे भिन्न हैं। यहां आस्थाएं ख़ानक़ाहों, ताज़ियों और यादगारों के ज़रिए अतीत और वर्तमान से अपना सम्बन्ध जोड़ती हैं। निदा के हाथ की अंगूठी भी इसी सम्बन्ध का प्रतीक़ है। इसकी अहमियत उन यादों से है जो इससे जुड़ी हुई हैं। यही वजह है, ख़ाना-ए-काबा को तवाफ़[4] करते वक़्त भी यह उसके हाथ में थी और मदीना मुनव्वरा की ज़ियारत के दौरान भी यह उसके साथ थी। दोनों बार उसे महसूस हुआ, अंगूठी ख़ुश है, मुस्कुरा रही है। लेकिन उसकी ख़ुशी रोज़ा मुबारक के एक रखवाले को पसंद नहीं आई। दुआ में फैले हुए निदा के हाथों को देख कर वह क़रीब आकर पूछता है, "क्या यह सोने की है?"

"हां!" निदा जवाब में कहता है।

"इसे उतार दीजिए..." रखवाला हुक्म के अंदाज़ में बोलता है।

---

1. फ़त्वा देने वाले 2. इस्लाम के नियमों के अनुसार 3. इस्लाम धर्म में वह बात जो हज़रत मुहम्मद के समय में न हो 4. परिक्रमा करना

"लेकिन क्यों?"

"सोना पहनना यहां जायज़ नहीं है।" वह संजीदगी से कहता है।

निदा उंगली से अंगूठी उतारकर जेब में रख लेता है। निदा को महसूस होता है, कुर्ते की जेब में पड़ी अंगूठी उदास है। वह भी यहां के हर दृश्य को अपने अंदर समो लेना चाहती थी। यहां की फ़ज़ा में सरशार होना चाहती थी। वह बाहर आकर दोबारा उसे पहन लेता है और ख़ुद से पूछता है, "मज़ार मुबारक के सब्ज़ गुम्बद के सामने, उससे कई मंज़िल ऊंची होटल के निर्माण पर कोई एतराज़ क्यों नहीं करता?" मज़ारे पाक नीचे है और होटल ऊंचा है। एक पत्रकार ने बताया, यहां जिसकी हुकूमत है, यह होटल उसी के शहज़ादों की सम्पत्ति है। पूछे कौन? और जवाब दे कौन?

सऊदिया में ज़मीन ज़्यादा है, ज़मीन के हिसाब से आबादी कम है। इस भूभाग को तो ख़ुदा ने इतनी समृद्धि दी है कि यह बरसों से एशिया के कई मुल्कों की ग़ुर्बत को रोज़ी-रोटी दे रहा है। मज़दूरों और दूसरे नौकरी पेशा लोगों में ज़्यादा तादाद हिन्दुस्तानियों, पाकिस्तानियों और बांग्लादेशियों की है। लेकिन उनके साथ आम अरब का सुलूक ऐसा है जैसे ब्रिटिश हुकूमत के ज़माने में अंग्रेज़ों का हिन्दुस्तानियों के साथ था।

उन पर कई पाबंदियां लगाई गई हैं। यहां ये काम कर सकते हैं, जायदाद नहीं ख़रीद सकते। उनमें से कोई अरब लड़की से शादी नहीं कर सकता। तिजारत करने के लिए किसी अरब की ज़मानत लाज़िमी है। घर से बाहर घूमने-फिरने के लिए जेब में पासपोर्ट का होना ज़रूरी है। इन पाबंदियों में ज़रा-सी ढील भी किसी को पुलिस का कोपभाजन बना सकती है। हुकूमत और पुलिस का यह रवैया ग़रीब मुल्कों के मुसलमानों के साथ ही है। गोरी चमड़ी के अमरीकन लोगों के साथ उनका बर्ताव भिन्न है। अरब-इराक़ की जंग के बाद अमरीकी फ़ौज के जो सिपाही शहनशाहियत की हिफ़ाज़त के लिए अभी तक यहां मौजूद हैं, उन्हें शराब पीने की भी इजाज़त है और सूअर खाने की भी सुविधा है। उनमें से किसी को अगर खुले आम नशे की हालत में देखा भी जाता है तो बहुत सम्भाल के ठिकाने पर पहुंचा दिया जाता है।

जद्दा में छः रोज़ ठहरने के बाद निदा वापस हिन्दुस्तान जा रहा है। वह वापसी में एक रोज़ के लिए कराची में रुकना चाहता था मगर यह मुमकिन नहीं हो सका। ऐन वक़्त पर पाकिस्तानी दूतावास ने वीज़ा देने से इनकार कर दिया और वह उम्रा[1] की हुई उस अंगूठी के साथ जमील फ़ातिमा की क़ब्र पर फ़ातिहा पढ़ने नहीं जा सका। जहाज़ उड़ान में है। एक पाकिस्तानी एयर होस्टेस के हाथ में ख़ूबसूरत

1. मक्का से तीन कोस पर तनईम नामक जगह पर नमाज़ पढ़कर वापस आकर, काबे का तवाफ़ करना।

रिंग देखकर अचानक उसकी नज़र अपने हाथ पर पड़ती है। उसे यह देखकर ताज्जुब होता है अंगूठी अब सिर्फ़ साढ़े चार ग्राम का सोना बन चुकी थी। उसमें जो नीलम जड़ा हुआ था, वह रास्ते में कहीं गिर गया था। शायद वह मुक़द्दस ज़मीन से निदा की तरह वापस नहीं आना चाहता था। शिबली ने 'सीरतुन्नबी' में एक हदीस का हवाला देते हुए लिखा है, आँ हज़रत ने फ़रमाया था, मैं उस पत्थर को पहचानता हूं जो नबव्वत[1] से पहले मुझको सलाम किया करता था—

मुहम्मद मुस्तफ़ा से लौ लगाए जिसका जी चाहे
वो सबका है उसे अपना बनाए जिसका जी चाहे
शराफ़त से वो तलवारों का लोहा मोड़ने वाला
सदाक़त से रियाकारी का जादू तोड़ने वाला
मुहब्बत से वो टूटे दिल के टुकड़े जोड़ने वाला
मुहब्बत की कशिश को आज़माए जिसका जी चाहे
मुहम्मद मुस्तफ़ा से...

निराली शान वाले ने नई महफ़िल सजाई है
सुलगते रेगज़ारों में घटा रहमत की छाई है
ये वो धरती है जिसके नूर से रौशन ख़ुदाई है
ख़ुदा के यार से यारी निभाए जिसका जी चाहे
वो सबका है...

---

1. पैग़म्बरी, रिसालत

जब आदमी अपनी ज़मीन से दूर होता है तो वह उसे याद आती है और जब वह उसके क़रीब होता है तो वह उसे सताती है। जब लोग अपने मुल्कों की ग़रीबी से तंग आकर दूसरे मुल्कों में बसकर सुख-सुविधा की ज़िंदगी गुज़ारने लगते हैं तो उन्हें अपनी भाषाओं और संस्कृतियों का नास्टैल्जिया परेशान करने लगता है। यह कशमकश भी अजीब है। वे परदेश में अपने देश का कसीदा गाते हैं लेकिन सब कुछ छोड़कर वापस आने से कतराते हैं। इस उलझन को बहलाने के लिए वे मुशाइरे आयोजित करते हैं, संगीत की महफ़िलें सजाते हैं जिनमें हिन्द-ओ-पाक के शाइर व अदीब और दूसरे कलाकर बुलाए जाते हैं। अमरीका में रहने वाले ये हज़रात हफ़्ते में पांच दिन अमरीका के अलग-अलग राज्यों में वहां की तेज़ रफ़्तारी का साथ निभाते हैं और सनीचर व इतवार को अपनी शेरवानियों और कुर्ते-पाजामों में सज-धज कर हिन्दुस्तानी या पाकिस्तानी बन जाते हैं। पान खाते हैं, इत्र लगाते हैं, शे'र-ओ-शाइरी की महफ़िलें सजाते हैं, अपने मुल्कों के संगीत को सुनते-सुनाते हैं। कुछ लोगों ने दो दिन की तफ़रीह को पेशा बना लिया है। ये पेशेवर संयोजक कलाकारों को बुलाते हैं और ठहराते हैं फिर अनुबंध के मुताबिक बारी-बारी पूरे अमरीका में उन्हें फ़रोख़्त करते हैं। ख़रीदो-फ़रोख़्त में किसकी क्या क़ीमत तय हो पाती है, इसकी जानकारी ख़रीदने और बेचने वालों के बीच ही पोशीदा रहती है। मुशाइरे एक रात के होते हैं लेकिन एक रात के लिए लगातार पांच दिन इंतिज़ार करना पड़ता है। ये पांच दिन सबको अलग-अलग जगहों पर अपने साथ ही गुज़ारने पड़ते हैं। ख़ाली वक़्त भूखे भेड़िए की तरह होता है। जब उसके सामने किसी मसरूफ़ियत का शिकार नहीं होता तो वह आदमी का पीछा करने लगता है। सारा दिन वक़्त के साथ चोर-सिपाही खेलते गुज़रता है। वक़्त उसे ढूंढ़ता है और वह वक़्त के शिकंजे से बचने से लिए कभी अतीत की आड़ लेता है, कभी वर्तमान के किसी सपने का सहारा लेता है।

अमरीका बहुत बड़ा मुल्क है। दुनिया के विभिन्न देशों में लड़ने वाले हथियारों का तीन-चौथाई हिस्सा यहां तैयार होता है। इन हथियारों के लिए नई-नई मंडियां तलाश करना उसकी सियासत है जो सोवियत रूस के विघटन के बाद अब दुनिया

की सबसे बड़ी ताक़त है। फ़िडेल कास्त्रो ने एक बार कहा था, अमरीका की खुशहाली ग़रीब मुल्कों की गुर्बत की देन है। तीसरी दुनिया के बेशतर झगड़े इसी एक ताक़त की देन है। सतरह हज़ार न्यूक्लियर बमों का यह मुल्क कहीं शहनशाहियतों का साथ निभाता है, कहीं जनतंत्र का नारा लगाता है। फ़िलिस्तीन में अरबों को सताता है और सद्दाम के ख़िलाफ़ सऊदिया का साथ निभाता है।

सात समन्दर पार से कोई करे व्यापार
पहले भेजे सरहदें फिर बेचे हथियार

निदा का अमरीका का सफ़र न्यूयार्क से शुरू होता है। न्यूयार्क बहुत बड़ा शहर है। हर बड़े शहर की तरह उसका भी कोई किरदार नहीं है। एक दूसरे से अज़नबी, हर तरफ़ भीड़ है, जो हर जगह भागती-दौड़ती नज़र आती है। किसी को किसी की तरफ़ देखने की फ़ुर्सत नहीं है। आज से तक़रीबन डेढ़ सौ साल पहले वाल्ट विटमैन ने इसी शहर में लिखा था—

मैं साज़ बजाता हूं और गाता हूं
मेरा संगीत सिर्फ़ उनके लिए ही नहीं है
जो फ़तेह का जश्न मनाते हैं
मैं उनके लिए भी आंसू बहाता हूं
जो मैदान हार कर ज़मीन की ग़िज़ा बन जाते हैं

न्यूयार्क रेलवे स्टेशन पर निदा फ़िलाडेल्फ़िया की ट्रेन के इंतज़ार में था। अपनी मां के साथ खड़ा हुआ एक छोटा-सा नीग्रो बच्चा उसके पास आकर पूछता है—

"आप किस मुल्क के हैं अंकल?"

"हिन्दुस्तान का!"

निदा का जवाब सुनकर वह मुस्कुराते हुए कहता है—

"मुझे तुम्हारा कंट्री पसंद है।" और फिर वापस जाकर अपनी मां के पास बैठ जाता है। उसकी मुस्कुराहट को देखकर लगता है, वक़्त के साथ शहर बदलता है, बच्चों की मुस्कुराहट नहीं बदलती। ट्रेन से न्यूयार्क से तीसरा स्टेशन फ़िलाडेल्फ़िया है। यहां उसके मेज़बान जाँ निसार और सफ़िया अख़्तर के दूसरे बेटे डॉक्टर सलमान हैं। सलमान मिज़ाज से शाइर और पेशे से साइक्याट्रिस्ट है। जाँ निसार अख़्तर, उनका एक रचनासंग्रह 'कू-बा-कू' के नाम से मक्तबा जामिया ने प्रकाशित किया था। अमरीका में कई साल से हैं। अब उर्दू के साथ अंग्रेज़ी में भी शाइरी करते हैं।

मनोविज्ञान की दृष्टि से कोई व्यक्ति सौ फ़ीसदी नार्मल नहीं होता। सब में कोई न कोई कमी होती है। ग़रीबों में इसे एक चारित्रिक लक्षण की कोटि में

रखा जाता है और खाते-पीते लोगों में इसे मरज़ मानकर इलाज किया जाता है। अमरीका की समृद्धि ने इस मरज़ में काफ़ी इज़ाफ़ा किया है। सुबह से शाम तक सलमान की क्लीनिक में इस क़िस्म के मरीज़ आते हैं, नई-नई कहानियां सुनाते हैं और वह उनकी असम्बद्ध बातों से उनके मरज़ का निदान करते हैं।

बक रहा हूं जुनूँ में क्या-क्या कुछ
कुछ न समझे ख़ुदा करे कोई

फ़िलाडेल्फ़िया स्टेशन के बाहर शहर ज़्यादा खुला हुआ और साफ़-सुथरा है। अमरीका में पतझड़ का मौसम बहुत ख़ूबसूरत होता है। शाख़ों से टूटने से पहले सारे पेड़ों के पत्ते गुलाबी होना शुरू हो जाते हैं। हल्के पीले और गुलाबी होते इन पत्तों पर सूरज की उजली किरनें जब पड़ती हैं तो सारी फ़ज़ा जवान शोख़ियों की तरह मुस्कुराने लगती है। उस मुस्कुराहट को हवा की सरसराहटें और परिंदों की चहचहाटें और हसीन बना देती हैं।

निदा जेब से पैकिट निकालकर सिगरेट सुलगाता है। सिगरेट पीना अमरीका में एक दोष माना जाता है। इसके बारे में कहा जाता है, पीने वाले से ज़्यादा, इससे न पीने वालों का नुक़सान होता है। सैरो-तफ़रीह के मुक़ामों और घरों में सिगरेट पीने वालों के लिए एक निश्चित जगह होती है। निदा के हाथ में सिगरेट देखकर एक लम्बा-चौड़ा नीग्रो उससे सिगरेट तलब करता है। लेकिन इससे पहले कि वह पैकिट से सिगरेट निकालकर उसे दे, वह हाथ बढ़ाकर पूरा पैकिट लेकर आगे बढ़ जाता है। अमरीका से यह उसकी दूसरी मुलाक़ात थी। पहली मुलाक़ात में वह न्यूयार्क के स्टेशन पर एक बच्चा बनकर उसे देखकर मुस्कुरा रहा था और यहां जवान होकर एक अजनबी को डरा रहा था।

बाद में सलमान ने बताया, ऐसे लोगों से उलझना नहीं चाहिए। इनमें बेशतर ड्रग एडिक्ट होते हैं। इनको देने के लिए जेब में हमेशा पांच या दस डालर रखना चाहिए। परदेश में परदेशियों की जानो-माल की सुरक्षा का यही तरीक़ा है। काली चमड़ी के लोगों की इस तरह की दादागीरी के शिकार अमूमन एशियाई मुल्कों के लोग ज़्यादा होते हैं। इनके भय से लोग शाम के वक़्त घरों में ही रहना मुनासिब समझते हैं। अमरीका में हथियार रखने के लिए किसी लाइसेंस की ज़रूरत नहीं होती। उनके उचित या अनुचित इस्तेमाल की पूरी ज़िम्मेदारी शहरी आज़ादी का हिस्सा होता है।

सलमान के दोमंज़िला घर में बाहर के दो दरवाज़े हैं। उनके ताले जिन ख़ुफ़िया नम्बरों से खुलते हैं, उनकी ख़बर घर से सदस्यों के अलावा किसी को नहीं होती। पहले दरवाज़े का ताला दो सिफर के साथ 47 नम्बर को मिलाने से खुलता है और दूसरा दो सिफ़र के साथ 45 के अंकों से घर में दाख़िल होने की इजाज़त

देता है। इन तालों के नम्बर सलमान और उनकी बेगम की मौजूदा उम्रों के मुताबिक हैं। जो पिछले कई सालों से हर साल बदलते रहते हैं। अंदर वालों को बाहर वालों का ख़ौफ इतना ज़्यादा है कि हर किसी न किसी प्राइवेट सिक्योरिटी एजेंसी का मेम्बर होता है।

सलमान के दो बच्चे हैं। ये सिर्फ़ माँ-बाप से मिलते-जुलते रूप-रंग से हिन्दुस्तानी हैं, वरना अपने रहन-सहन और रुचियों के लिहाज़ से पूरे अमरीकी हैं। एक ही घर में दो नस्लों की अपनी-अपनी अलग-अलग दुनियाएं हैं। मां-बाप के इतिहास, समाज और संस्कृति से बच्चे सर्वथा अनभिज्ञ हैं। मुशाइरे हों या संगीत के प्रोग्राम, उनमें उन्हीं की दिलचस्पी होती है जो नए-नए वहां जाकर बसे हैं। दूसरी नस्ल इस नास्टैल्जिया से पूरी तरह आज़ाद होती है।

ईरान के सदर आज़म फ़ातिमी ने पिछले दो दशकों से अमरीका में रहने वाले ईरानियों की ईरानी भाषा और संस्कृति से उनकी अनभिज्ञता पर अफ़सोस करते हुए कहा था, ''शैतान मुल्क अमरीका में जाकर नई नस्ल अपने बुज़ुर्गों के कल्चर और अक़ीदों को भूलती रही है। यह नस्ल अपने ख़ून और रिवायतों से अजनबी हो गई है।'' लेकिन उनके अफ़सोस के बावजूद एक ऐसी स्वाभाविक परिघटना है जिसके बहाव पर कोई बांध नहीं बनाया जा सकता। मीर अनीस के मर्सियों में हज़रत इमाम हुसैन हिन्दुस्तानी बन जाते हैं और रहीम फ़ारसी भूलकर दोहे की विधा में प्रसिद्धि पाते हैं। अतीत और वर्तमान के इस सांस्कृतिक द्वंद्व ने अमरीका में हिन्दुस्तानी और पाकिस्तानी घरों को न सिर्फ़ पंजवक़्ता नमाज़ी बना दिया है, चेहरों को भी दाढ़ियों से सजा दिया है।

अमरीका में जिन शाइरों को आमंत्रित किया जाता है उन्हें अलग-अलग घरों में ठहराया जाता है। हर मुशाइरे में नया मकान होता है, नया मेज़बान होता है लेकिन माहौल हर घर में कमोबेश एक-सा होता है। दो मुशाइरों में निदा और क़तील शिफ़ाई एक साथ ठहराए जाते हैं। क़तील शिफ़ाई से वह हिन्दुस्तान, पाकिस्तान और गल्फ़ के कई मुशाइरों में मिल चुका था। वह इस क़िस्म के शाइर हैं जो हर उम्र की मंज़िल में किसी न किसी वक़्ती इश्क़ से ख़ुद को जवान रखते हैं। जहां जाते हैं, वहां कोई अफ़साना छोड़ आते हैं। उस इश्क़ में आग कम होती है, राग ज़्यादा होता है। यही उनकी शाइरी का मिज़ाज भी है। उनकी तरह उनकी प्रेमिकाएं भी उम्र के एक ख़ास दायरे से बाहर आने में हिचकिचाती हैं। शायद इसीलिए पाठकों से ज़्यादा मुशाइरों के श्रोताओं को ज़्यादा भाती हैं।

अमरीका में ठहरने के दौरान वह जब भी निदा के साथ बाज़ार जाते थे, कॉस्मैटिक की दूकान पर ज़रूर रुक जाते थे। उनके पर्स में काग़ज़ का एक पर्चा था जिसे वह बार-बार दूकानदार को दिखाते थे और जब वह रोमन अक्षरों की तहरीर पढ़कर इनकार में सर हिलाता था तो उसे फिर से पर्स में सम्भालकर रख लेते

थे। जब कई जगह उन्होंने ऐसा किया तो निदा ने उनसे पूछा–

"क़तील साहब, आप ऐसी कौन-सी चीज़ तलाश कर रहे हैं जो कहीं नहीं मिलती?"

"पता नहीं क्यों नहीं मिल रही...पिछली बार तो यहां से ले गया था।"

"आख़िर वो है क्या?"

वह मुस्कुराते हुए कहते हैं, "एक फ़ेस क्रीम है जो इक़बाल बानो ने मंगाई है।"

"फ़ेस क्रीम तो यहां एक से एक अच्छी हैं, कोई भी ले लीजिए।" निदा कहता है।

"नहीं जी, यह ख़ास क्रीम जो उन्होंने मंगाई है, वह चेहरे के लिए नहीं है, चेहरे की झुर्रियों के लिए है।" वह मुस्कुराते हुए निदा को समझाते हैं और फिर पहले की तरह दूसरी दुकान की तरफ़ मुड़ जाते हैं।

आमतौर से जाते वक़्त अमरीका में गर्मी का ख़ुशगवार मौसम होता है, लेकिन अलग-अलग राज्यों में मुशाइरे पढ़ते हुए बर्फ़बारी शुरू हो जाती है। सारा शहर चाँदी जैसी उजली बर्फ़ से ढक जाता है। हिन्दुस्तान और पाकिस्तान की सर्दियों के कपड़े और जूते वहां काम नहीं आते। इस मौसम में घरों में बिजली और पानी की तरह हीट की भी ज़रूरत होती है जिसके बग़ैर एक पल गुज़ारना भी मुश्किल हो जाता है।

शिकागो में निदा इफ़्तिख़ार नसीम के यहां ठहरता है। वह मिशीगन लेक के किनारे कई मंज़िला बिल्डिंग में एक बड़े-से फ़्लैट में अपनी दो तंदुरुस्त बिल्लियों के साथ अकेले रहते हैं। ये बिल्लियां उन्हीं के साथ सोती हैं और उन्हीं के साथ जागती हैं। इन अमरीकी बिल्लियों से वह उर्दू ही में बात करते हैं जिसे अब वे अच्छी तरह समझने लगी हैं। वह उर्दू के पहले 'गे' शाइर हैं। जब से उन्होंने यह राज़ खोला है, उर्दू अदब की तारीख़ में कई शाइरों को भी वह अपने जैसा बनाने पर आमादा हैं। उनमें एक मिर्ज़ा ग़ालिब भी हैं जिनके कई शे'रों में देह की उपस्थिति से वह उनका (ग़ालिब) 'गे' होना साबित कर चुके हैं मसलन–

सब्ज़ा-ए-ख़त से तिरा काकुल-ए-मुश्कीं न दबा
ये ज़ुमुर्रुद भी हरीफ़े-दमे-अफ़ई न हुआ

इफ़्तिख़ार नसीम दानिश्वर अदीब और शाइर हैं। शारीरिक गठन से पंजाबी पठान लगते हैं। बात-बात पर हंसते-हंसाते हैं। लेकिन जब उनसे कोई उन जैसा मिलने आता है तो उनकी चाल-ढाल और लहजा अचानक बदल जाता है और वह फ़ौरन नसीम मियां से नसीम बीवी हो जाते हैं। वह एक बार निदा को ऐसे बार में भी ले जाते हैं जहां औरत-औरत से मर्द-मर्द से बेझिझक इश्क़ फ़रमाते

हैं। इफ़्तिख़ार अमरीका गे जमाअत के सक्रिय सदस्य हैं। उनके दो शे'री मज्मूए 'ग़ज़ाल' और 'निर्माण' के नाम से प्रकाशित हो चुके हैं। उन्होंने जब अपना पहला मज्मूआ निदा को भेजा था तो ताकीद में लिखा था, 'तुम इस पर लिखने की तक़लीफ़ उसी वक़्त करना जब 'गे' दर्शन के बारे में थोड़ा-बहुत जान लो। निदा ने इस किताब के बारे में कुछ नहीं लिखा लेकिन इस किताब में उनकी रचना के नीचे अपना एक शे'र लिख दिया था–

कभी किसी को मुकम्मल जहां नहीं मिलता
कहीं ज़मीन कहीं आसमां नहीं मिलता

अमरीका में नई-पुरानी नस्ल की कशमकश से साथ अधेड़ उम्र का अकेलापन भी एक बड़ी समस्या है। इनमें वे लोग शामिल हैं जो यहां कुंवारे आते हैं। जब यहां रच-बस जाते हैं तो उन्हें अपने मुल्कों की सुस्त रफ़्तार हसीनाओं की तुलना में यूरोप के तेज़ रफ़्तार चेहरे ज़्यादा भाते हैं। लेकिन तेज़ रफ़्तार ज़िंदगी में इनसानी रिश्ते जल्द ही नए से पुराने हो जाते हैं। यह दो भिन्न संस्कृतियों का अंतर है। मगर जब इसका अनुभव होता है तो काफ़ी देर हो चुकी होती है।

बोस्टन में लखनऊ के वसीम साहब का शानदार बंगला काफ़ी लम्बा-चौड़ा और सजा-संवरा है। इसमें कई कमरे हैं। हर कमरा फ़िल्मी सेट की तरह ख़ूबसूरत और सुसज्जित है। लेकिन इस पूरे घर में सिर्फ़ एक कमरा ही आबाद है जिसमें वह अपने कुत्ते के साथ रहते हैं। बाक़ी के कमरे उन तस्वीरों के लिए वक़्फ़ हैं जिनका सम्बन्ध उनके अतीत से है। उनमें एक तस्वीर वस्लावा की है जो पोलैंड मूल की अमरीकन हैं। यह पच्चीस साल पहले उनकी जीवन-संगिनी थीं। आजकल घर-बार से आज़ाद होकर इसी शहर में अपने एक हमवतन चित्रकार के साथ रहती हैं और ख़ुद भी चित्रकारी करती हैं। वसीम साहब के घर में उनकी कई पेंटिंग्स लगी हुई हैं। इनमें एक दो उस वक़्त की हैं जब वह इस घर में थीं। बाक़ी की उन्होंने वस्लावा और उसके साथी चित्रकार की साझा नुमाइश से ख़रीदी थीं। वस्लावा उनके दो बच्चों की माँ भी है। वस्लावा से सम्बन्ध-विच्छेद के वक़्त लड़की की उम्र पांच साल और लड़का सात साल का था। लड़की ने पंद्रह साल की उम्र में अपनी पसंद के एक अमरीकन लड़के से शादी कर ली है। अब वह नईमा अहमद से नईमा पॉल बन गई है। लड़के ने बारह बरस की उम्र में बाप का घर छोड़कर अपनी अलग दुनिया बसा ली है। बाप ओरियंटल स्टडीज़ के विभाग में स्थानीय कालेज में अध्यापक हैं। बेटे का एक आर्केस्ट्रा ग्रुप है। बंगले की अलग-अलग दीवारों पर टंगी ये तस्वीरें साल में एक बार ही क्रिसमस की छुट्टियों में यहां चलती-फिरती नज़र आती हैं। इसी दौरान वस्लावा भी बच्चों के साथ वसीम साहब के यहां कुछ दिन की मेहमान बनने आ जाती हैं। ये आते हैं, ठहरते हैं और फिर

चले जाते हैं। लेकिन उनके नाम के कमरों की सफ़ाई दो नीग्रो लड़कियां हफ़्ते में दो बार सालभर करती रहती हैं। अमरीका में गुज़ारे अपने दिन-रात से वसीम साहब का रिश्ता अब इन चंद दिनों तक ही सीमित है। लेकिन लखनऊ की शालीनता और 'मीर' व मीर अनीस की शाइरी हमेशा की तरह अब भी उनके साथ है।

सफ़र को जब भी किसी दास्तान में रखना
क़दम यक़ीन में मंज़िल गुमान में रखना
जो साथ है वही घर का नसीब है लेकिन
जो खो गया है उसे भी मकान में रखना
वो एक ख़्वाब जो चेहरा कभी नहीं बनता
बना के चांद उसे आसमान में रखना
जो देखती हैं निगाहें वही नहीं सब कुछ
ये एहतियात भी अपने बयान में रखना

ज़िंदगी सफ़र करना सबसे बड़ी इबादत है। लेकिन अलग-अलग मज़हबों की तरह इसके क़ानून-क़ायदे सबके लिए एक-से नहीं होते। हर ज़िंदगी इस इबादत के लिए अपने विधि-विधान सुनिश्चित करती है। हेलन भी अपने तौर से जीती है। वर्तमान में भविष्य के सपने के साथ। ज़िंदगी के सामने कोई मक़सद हो तो दिन-रात का बोझ कुछ हल्का हो जाता है।

उसके अतीत की शुरुआत निचले तबक़े के एक चाल टाइप ईसाई घर से होती है। इस घर की सदस्य बनने से पहले वह एक आश्रम के रजिस्टर में एक छह-सात महीने की मासूम लड़की थी जो अब से अठारह साल पहले एक रेलवे प्लेटफ़ॉर्म पर रोती हुई मिली थी। वह आश्रम के रजिस्टर में दर्ज होने से पहले किस इलाक़े की थी? वह किस मज़हब के माँ-बाप की संतान थी, उस घर में कौन-सी ज़बान बोली जाती थी? इन सवालों के जवाब किसी को नहीं मालूम। लेकिन अब उसका नाम हेलन था, मज़हब ईसाई और उसकी मादरी ज़बान हिन्दुस्तानी ईसाइयों में बोली जाने वाली अंग्रेज़ी थी और वह एक प्राइवेट फ़र्म में पिछले एक साल से टाइपिस्ट थी। उसका एक मंगेतर भी है। जो पहले उसी के साथ उसके फ़र्म में काम करता था। अब कई सालों से दुबई में है। वहां वह यहां से दुगुनी तनख़्वाह पर एक कम्पनी में ड्राइवर है। हेलन की वह मां जिसे उसने आश्रम से गोद लिया था, मर चुकी है। उसके मरने के बाद बाप की बढ़ती शराब नोशी की आदत ने अपनी तंदुरुस्ती के साथ ईंट-पत्थर की छोटी-सी चाल को भी पी लिया था। आजकल हेलन वर्किंग वूमन होस्टल में रहती है और बाप इधर-उधर के अड्डों में वक़्त गुज़ारता है।

निदा की हेलन से पहली मुलाक़ात जुहू में किंग्ज़ होटल के एक कमरे में हुई थी। इस कमरे में एक फ़िल्म की स्क्रिप्ट की बैठकें चल रही थीं। ऐसी बैठकों में थोड़ी देर काम चलता है, ज़्यादा वक़्त जाम चलता है। जाम की इन महफ़िलों को रंगीन बनाने के लिए हर शाम पेशावर लड़कियों की ज़रूरत होती है। चेहरे-मुहरे, जिस्म और उम्र के लिहाज़ से इन लड़कियों की अलग-अलग क़ीमतें होती हैं। क़ुर्बानी के जानवरों की तरह इन्हें जांचा-परखा जाता है, फिर सौदा किया जाता

है। कीमतों में भी आधी रात और पूरी रात का फ़र्क़ होता है। आधी रात बारह बजे तक तय है। पूरी रात सुबह साढ़े चार या ज़्यादा से ज़्यादा पांच बजे ख़त्म हो जाती है। इन सबके एजेंट होते हैं जो किसी निर्धारित कमीशन पर उनके लिए काम करते हैं। सौदा तय हो जाने के बाद पारिश्रमिक पेशगी अदा किया जाता है। इस पारिश्रमिक में पुलिस और होटल के मालिक की भी हिस्सेदारी होती है। आर्डर देने पर होटल का एक विशेष व्यक्ति जो इस विभाग से सम्बन्धित है, एजेंट को फ़ोन करता है, एजेंट लड़कियों का नम्बर घुमाता है और फिर थोड़ी देर में ग्राहकों के सामने अपनी चलती-फिरती दूकान लेकर हाज़िर हो जाता है। उसकी इस दूकान में उस वक़्त अलग-अलग लिबासों में चार लड़कियां थीं। मराठी, गुजराती, नेपाली और पंजाबी। उन्हीं में जो चेहरे और जिस्म से सबसे अलग और आकर्षक थी, उसका नाम हेलन माइकल था। मदन जो फ़िल्म का प्रोड्यूसर था और जो अब जवानी गुज़ार कर बुढ़ापे की सरहदों में दाख़िल हो चुका था उसे जीन्स और शर्ट वाली यही लड़की पसंद आई। उसकी उम्र उसकी बीवी से आधी और बड़े लड़के से दो साल कम थी। अठारह साल की हेलन से मुआमला तय हो जाने के बाद दूसरी लड़कियां किसी और मंज़िल की तलाश में निकल जाती हैं। हेलन वहीं रह जाती है। वह अपनी उम्र के हिसाब से ज़्यादा अनुभवी और कलाकार नज़र आती थी। पहले वह अजनबी चेहरे पर परिचित मुस्कान सजाकर होटल के कमरे का जायज़ा लेती है। फिर बारी-बारी अलग-अलग अंदाज़ में कमरे में मौजूद लोगों पर नज़र डालती है। किसी को दांत से निचला होठ दबाकर देखती है, किसी को दोनों भवों को एक-दूसरे से जोड़कर मुआयना करती है। किसी के क़रीब आकर आंखें झुकाती है और दूर होकर हवाई चुम्बन उड़ाती है। इसके बाद देर तक खनकने वाला क़हक़हा लगाती है। चंद लम्हों में ही वह अनजान होते हुए जानी-पहचानी बन जाती है।

कमरे में उसकी मौजूदगी नशे को और भी स्वच्छंद बना देती है। कोई उसके बालों को छूकर अपना गिलास मुंह से लगाता है। कोई उसके गाल में चुटकी भर के उसके हुस्न की तारीफ़ करता है। कोई हाथ पकड़कर अपनी तरफ़ खींचता है। इन सबके जवाब में उसके होठों पर वही मुस्कुराहट, कभी हल्की कभी गहरी होकर चमक रही थी जिसे उसने एजेंट के बाहर जाते ही अपने होठों पर सजा लिया था।

जब नशा मर्यादाएं तोड़ देता है तो वह अपना बैग उठाकर चंद लम्हों के लिए अंदर जाती है और जब बाहर आती है तो वह जीन्स और शर्ट के बजाय गुलाबी रंग के नायलोन के गाउन को पहने होती है। इस गाउन में उसके अंग-प्रत्यंग आग की लपटों की तरह लपकते महसूस होते थे। वह होटल के म्यूज़िक सिस्टम को ऑन करके नाचना शुरू कर देती है। नाचते-नाचते जब वह पसीने में शराबोर

हो जाती है तो बिस्तर पर बेसुध होकर लेट जाती है और सारे लोग मरी हुई लाश पर गिद्धों की तरह अलग-अलग हिस्सों से उसे नोचना शुरू कर देते हैं। कुछ देर के बाद सारे गिद्धों को हटाकर एक भेड़िया आता है और वह उसे अपने मुंह में भर के अंदर ले जाता है। मदन प्रोड्यूसर था, भेड़िए का रोल भी उसी का था।

वर्किंग वूमेन होस्टल के रजिस्टर में उसके अतीत की अवधि तीन साल है। इसमें लिखा है, हेलन एक नौकरी पेशा अकेली लड़की है। उसको इस होस्टल में बांद्रा के सेंट पाल चर्च के फ़ादर की सिफारिश पर दाख़िल किया गया है। उसकी नौकरी एक मशहूर कंस्ट्रक्शन कम्पनी में है। इस कम्पनी का काम ज़्यादा है, जिसकी वजह से कभी-कभी रात को भी उसे बाहर रहना पड़ता है। इसके लिए होस्टल कमेटी से उसे रियायती इजाज़त दी गई है। अच्छे किरदार की मिलनसार लड़की है। उसके रूम पार्टनर को भी कभी उससे शिकायत नहीं हुई। किराया हर महीने पाबंदी से अदा करती है। जब रात को ड्यूटी के लिए कम्पनी से फ़ोन आता है तो जाने से पहले वार्डन से इजाज़त तलब करती है। उसका एक ब्वॉय फ्रेंड है जो पिछले कई साल से दुबई में है। वह साल में एक बार उससे मिलने आता है। उनकी मंगनी हो चुकी है लेकिन शादी में दोनों की मर्ज़ी से अभी देर है। इस जानी-बूझी देरी की वजह वह मकान है जो अभी निर्माणाधीन है और जिसकी कई क़िस्तें अभी अदा होना बाक़ी हैं। ये क़िस्तें दोनों अपनी मेहनत की सेविंग से अदा करते हैं। इस इबारत के नीचे एक और नोट भी शामिल था। पहली तहरीर और बाद की तहरीर में तीन साल का फ़र्क़ था। दूसरा नोट–

होस्टल कमेटी ने तय किया है, हेलन डिसूज़ा नाम की लड़की अब होस्टल में नहीं रहेगी। जुहू पुलिस के थाने से हमें सूचना मिली है कि वह जैसी नज़र आती है, वैसी नहीं है। वह एक काल गर्ल है और गलत तरीक़े से पैसा कमाती है। इस पेशे में वह पिछले तीन साल से थी। लेकिन हमें अब मालूम हुआ। उसकी चरित्रहीनता से हमारे होस्टल की साख ख़राब न हो इसलिए हमने उसे दो दिन का नोटिस देकर उसका नाम अपने रजिस्टर से काट दिया है। वह अब अपनी किसी सहेली के साथ सांताक्रुज ईस्ट में आज़ाद चाल नम्बर 8 में रहती है। होस्टल के पते पर अब उसके लैटर नहीं आते। उसके जाने के बाद जो लैटर्ज़ आए थे, वे उसके नए पते पर रीडायरेक्ट कर दिए गए थे। हमने इस बारे में चर्च के फ़ादर को भी बता दिया है...

चर्च के फ़ादर ने अपनी डायरी में उसके अतीत के बारे में लिखा था–अपनी माँ शेल की तरह हेलन भी एक नेक ईसाई लड़की है। चर्च के स्कूल से ही उसने तालीम हासिल की है। उसकी तालीम में मिसेज़ पाल की मेहनत और मुहब्बत का बड़ा हाथ है। उसके मरने के बाद उसकी तालीम की ज़िम्मेदारी चर्च ने पूरी की। पहले वह एक वूमेन होस्टल में थी, आजकल अपने ऑफ़िस की किसी सहेली

के साथ रहती है।

ईसा मसीह ने कहा है, "गुनहगार पर पहला पत्थर वह मारे जिसने कभी कोई गुनाह नहीं किया हो।" सब मिट्टी से बनते हैं, मिट्टी में मिल जाते हैं। हेलन भी मिट्टी से बनी है, मिट्टी के दोष उसमें भी हैं। लेकिन वह अपने गुनाहों से बाख़बर है। यही उसकी नेकी की दलील है। वह हर इतवार को पाबंदी से चर्च आती है और अपनी सारी अच्छाई-बुराई ईशू के हवाले कर जाती है। वह बड़े अच्छे दिल की लड़की है। ख़ुदावंद उस पर ज़रूर मेहरबान होगा।

हेलन ने अपने वर्तमान के बारे में अपनी डायरी में यों लिखा है—

मैंने मुसीबत में ख़ुदावंद से दुआ की!
ख़ुदावंद ने मुझे जवाब दिया और कुशादगी बख़्शी!
इनसान मेरा क्या कर सकता है!
ख़ुदावंद मेरी तरफ़ मेरे मददगारों में है!

ख़ुदावंद जिसका मददगार होता है, उसका वक़्त साज़गार होता है। आज मेरा अपना घर है, मेरा पति है, दो सुंदर बच्चे हैं, इज़्ज़त की ज़िंदगी है। यह सब कुछ तो बहुत पहले से मेरे साथ था लेकिन ज़ेहन में एक ख़्वाब की तरह। इस ख़्वाब को हक़ीक़त बनाने के लिए एक घर भी चाहिए था। यही घर मेरी मंज़िल था। मुम्बई में इस मंज़िल को पाने के लिए सबके अपने-अपने रास्ते होते हैं। मेरे अतीत ने एक रास्ता अपनाया था। मैं शुक्र गुज़ार हूं ख़ुदावंद की, वह वाक़ई बहुत मेहरबान है। उसने मेरे अतीत की सोच के मुताबिक़ ही मेरा वर्तमान बनाया है—

सफ़र में धूप तो होगी जो चल सको तो चलो
सभी हैं भीड़ में तुम भी निकल सको तो चलो

किसी के वास्ते राहें कहां बदलती हैं
तुम अपने आपको ख़ुद ही बदल सको तो चलो

यहां किसी को कोई रास्ता नहीं देता
मुझे गिरा के अगर तुम सम्भल सको तो चलो

यही है ज़िंदगी कुछ ख़्वाब, चंद उम्मीदें
इन्हीं खिलौनों से तुम भी बहल सको तो चलो

वह गोल-से मुंह का अपनी उम्र से ज़्यादा मोटा लड़का रात-दिन चलती-फिरती, हंसती-गाती, शापिंग करती नशे में झूमती लिंकिंग रोड की नीलम होटल की फ़ुटपाथ पर रोज़ शाम को आकर बैठ जाता था। वह इतने दिनों से यहां था कि अब बिजली के खंभों, दूकानों और क़तार में खड़ी रिक्शाओं की तरह वह भी सड़क का ज़रूरी हिस्सा महसूस होता था। नीलम होटल का पता बताते वक़्त किसी लैंडमार्क की तरह उस लड़के का हवाला भी दिया जाता था। मोटापा उसकी बीमारी भी है, और आजीविका का साधन भी। खुदा रज़्ज़ाक़ (अन्नदाता) है, उसने सबसे रिज़्क़ का वादा किया है। कोई तंदुरुस्ती से कमाता है, कोई बीमारी को रोज़गार बनाता है। मोटा लड़का अपनी बीमारी से ही अपना घर चलाता था। अपने बाप की तरह जो अब नहीं है। उसका घर क़रीब की एक फ़ुटपाथ पर लकड़ी और ज़ंग लगी टीन की चादरों से बनी एक झोंपड़ी था। उसमें वह अपनी बूढ़ी माँ, एक काले कुत्ते, एक बहन और दो छोटे भाइयों के साथ रहता था। वह जब यहां आकर बैठता था तो यही कुत्ता उसके साथ होता था। यह कुत्ता उसका दोस्त भी था और चौकीदार भी। सड़क के दूसरे भिखारी बच्चों को मालूम था, नूरा अपने मोटापे की वजह से न जल्दी उठ सकता है और न ज़्यादा चल सकता है। वे उसकी इस कमज़ोरी से फ़ायदा उठाने की कोशिश करते हैं। लेकिन कुत्ते की हर वक़्त ग़ुर्राहट उनके हौसले पस्त कर देती थी। एक बार एक लड़के ने बेध्यानी में उसके अल्युमिनियम के कटोरे में पड़ी रेज़गारी पर हाथ साफ़ करना चाहा और बुरी तरह सज़ा पाई। वह जैसे ही मुट्ठी में पैसे भरकर आगे बढ़ा, कुत्ते ने लपककर उसकी एक भागती टांग को मुंह में भर लिया। लड़का अपने मुंह के बल गिर गया और नूरा अपनी जगह बैठा खुशी से तालियां बजाने लगा। इस हादसे के बाद किसी दूसरे को उसे परेशान करने की हिम्मत नहीं हुई। निदा की उससे मुलाक़ात उन दिनों से है जब वह पाली हिल के होस्टल में रहता था। आते-जाते दिन में एक-दो बार उसे देखकर कोई जुम्ला तराशना निदा का मामूल था।

नूरा जब देखो मुस्कुराता नज़र आता था। कोई उसके मोटापे का मज़ाक़ उड़ाता था और वह मुस्कुराता था। कोई पीछे से उसके चपत लगाता था और वह मुस्कुराता

था। कोई शराबी बाहर से निकलते हुए उसके कटोरे को ठोकर से खिसकाता था और वह मुस्कुराता था। उसके बेडौल मोटापे को इस हर वक़्त की एक-सी मुस्कुराहट ने इर्द-गिर्द के दूकानदारों का भी खिलौना बना दिया था।

एक दिन एक फ़िल्म के प्रोड्यूसर की नज़र उस पर पड़ती है। वह उसे अपने साथ ले जाता है। फ़िल्म में बच्चों के स्कूल का एक सीन था। उसमें नूरा थोड़ी देर के लिए बादशाह बनाया गया था। उसको चमकीले कपड़े पहनाए गए थे। उसके सिर पर ताज रखा गया था। उसके सामने बहुत सारे मेवे रखे गए थे उनमें कई चीज़ों को तो उसने पहली बार देखा था। वह जो जी में आता है, खाता है और बैठा-बैठा मुस्कुराता है। लेकिन यह ताम-झाम और ऐश दो-ढाई घंटों में ख़त्म हो जाता है। इस फ़िल्म में किसी दूसरे की आवाज़ में जो जुम्ले उससे बुलवाए गए थे, वे फ़िल्म राइटर ने यों लिखे थे—

"हम इस मुल्क के बादशाह हैं। हम नहीं चाहते, हमारी आबादी में कोई ग़रीब हो, कोई भिखारी हो। जनता की ख़िदमत ही हमारी हुकूमत है।" इन संवादों के बाद नूरा के चेहरे पर जनता के जयकारे गूंजते दिखाए जाते हैं। उसके सामने बैठे हुए सारे बच्चे एक आवाज़ में चिल्लाते हैं, "बादशाह सलामत ज़िंदाबाद!" और इसके बाद सीन ख़त्म हो जाता है।

इस पहली और आख़िरी फ़िल्म के बाद उसे फ़िल्मों में तो काम नहीं मिला लेकिन उस छोटे-से डायलाग ने उसे सड़क का जाना-पहचाना चेहरा बना दिया था। वह भी लोगों का ध्यान खींचने के लिए अपनी मिनमिनाती आवाज़ में अक्सर यही संवाद बोला करता। एक बार एक इलैक्शन की मीटिंग में भी अतिथि वक्ता के भाषण से पहले भीड़ को बहलाने के लिए उससे यह संवाद बुलवाया गया था और इसके पारिश्रमिक के रूप में उसे पच्चीस रुपए मिले थे। हज़ारों की भीड़ के सामने स्टेज पर उस मोटे लड़के को बोलता देखकर हंसने वालों में आस्ट्रेलिया से आया हुआ एक डॉक्टर भी होता है। वह कुछ दिन पहले ही अपने वतन से आया था और मेडिकल प्रतिनिधिमंडल का एक सदस्य था जिसका क्लीनिक सेंटपाल चर्च में ग़रीब मरीज़ों का मुफ़्त इलाज कर रहा था।

मैथ्यूज़ ने अब से पहले भी कई बार उसे फ़ुटपाथ पर बैठे हुए देखा था। लेकिन इस बार एक बड़े मज़मे में उसकी आकृति पर दूसरों के साथ ख़ुद को भी हंसता हुआ पाया तो वह अचानक चौंक गया। उसने फ़ौरन जेब से डायरी निकलकर उसमें लिखा—यह बच्चा बीमार है। इस बीमारी को भीख का ज़रिया नहीं बनाना चाहिए, इसका इलाज करना चाहिए।

नूरा जब से बादशाह बना था, उसकी रोज़ की आमदनी में अच्छा-ख़ासा इज़ाफ़ा हो जाता है। उसकी मां पहले दिन में दो बार उसके साथ नज़र आती थी। एक बार सुबह के वक़्त जब वह उसे यहां लाकर बिठाती थी। दूसरी बार शाम को

जब वह उसे घर वापस ले जाने आती थी। मगर अब इन दो वक़्तों के बीच में भी एक चक्कर काट लेती थी। वह आती थी और दोपहर तक कटोरे में जितनी रेज़गारी जमा होती थी, उसे लेकर चली जाती थी। ऐसे ही एक दोपहर को जब वह आती है तो नूरा की फ़ुटपाथ पर भीड़ को देखकर घबरा जाती है। उसका दिल ज़्यादा तेज़ी से धड़कने लगता है। उसे लगता है, नूरा अभी अपने बाप की तरह बैठे-बैठे गुज़र गया है। वह डरते-डरते आगे बढ़ती है लेकिन भीड़ में नूरा कहीं नज़र नहीं आता। वहां आस-पास के जितने लोग थे, वे अचानक उसके ग़ायब हो जाने पर अपनी-अपनी तरह बोल रहे थे।

एक कह रहा था, वह क्रिस्टान है। इसको भी क्रिस्टान बनाएगा। चर्च वाले इसी तरह हमारे धर्म को नष्ट कर रहे हैं। हम हिन्दू को ईसाई नहीं बनने देंगे।

दूसरा कह रहा था, उड़ीसा में भी इन्हीं के जात वाले भोले-भाले हिन्दुस्तानियों को इसी तरह वरग़ला रहे थे। बजरंग दल के एक सेवक ने उन्हें जलाकर ख़ाक कर दिया। दूसरे ने नारा लगाया, 'भारत माता की जय।'

नूरा की मां ख़ामोशी से लोगों की बातें सुनती रही और फिर कुत्ते को साथ लेकर वापस झोंपड़ी में आ गई। वह नूरा के अचानक ग़ायब हो जाने से परेशान थी। नूरा के ख़ाली कटोरे में आज वह रेज़गारी भी नहीं थी जो घर का रोज़ का ख़र्चा था। झोंपड़ी के सामने एक आदमी बेचैनी से नूरा की मां का इंतज़ार कर रहा था। उसे देखते ही उसने पूछा, 'नूरा कहां है?'

''क्यों तुम्हें क्या काम है उससे?'' वह उसे घूरती हुई ताज्जुब भरी नज़रों से कहती है।

''कल शूटिंग है। हमारे सीरियल के डायरेक्टर ने उसे बुलाया है। अच्छे पैसे मिलेंगे।''

''अभी तो नहीं है, कल आना तो ले जाना।'' वह पैसों की बात सुनकर ख़ुश होते हुए जवाब देती है।

फ़ुटपाथ की भीड़ से इतना तो उसे मालूम हो गया था कि नूरा मरा नहीं ज़िंदा है। कोई गोरे रंग का आदमी कार में उसे कहीं ले गया है। ऐसे ही जैसे पहले फ़िल्म का प्रोड्यूसर ले गया था। उसका दिल कहता था, नूरा ज़रूर वापस आएगा।...और हुआ भी यों ही। नूरा धुले-धुलाए नए कपड़े पहने वापस आ जाता है। उसके साथ वही आस्ट्रेलियन डॉक्टर होता है जो उसे फ़ुटपाथ से उठाकर ले गया था। नूरा की माँ उसकी आवाज़ सुनकर, आधी रात की कच्ची नींद से जागकर बाहर आती है और नूरा से लिपट जाती है।

आस्ट्रेलियन डॉक्टर के साथ खड़ा आदमी नूरा की मां को समझाते हुए कहता है, तुम्हारा बच्चा बीमार है। यह बीमारी डॉक्टर ने कहा है, ख़तरनाक है। हमारे डॉक्टर ने इसका इलाज करने का फ़ैसला किया है। सारा ख़र्च वही उठाएंगे। तुम

इसकी मां हो इसलिए तुम्हारी इजाज़त की ज़रूरत है। अगर अभी से इसकी देखभाल नहीं हुई तो इसका बचना मुश्किल होगा...

नूरा की मां चुपचाप सब सुनती है और फिर नाराज़गी से ऊंची आवाज़ में बोलती है, ''नहीं कराना तुम्हारा इलाज। यह जैसा है, वैसा ही अच्छा है। यह इलाज कराएगा तो घर कौन चलाएगा? ज़िंदा रहे या मरे मगर हम इसे क्रिस्टान नहीं बनने देंगे। जिस धरम का है, उसी धरम में रहेगा समझे! बड़े आए इलाज करने वाले।''

डॉक्टर मैथ्यूज़ निराश होकर वापस चला जाता है। इस घटना के एक-डेढ़ महीने के बाद नूरा उसी फ़ुटपाथ पर बैठे-बैठे अपने बाप ही की तरह हमेशा के लिए ख़ामोश हो जाता है। अब उसकी जगह उसके छोटे भाई ने सम्भाल ली है। वह भी उसी की तरह मोटापे की बीमारी का शिकार है...

एक बार नीलम होटल के बार में डॉक्टर मैथ्यूज़ निदा से अपनी नीली आंखें फैलाते हुए पूछता है, ''हैरत है भारत में मौत की भी तिजारत होती है। इस लड़के का अभी तक ज़िंदा रहना एक चमत्कार है। मैं तो समझता था यह दस-बारह दिन तक ही ज़िंदा रह पाएगा लेकिन अब तक ज़िंदा है।'' शायद डॉक्टर मैथ्यूज़ काफ़ी अरसे के बाद इधर आए थे और दूर से नूरा और उसके भाई में अंतर नहीं कर पाए थे।

'छोटा आदमी'
तुम्हारे लिए सब दुआ गो हैं
तुम जो न होगे
तो कुछ भी न होगा
इसी तरह मर-मर के जीते रहो तुम
तुम्हीं हर जगह हो
तुम्हीं मसूअला हो
तुम्हीं हौसला हो
मुसव्विर[1] के रंगों में
तस्वीर भी तुम
मुसन्निफ़[2] के लफ़्ज़ों में
तहरीर भी तुम
मुक़र्रर[3] के नारों में
तक़रीर भी तुम
तुम्हारे लिए ही
ख़ुदा बाप ने अपने इकलौते बेटे को

1. चित्रकार 2. रचनाकार 3. वक्ता

क़ुर्बां किया है
सभी आसमानी किताबों ने तुम पर
तुम्हारे अज़ाबों को आसां किया है
ख़ुदा की बनाई हुई इस ज़मीं पर
जो सच पूछो तुमसे मुहब्बत है सबको
तुम्हारे दुःखों का मुदावा[1] न होगा
तुम्हारे दुःखों की ज़रूरत है सबको।

1. उपचार, उपाय

तहरीर के लिए दो नज़्में

नयी भाषा

वह आई
और उसने मुस्कुरा के
मेरी बढ़ती उम्र के
सारे पुराने जाने-अनजाने बरस
पहले हवाओं में उड़ाए
और फिर
मेरी जबाँ के सारे लफ़्ज़ों को
ग़ज़ल को, गीत को, दोहों को, नज़्मों को
खुली खिड़की से
बाहर फेंक कर यूं खिलखिलाई
क़लम ने
मेज़ पर लेटे ही लेटे आंख मिचकाई
म्याऊं कर के
कूदी बंद शीशी में पड़ी स्याही
उठा के हाथ दोनों
चाय के कप ने ली अंगड़ाई
छलांगे मार के
हंसने लगी बर्सों की तन्हाई
अचानक मेरे होठों पर
इशारों
और बेमानी सदाओं की
वही भाषा उभर आई
जिसे लिखता है सूरज
जिसे पढ़ता है दरिया

जिसे सुनता है सब्ज़ा
जो फूलों में महकती है
हवाओं में खनकती है
जिसे सदियों से बादल बोलता है
और हर धरती समझती है

मरम्मत

बहुत मैला है ये सूरज
किसी दरिया के पानी में
इसे धोकर सजाएं फिर

गगन में चांद भी
कुछ धुंधला-धुंधला है
मिटा के इसके सारे दाग़-धब्बे
जगमगाएं फिर

हवाएं सो रही हैं
पर्वतों पर पांव फैलाए
जगा के इनको नीचे लाएं
पेड़ों में बसाएं फिर

धमाके कच्ची नींदों में
डरा देते हैं बच्चों को
धमाके बंद करके
लोरियों को गुनगुनाएं फिर

वह जब से आई है
यूं लग रहा है
अपनी ये दुनिया
जो सदियों की अमानत है
जो हम सबकी विरासत है
पुरानी हो चुकी है
इसमें अब थोड़ी
मरम्मत की ज़रूरत है।

●●●